XIN SHIQI YUYAN WENZI GUIFANHUA WENTI YANJIU

新时期语言文字规范化问题研究

国家社会科学基金重大项目
“新时期语言文字规范化问题研究”（12 & ZD173）

语文出版社
·北京·

图书在版编目（CIP）数据

新时期语言文字规范化问题研究 / 李宇明主编. -- 北京 : 语文出版社, 2020.8
ISBN 978-7-5187-1101-7

Ⅰ. ①新… Ⅱ. ①李… Ⅲ. ①汉语规范化－文集 Ⅳ. ①H102-53

中国版本图书馆CIP数据核字(2020)第134943号

责任编辑 张双亭
装帧设计 徐晓森
出　　版 语文出版社
地　　址 北京市东城区朝阳门内南小街51号　100010
电子信箱 ywcbsywp@163.com
排　　版 北京大有艺彩图文设计有限公司
印刷装订 北京市大天乐投资管理有限公司
发　　行 语文出版社　新华书店经销
规　　格 787mm×1092mm
开　　本 1/16
印　　张 20.75
字　　数 361千字
版　　次 2020年8月第1版
印　　次 2020年8月第1次印刷
定　　价 55.00元

010-65253954(咨询) 010-65251033(购书) 010-65250075(印装质量)

目　　录

前　言

语言是人类交际和思维的最为重要的工具，同时也是文化的重要组成部分，也是文化最为重要的负载者、阐释者和建构者。语言因人类社会的存在而存在，随人类社会的发展而发展。语言文字研究的内容，语言文字规范的内容，都离不开语言生活，离不开其依存的社会环境和时代背景。语言文字规范问题与语言文字的内部发展规律密切相关，也与社会发展密切相关，与社会思想、意识形态、文化结构的现状及发展趋势密切相关。语言文字规范问题古来存在，但是古今语言文字规范的目的和服务对象有所不同，甚至有很大的不同，所以其规范理念、规范措施也当有差别，甚至有很大差别。例如，中国古代的规范理念以“雅正”为基础，是为士大夫阶层服务的、以厚古仿古为目标的贵族化规范理论；中国现代语文规范化运动则是以“言文一致”为目标，是以普及教育、方便民众为宗旨的大众化运动。(戴昭铭 2003)

古代的语言文字规范，首要任务是维护国家统一和统治阶级地位，让统治阶层掌握统一规范的语言文字，以保障政令畅通，拥有文化优势，如秦始皇的“书同文”，北魏孝文帝的“断诸北语，一从正音”，元朝推行的“天下通语”等。到了清末民初，推翻帝制、驱逐列强、挽救民族危亡成为首要任务，语言文字规范的主要任务就是降低语言文字的使用难度，打破语言文字的阶级垄断，实现言文一致，实现语言文字普及，提高全民文化素质。五四时期的白话文运动、国语运动到三十年代的大众语运动，都是以此目的展开的。中华人民共和国成立初期，国家的主要任务仍然是延续前一阶段的目标，使中国摆脱贫穷、走向现代化，语言文字规范延续了前一阶段的任务，规范和简化语言文字，实现言文一致，主要措施就是推广普通话、推行汉语拼音方案和简化汉字，进一步提高国民素质。

新时期以来，国家通用语言文字已经基本普及，国民素质大大提高，社会文化语境已经发生了重大变化。特别是新世纪以来，社会文化语境变化明显地表现出若干重要特征：第一，时代文化多元性；第二，语言生活多样性；第三，语言意识多重性；第四，语言传播全球化。新的文化语境对语言文字规范提出了新需求，语言文字规范化面临许多亟待解决的新的理论问题和现实问题。语言文字规范的内容不像过去那样集中在通用领域，集中在语音、词汇和文字，不同领域、不同应用环境都需要不同的语言文字规范。语言文字规范化的重要目标，已经是构建和谐语言生活，提升个人和国家的语言能力。因此与之相应的规范理念和方法都与以前有不同，有发展。

本书立足国家文化繁荣发展、信息化和国际化的宏观视野，分析国家语言文字规范化面临的新形势新任务，就规范化理论和文字、语音、词汇、语法、语用以及规范应用与服务等若干问题进行深入研究，提出解决问题的方法，特别是希望通过制定学术蓝本、建设语言文字规范服务网站等尝试，探讨规范研究成果的及时应用及规范有效贯彻推行等问题。

第一章　新时期语言文字规范化的新形势与新视角

“新时期”指 1986 年全国语言文字工作会议召开以来的三十余年时间。本章从宏观上介绍新时期语言文字规范化的整体形势以及语言文字规范所面临的社会文化语境，结合国家通用语言文字规范化工作，分析目前语言文字规范化所要完成的主要任务，在此基础上探讨新时期语言文字规范的基本理念，并提出适应新形势的语言文字规范研究新视角。

第一节　研究概况

语言文字规范化是建立现代民族国家的一项重要工作。自 1949 年中华人民共和国成立以来，在不同历史阶段，配合不同的社会需求，建构了国家通用语言文字的基本规范体系，建立了一些少数民族语言文字的基本规范，包括语言文字信息处理在内的各种应用型规范也得到了长足发展，并开展了大范围的语言资源的调查保护。进入 21 世纪之后，随着国家政治、经济、文化的快速发展，语言生活发生了很大的变化。国家语言文字工作委员会作为语言文字规范化工作的主管机构，创新性地提出并组织完成了一系列语言文字规范化工作，修订和制定了一系列规范标准。在“构建和谐语言生活”方针指引下，语言文字规范观在工作过程中也逐步调整，更加重视语言文字的资源属性，更加强调多元文化观，提倡“多语主义”。

近二十年来的相关工作和研究成果概述如下。

一、国际化背景下的语言文字规范研究

经济全球化促进了国际的经济交流，也带动了政治、文化等其他领域的交

流。在这种交流中，英语逐渐发展为国际通用语，为全球化提供了便利，但是，也引发了人们关于文化多元化的思考，引发了许多国家国内通用语言与英语之间的竞争乃至冲突。

随着我国综合国力的不断提高，国家通用语言文字也正快步跨出国门，走向世界。汉语的国际化必然会产生同英语及其他国际语言的合作与竞争问题，这要求中国的语言规划必须跨越国家层面，也关注世界语言生活的管理问题。在这一背景之下，语言文字规范化工作的国际应对策略、规范标准的制定，以及华人社区的语言文字规范等都引起了研究者的兴趣。

戴昭铭（2007）从语言扩布和文化张力的角度，认为汉语国际化可以提升中国语言文化的影响力，汉语国际传播应坚持汉语规范，本着“中国本位、华夏立场、全球视野”的理念，推进汉语国际化进程。刘传清（2009）认为，汉语要走向世界必须有科学统一的规范，制定统一的汉字规范，使其成为维系中国多民族共同体的文化纽带，联结东亚汉字文化圈各国的文化纽带，建立与世界各国交流与合作的文化桥梁。李泉（2015）探讨了现阶段国际汉语教学语言和文字的标准及其适用范围等问题。马庆株（2009）提出，汉语国际化是要促使汉语成为一种国际性的语言，要重视发挥《汉语拼音方案》的作用，强调外语语种的多样化。

关注华语社区的语言生活和语言文字规范，也是近年来的研究热点。陆俭明、周清海、郭熙、李宇明等倡议“大华语”的理念，李宇明（2013）在众位研究的基础上，将大华语定义为“以普通话 / 国语为基础的全世界华人的共同语”，使大华语具有了更大的语言张力和文化张力。大华语的各种变体，既与普通话 / 国语的推广传播相关，也与它们身处的语言环境相关。大华语存在“继续分化”和“趋近趋同”两种走向，华人社会应通过各种举措努力促进大华语的“趋近趋同”。郭熙、李春风（2016）调查总结了东南亚华人语言使用情况的总体特征，分析其成因和发展趋势，提出要处理好标准语和方言、华文教育和中文教学、国家通用语言与民族语言的关系，重视“华二代”的祖语习得，提倡语言多元化发展。

二、多元化背景下的语言文字规范研究

普通话与方言、方言与文化的研究是近年研究的热点，讨论的内容包括文化多元化与方言之间的联系、方言的传承与教学、推广国家通用语言与保护方

言的原则（詹丹 2005，邵慧君、甘于恩 2007，毛春洲 2012）等。屈哨兵（2011）通过对“撑粤语”事件的分析，从语言政策、语言规划、语言服务、语言教育等方面探讨了国家通用语言推广过程中如何做好语言协调的问题。另外，不少研究者注意到了方言区内国家通用语言和方言的使用和语言态度问题，从 2007 年到 2017 年，以方言区不同人群语言使用为研究内容的论文有 40 余篇，其中俞玮奇（2012）对南京市中小学生语言生活状况进行了调查，伏干（2016）对父母外出打工的农村儿童语言使用情况进行了研究，其他研究包括外国来华留学生、进城务工人员、经商人员、公务员等群体的语言使用情况。这一时期，以不同地区语言使用、语言态度为研究内容的论文有 21 篇，涉及省会城市，地级市、县、乡、村等不同地域：王玲（2009）以厦门、南京、阜阳三个“言语社区”为例，分析言语社区内的语言认同与语言使用；林超（2015）对广西南宁语言使用情况进行了调查分析；黄南津、李金阳（2017）对广西客家方言区语言使用情况进行调查，分析了该方言区普通话的推广与客家方言传承中存在的问题。

2003—2017 年少数民族语言文字规范化研究呈上升态势，文献数量和基金项目较多，2012—2016 年尤为显著。国家通用语言与民族语言的研究以语言接触、语言态度和语言使用为主，涉及的民族和民族支系 20 余个。江承凤（2011）对新疆多元语言生活环境的历史进行了考察，并对多元语言文化互动下的民族认同进行了研究；魏炜（2013）通过对喀什、伊宁、乌鲁木齐三地的语言使用与语言态度进行比较，研究了新疆跨民族交际外部语言环境与双语教育的状况；邬美丽（2015）对内蒙古牧区蒙古族语言使用的代际差异进行了调查分析。同时，一部分研究者对民族语言文字的规范化工作开展了研究：陈毓贵（2003）认为，规范少数民族人名汉字音译转写，对促进语言文字规范化建设有非常重要的作用，并提出具体实施办法；王成平（2010）分析了计算机彝文信息处理的现状和发展方向；胡书津、王诗文（2011）提出建立现代藏语语音规范标准。此外，汉藏双语语料库处理技术及其标准规范研究（2007）、中国朝鲜语规范原则与规范细则研究（2006）、蒙古语术语规范化标准化问题研究（2004）、现代蒙古语的应用与规范化问题研究（2003）等项目也形成研究成果并结项。

总之，语言文字的规范化是多元文化背景下推广和规范使用国家通用语言文字、繁荣和发展少数民族文化事业的前提和保障。目前所见，学界研究一是侧重多元文化背景下的语言管理策略（选择和使用哪种语言），二是侧重少数民族语言的信息化规范标准建设。

三、信息化背景下的语言文字规范研究

信息化时代语言技术的发展和应用，深刻改变并继续改变着人类的生存方式、生活方式和生产方式。20世纪末以来的二十年，变化尤其巨大。在语言文字规范化工作领域，信息化同样带来大量的、新的问题，需要研究解决。语言文字工作包括“制定语言文字规范标准”和“推行语言文字规范标准”两个方面。从信息化的角度来看，我国的语言文字工作大致可以分为三个阶段，在这三个不同阶段，语言文字规范化和标准化的任务有所不同。

第一阶段，是开始应用计算机技术的阶段。汉字的信息化处理是这一阶段的主题，“为保证语言文字信息处理的顺利进行，必须尽量使语言文字规范化。”（李宇明 2002）以信息处理用字符集、文字输入法、文字排版系统等技术领域的成果为代表，汉字的规范化和标准化保证了中文没有在信息化时代大门开启的时刻缺席。（陈敏、王翠叶 1995）

第二阶段，是互联网的发展阶段。互联网从产生到飞速进入社会生活各领域，也就是十多年的时间，并且至今还在加速发展，现实世界和虚拟世界的边界越来越模糊。全球化和信息化的发展及相互促进，导致传统的语言权力“衰退”或“分散”。现实和互联网的边界不再严格，人与人、人与群体、群体与群体的接触方式因互联网、智能手机的广泛应用而更加方便、迅速，人们的交际范围、交际方式发生变化，有了发挥影响的更大可能性。这种变化在世界各个地方、各个领域正在发生，不可忽视。（莫伊塞斯·纳伊姆 2013）

语言文字规范化研究者在这一阶段主要关注的是语言应用的规范化问题，如网络用语和语法的失范问题，信息安全问题也引起了注意。李宇明（2001）提出，语言文字是最基本的信息载体，语言文字的规范化已成为重要的社会经济问题，成为综合国力的一个重要构成要素，成为高科技发展的一个瓶颈问题。应当加速社会语言生活的规范化，在语言文字领域强化信息化意识、规范意识和法律意识，加快我国信息化的进程。语言文字信息处理的标准建设，直接关系到我国信息技术与产品的标准化水平及国家信息化进程。

就规范标准建设而言，“从理论上说，面向人的语言文字规范和面向机器的语言文字标准可以不同，但是，电脑、多媒体和互联网正在快速推广应用，大量真实文本正在成为电脑语言文字处理的对象，社会语言生活对电脑语言文字

处理的影响越来越大，电脑语言文字处理的发展对社会语言生活的影响也越来越大，因此，面向人的语言文字规范对机器的语言文字处理会发生越来越多、越来越大或直接或间接的影响，面向机器的一些语言文字规范也会对社会语言文字的应用发生越来越多、越来越大或直接或间接的影响。这就要求在制定这两种语言文字规范时应统筹兼顾，尽量缩小差距，减少分歧。”（李宇明 2002）

网络空间的语言生活应分为三个基本层级：技术层、符号层和功能层。技术层指的是人机语言对接层，主要包括内码设计、规范标准研制、语料库建设、文本信息处理、文字输入和文字识别、语音识别和语音合成、机器翻译、设备和软件开发等。符号层指的是网络空间的显示层，主要是指网络语言，其中也包含网络词语、文字符号、数字符号、表情图片符号等。功能层指的是网络语言生活的各领域，既是现实社会中人际交往的延伸，也是网络社区特定功能决定的人际交往联系网络。（刘昌华 2017）

目前，语言文字规范化工作主要解决的仍是第一层级和第二层级的问题。语言文字规范化研究在第一个层级所起的作用是明确的、有效的。李宇明（2009）指出，按照国家语委的战略要求，面向信息化的语言文字工作，一是为国家信息化构筑坚实的语言文字平台，二是处理好虚拟世界的语言生活。在第二个层级，规范 / 不规范二元论遇到了挑战。一方面网络用语向现实生活扩散，被批评不规范的种种语言现象，在互联网世界照样存在，而且还不断衍生出新的不规范现象；另一方面网络空间自下而上的语言管理政策日益增多，讨论制定网络语言规范标准，实施规范化措施，网络空间的语言生活运行机理等，还需要透彻研究。

第三阶段，就是刚刚开始的人工智能阶段。数年前，普通人时刻感受到的信息化社会还是高性能计算技术和互联网共同构成的大数据时代，最常用的语言信息技术也就是电脑或智能手机的键盘、手写或语音输入等。现在，面对人工智能的自我学习能力日益强大的现实，也许可以说语言的技术处理水平已经超越了传统的语言文字规范化研究的范畴。面对智能化的趋势，语言文字规范化研究和相应的工作需要作出重大调整。调整的前提是厘清语言文字规范在社会系统中的价值与存在现状，分析判断人工智能时代需要什么样的规范标准，如何制定和实施这些规范标准。只有具备了这样的前提，才有可能更新研究内容，更新工作方式。

四、语言能力与语言文字规范研究

近十几年来，对语言能力的讨论和研究成为中国语言学界的一个热点话题。中国语言学者从最初的引进评介“语言能力”的相关理论和概念，进而开始关注我国语言能力的现状、发展、存在的问题及其对策。语言能力研究的内容通常被区分为国家语言能力和公民（国民）的个人语言能力。

李宇明在《语言也是硬实力》（2011）、《提升国家语言能力的若干思考》（2011）、《国家的语言能力问题》（2013）等文章中，对“国家语言能力”进行了较为系统的阐述，把“国家语言能力”看作“国家处理海内外事务的语言能力”。这一看法具有引领意义。赵世举（2015）认为：“国家语言能力是指一个国家掌握利用语言资源、提供语言服务、处理语言问题、发展语言及相关事业等方面能力的总和。它是国家实力的一个组成部分，对于国家建设、发展和安全具有十分重要的作用。”关于语言文字规范化与语言能力的联系，研究主题集中在如何建立评价标准方面。文秋芳（2016）提出了国家语言能力的评价指标。公民 / 国民语言能力的研究，以提升国家语言能力为目标，对公民个人的语言能力的衡量、提高等均有所涉及，如张先亮（2013）、赵世举（2013）等。李德鹏（2015）、刘淑学（2013）探讨了国民语言能力的评价标准制定问题。部分学者还探讨了语言能力与语言产业、语言教育、语言文化、社会发展等相关性的问题。

五、语言文字规范化理论研究

按照传统的语言学学科门类，语言文字规范化研究的很多主题都与应用语言学和社会语言学相关。近些年来，语言文字规范化工作则通常被纳入语言规划学的框架。近二十年来，有一批学者提倡关注现实语言生活，提出了“语言规范观”“语言资源”“语言能力”“和谐语言生活”等一系列概念，引领语言规划和语言政策研究，借鉴国外的研究成果，在应用语言学界产生了较大影响。这些成果虽然并不以语言文字规范化为直接的研究对象，但由于研究内容有交叉，关于语言规划、语言管理的研究，往往能够给语言文字规范化研究提供参考。

近二十年，是中国的应用语言学、社会语言学繁荣发展的二十年。语言是社会交际的基本工具，这一本质特性与社会应用领域相结合，产生了许多交叉研究，对语言现象的探索延伸至社会各个角落，研究内容极为丰富，产生了数目庞大的学术成果。命名为“学”的研究分支越来越多，还有各种主题的研究，例如语言经济学、语言规划学、语言产业研究、语言应用能力研究。这些交叉研究，纷纷借鉴其他学科的理论与方法，开拓新的研究领域，在数量上达到了一个高峰。

下面两图分别是以“语言规划”“语言文字规范化”为主题词在中国知网的检索结果，时间段为1985—2017年。从下图可以看出相关研究成果自进入新世纪以来呈现井喷式的增长。

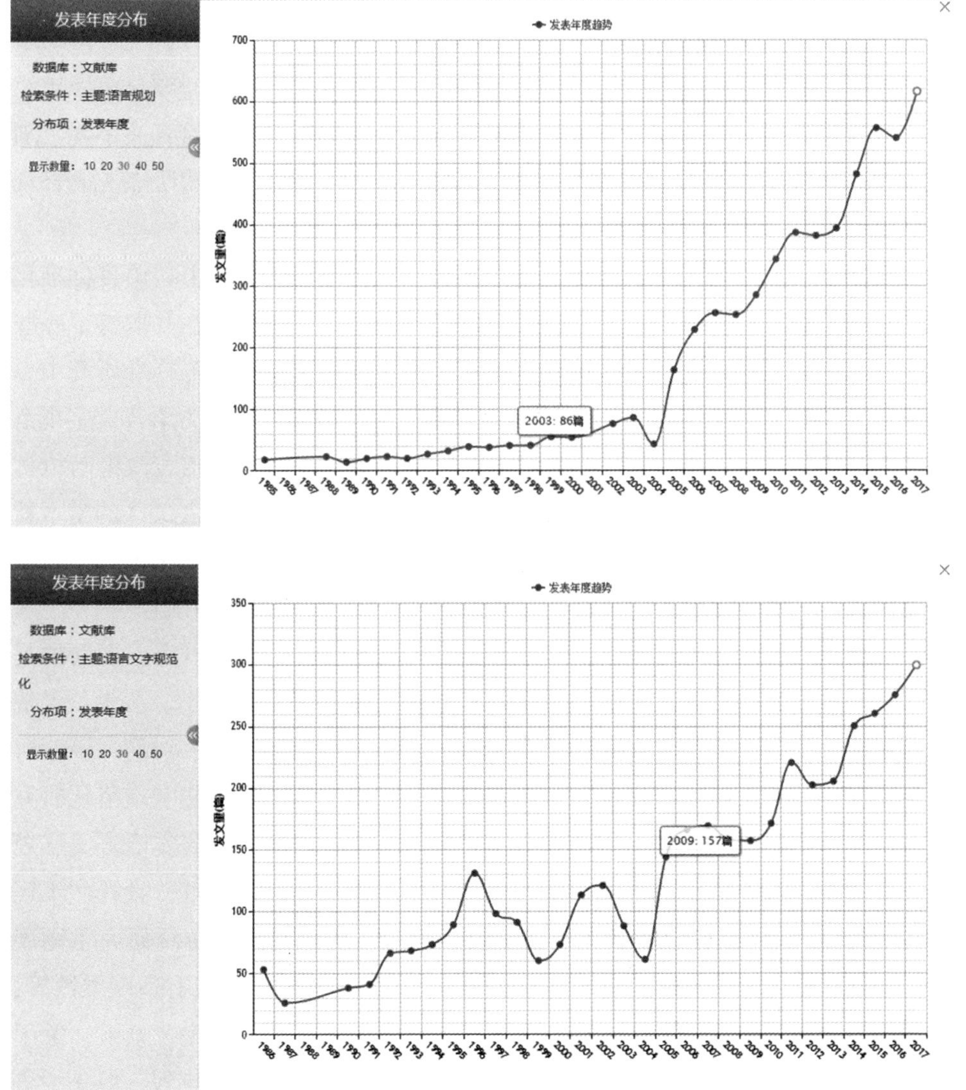

这样的研究热潮表明，因国际化、信息化的大趋势所致，与语言文字规范化相关的语言现象、语言热点问题不可谓不多，但是，切实立足于语言文字规范化，将语言文字规范化问题作为一个研究主题，对相关现象和问题进行深入和系统的思考分析，这样的研究成果还不多。李宇明在《中国语言规划论》《中国语言规划续论》《中国语言规划三论》这三部语言规划学论著中，多处谈及语言文字规范化问题。他认为传统的语言文字规范化工作属于语言本体规划，在新的社会条件下，语言文字规范化的观念、内容、方式均应有所调整。梁永红《建国以来我国语言规范观的演进》（2016）的主题最为贴近语言规范理论研究，这篇论文梳理了1949年以来不同历史时期的语言文字规范化工作所秉持的理念，提出了静态观和动态观的区别。另外，描写规范化现状、回顾总结历史经验的成果也能够为当前的政策研究提供借鉴，如刘福根《传统语言文字规范理论与实践初探》（2000）、郑远汉《言语规范三层次》（2000）、戚晓杰《语言观与汉语规范》（2000）等。

近年来，规范化工作层面也有不小拓展。在国家语委指导下，语言标准化工作培训、规范标准的制定及修订、文件整理等工作继续开展，并取得了一些阶段性成果。国家语委科研基地北京语言大学中国语言文字规范标准研究中心的成立（2012），专门学术刊物《语言规划学研究》的发行，也为语言文字规范化研究提供了良好的平台。《语言战略研究》（商务印书馆）、《语言政策与语言规划》（北京外国语大学）等，也都是值得语言文字规范化研究者关注的学术新刊。但就研究视野的广度、理论思考的深度以及与语言文字规范化工作的结合程度而言，学术研究远远没有跟上语言文字规范化工作的发展需求。

在研究方法上，李宇明提出，“语言规划绝不仅仅是规划语言，规划的是众多学科关心的社会语言生活”，因此才会出现“政治学、社会学、法学、经济学、民族学、传播学、信息科学等学科，都已纷纷进入语言规划领域”的现象，催生了多样的交叉研究，研究领域迅速扩展。相形之下，语言文字规范化研究关注的具体内容仍然以如何完善语言文字规范标准、如何有效落实语言文字规范标准为主，或者依据语言学的既有理论及官方颁布的规范标准，批评“不规范现象”。虽然研究成果数量也有所上升，但更多的仍是遵循传统研究主题展开，即使反思现行规范标准的不适用之处，讨论语言文字规范应有适度柔性等，也仍未脱出“规范 / 不规范”的二元论观念。例如，在多元文化背景下，关于“语言资源”“语言文化”“语言权利”“语言能力”等讨论非常热烈，但是“语言文字规范化”似乎与此无关，多是在“坚持规范化”和“适当规范”“柔性规范”之间打转——而这种打转至少在20世纪80年代就已经开始了。

综上所述，语言文字规范化研究有传统的研究主题，通常以政府主导的规范化工作为中心，研究语言政策和规范标准的制定、修订和实施。伴随社会条件的变化，产生了丰富的语言现象，也带来了新的语言问题，语言文字规范化研究者需要转变研究思路，调整研究主题；需要结合新的社会条件，观察和解释新现象，关注新问题，思考并回答在当前条件下继续开展语言文字规范化工作的作用和意义，提出具有建设性的研究建议。总之，更新研究方法，拓宽研究视野，提高阐释现实的能力，提高应对质询和资政的能力，成为新时期语言文字规范化研究的迫切任务。

第二节　新时期语言文字规范化的形势与任务

一、新时期语言文字规范化的社会背景

语言文字规范化面临的社会条件，亦是进行研究、开展工作的时代背景。新时期语言文字规范化工作的宏观社会环境，在五个方面表现出不同于以往的特征。

1. 国家高度重视文化发展

中国共产党十七届六中全会提出，要塑造社会主义核心价值体系，保障公民文化权益，大力发展文化产业，强调培养“文化自觉”和“文化自信”。人类社会在促进经济一体化的同时，也大力提倡文化的多样性，在世界范围内，在全球一体化的大趋势下，区域文化、民族文化、群体和社区文化等文化意识普遍表现出新的活力。语言文字和文化的关系十分密切，二者互为依托、互相渗透。语言文字作为文化最重要、最基本的载体，事关历史文化认同和传承；语言文字本身也是一种文化现象，语言文字的管理、规范和传承、应用是文化事业的重要组成部分。大力推广和规范使用国家通用语言文字，消除交际障碍、促进各民族经济文化交流，有利于增进整个中华民族的国家认同，有利于建设共有精神家园、塑造共同理想、培养以爱国主义为核心的民族精神。做好语言文字工作，特别是加强国家通用语言文字的推广和普及，是维护国家主权与尊严、体现国家核心利益的战略举措。

语言文字事业是培养文化自觉和文化自信的基础。国家通用语言文字的推广力度、普及程度和应用规范水平，是中华民族具有高度的文化自觉和文化自信的重要体现。做好语言文字工作，加快汉语走向世界的步伐，促进中华语言文字的国际传播和网络传播，有利于中华文化在国际空间和虚拟空间的影响力、吸引力，有利于向全世界展示自尊自信、自强自立的中华民族精神。

语言文字事业是保障公民文化权益的重要内容。培养、提高人的语言应用能力，提供并不断完善语言文字的公共服务，事关每一个公民的生存、就业与发展，关乎每一个公民的精神文化生活品质，是保障公民基本文化权益的重要基础性工作，是满足人民群众日益增长的精神文化需求的保障。此外，大力发展语言文字事业有利于解放和提升文化生产力，促进文化产业发展；推进文化科技创新，增强文化产业的竞争力，更需要加快语言文字信息化建设，大力发展以语言文字处理为核心的信息技术。

我国是个多民族、多语言、多文种、多方言的国家。既有作为国家通用语言文字的普通话和规范汉字，也有众多的少数民族语言文字和汉语方言，语言生活丰富多样。从我国语言国情出发，在大力推广和规范使用国家通用语言文字的前提下，也要重视对各民族语言文字的保护。各民族的语言文字在法律上一律平等，各民族都有使用和发展自己语言文字的自由。这么多语言和方言也使得我国的语言苑圃绚烂多彩，其承载的文化丰富多样。近年来，随着经济社会的快速发展、城镇化进程的加快和人员流动的增加，语言也在不断发展变化，不少语言、方言衰微甚至消亡。科学保护各民族语言文字，有利于树立大气包容、兼收并蓄的国家形象，有利于民族团结、政治稳定与社会和谐，有利于保持中华文化的生命力、创造力。国家语委提出“构建和谐的语言生活，珍爱中华语言资源”，正是基于对多语言文化语境的清醒认识。

2. 双言双语（多言多语）的语言生活初步形成

总体上看，我国古代的语言生活是单言单语型的。汉民族共同语的书面语形成很早。“雅言”“通语”在秦汉时代已经存在，其后又有代行民族共同语职能的官话。但古代汉民族的口语基本上是方言，即便是全国有大体相似的读书音和官场音，对全民的口语交际影响也不大。古代的中国是农业国，交通、通信不发达，除了因饥荒、战乱和有计划的移民之外，整体上看人口活动的半径、流量和频率也都相当有限，因此能够操两种及多种方言的人数不会很多，许多民族基本上是单言生活。

现代意义上的语言统一运动，以 1911 年清朝学部中央教育会议通过的《统一国语办法案》为标志，它开启了具有深远影响的国语运动。1949 年以后，中华人民共和国持续地大力推广普通话，台湾的“国语”普及，香港、澳门回归之后的普通话教育，都是当年国语运动纵向的历史延伸和横向的地域延展。语言统一的百年历程确立了“以北京语音为标准音、以北方话为基础方言、以典范的现代白话文著作为语法规范”的汉民族共同语，制定并推行了注音字母和汉语拼音方案，培养了大量的双言双语者，形成了双言社会和部分地区的双语社会。

据统计，20 世纪末大陆能够使用普通话的人数占人口总数的 53.06%，随着社会的发展，目前能够使用普通话的人数应当达到人口总数的 70% 以上。台湾能够讲“国语”的人数比例更高。香港、澳门能够讲普通话的人数也在不断增加。就全国范围来看，普通话与汉语方言“共存共用”的局面已经形成。普通话是国家通用语言，主要用于教育、公务、新闻出版、大众服务等多层次、跨地区、跨民族、大范围的交际，汉语方言主要用于家庭、社区交际和乡土文化活动等方面。有些民族由于各种各样的历史原因，没有自己特有的民族语言或已经放弃了自己的语言而转用汉语，如回族、满族等。但他们的语言转用，常常是因居住地不同而转用不同的汉语方言。有些民族在保持本民族语言的同时也使用汉语方言，随着普通话的推广，这些民族成为双言双语民族。有些单语民族随着普通话的推广，其成员也逐渐掌握了普通话，成为双语民族。

总之，随着普通话的推广，汉族和转用汉语的少数民族由单言社会发展为双言社会；原来只讲本族语的民族发展为双语民族，原来的双语民族发展为双言双语民族。不能忽略的是，我国许多少数民族语言也有方言的分歧。几十年来，这些有方言分歧的少数民族语言，也有了不少发展变化，比如蒙古语、壮语等都确立了民族共同语的语音标准，并且还先后开展了标准音的测试。通过学校教育、标准音测试等，这些民族也出现了越来越多的掌握本民族共同语和本民族方言的人，在一些地区或领域也形成了民族的双言生活。

此外，百余年来的外语教育培养了大批的外语专门人才，同时也使许多受过一般教育的人有了外语知识或一定的外语能力，使单语者成为双语者或三语者。从长远的发展来看，公民的外语水平当然还会不断提高，对外语的学习、利用还会加强，但是中国大陆仍然不大可能形成全民性的外语生活。这不同于曾经做过西方殖民地的国家和地区，这些国家和地区，原来宗主国的语言或成为官方工作语言，或在教育、商务等领域中继续应用。

3. 现实与虚拟两个空间的语言生活紧密程度前所未有

信息化是人类的又一场伟大革命，已经全面影响着国家的前途命运，改变着每个社会成员的生活方式和生存方式。信息化的发展要求为虚拟世界构建起坚实的语言文字平台，这给语言文字学家和信息学家提出新要求、新课题。

计算机语言处理技术的不断普及和提高，各种语言技术产品逐渐发明并进入日常语言生活，人与计算机的语言交际逐渐形成。“人—机交际”由使用符号交际到趋近于语音、文字交际，由技术人员与计算机交际发展为一般人与计算机交际。特别是互联网的发明并逐渐商业化，机器之间的信息传输（“机—机交际”）开始出现且迅速发展起来，人类在现实世界的基础上又构建起一个虚拟世界，因而在现实语言生活的基础上产生了虚拟语言生活，这对社会语言生活产生了深远的影响。

首先，人类的语言交际形式发生了巨大的变化。语言交际在“人—人交际”的基础上又发展出“人—机交际”和“机—机交际”。到了现在，“人—人交际”也越来越多地依赖机器的帮助，形成了“人—机—人”（包括“人—机—机—人”）的混成式交际。在过去，书写是受过教育的公民必须具备的素养，而混成式交际的发展，使得现代语言技术成为公民应当具备的语言素养。

其次，语言进入国家的“硬实力”范畴（李宇明 2011）。现代语言技术的发展在相当大的程度上依赖于语言文字知识，一些语言文字知识还转化为信息工业的标准。现代语言技术的发展虽然只有几十年的历史，但已经孕育了一批语言新职业，如语言速录师、语言工程师、字库设计师等；产生了一批新语言产业，如语言文字的输入与识别、计算机字库、语言文字的传输与输出、自动翻译、语言文字信息的检索与加工、电子阅读等高新技术所形成的产业，由此形成了巨大的语言经济。同时像打字员、字模铸造、纸质信件通讯、电报等一些传统的语言职业或产业，也发生很大变化甚至消亡，从而引起社会经济结构的变化。

再次，虚拟语言生活对现实语言生活的影响越来越大。虚拟语言生活是在现实语言生活的基础上产生的，但反过来又在影响现实语言生活。虚拟语言生活中产生了大量的新词新语，这些新词新语不仅活跃于虚拟语言生活中，而且进入了现实语言生活。网络逐渐成为信息的集散地和反应堆，电子邮件、BBS、QQ、博客、微博、微信等许多新的信息传播媒介，以新媒体的身份深刻地影响着现实语言生活。许多活动从实体向网络迁移，如电子政务、电子商务、电子学务、电子出版、电子娱乐等，构成了当今的虚拟生活。这些虚拟生活往往都伴随着现代语言技术的发展，成为虚拟语言生活的组成部分。网络使用领域越来越广，功能越来越大。网络已经成为人类最大、最快的信息贮存库，纸媒出版物、图书馆、档案馆、博物馆的许多职能，将越来越多地让位于网络，或发展为融媒体。但是，网络的信息有许多是需要过滤、挖掘和整理的，应充分认识网络信息贮存库的作用，努力发展网络信息挖掘技术，及时有效地利用网络信息。特别是随着云计算、物联网由概念逐渐变为现实，互联网正在发生质的跃变，其功能将更加强大，对现实生活的介入将更为全面而深入。虚拟语言生活将更为发达，对现实语言生活的影响也将更为全面、深入和强烈。

过去的语言规划主要处理语言与人的关系，现在则要处理语言、人、机器三者之间的关系。需要考虑两个空间的语言生活问题，特别需要加强对虚拟语言生活的研究。虚拟语言生活研究需要注意以下几个方面。

第一，应当以积极的态度来看待虚拟语言生活。

不能用现实语言生活的观念去简单看待它，不能用管理现实语言生活的办法去简单管理它，不能用削足适履的方法去限制它。语言规划应当促进虚拟语言生活快速而健康的发展。中国虚拟语言生活的网络空间，应当尽可能地适合国人的生活习惯和语言文字使用习惯。这关系到硬件、软件和各种语言信息技术，一方面，需要拥有更多信息技术方面的知识产权，另一方面，在软件设计、语言文字应用等方面，都要充分重视国人的文化习惯。要不断提升国人虚拟语言生活的质量。虚拟语言生活不是少数人或某一部分人的语言生活，而应当是或者即将是大多数人的语言生活，具有普惠性。截至 2017 年 6 月 30 日，中国网民规模达到 7.51 亿。语言文字的规范化工作，需要考虑：

（1）如何帮助更多的人步入虚拟语言生活，减少信息边缘化的人群。

（2）放开思路，设想在虚拟空间中可以过哪些语言生活，并有计划地孕育之、发展之。

（3）着意建立虚拟语言生活的各种运行规则，建立合理的秩序，着力提高虚拟语言生活质量。

（4）把虚拟语言生活的这些规则、这种秩序尽力向外延展，为国际虚拟语言生活作出贡献。

第二，要实现虚、实语言生活的相互促进。

研究虚拟语言生活对现实语言生活的影响，例如：电脑的使用是否会带来书写水平的减退？怎样看待书写能力的减退？影响汉字发展演变的主要动因是书写，书写方式的演变对汉字的发展演变会带来什么影响？人们的阅读习惯、信息获取习惯、语言表达习惯等都会发生一些什么样的变化？通过这些研究，采取一定的措施，减少其负面影响，扩大其积极作用。同时努力做好虚、实语言生活的沟通，相互促进，保证语言生活的和谐。

第三，建立语言资源理念。

不仅把语言看作问题，而且把语言看作文化资源和经济资源。在现代语言技术快速发展的背景下，语言资源理念得到了突显和新阐释。今天的语言规划，必须在语言经济学的支撑下充分重视、尽力保护、全面开发语言资源，促进现代语言技术的发展，促进语言职业和语言产业的发展，进而促进社会经济的发展。

4. 语言生活的国际化趋势日益明显

三十余年的改革开放，中国人有了更多的国际语言生活，汉语也伴随着国家走向世界的步伐快速向世界传播，语言文字事业逐渐形成了国内和国外两大平台，因此中国当代语言规划必须兼顾国内、国外两个大局。随着国际经济的飞速发展，在不少地区汉语成为仅次于英语的第二大商务用语，因此要加大汉语的规范化与传播的国际化。面对语言生活的国际化，必须注意以下问题。

第一，科学推进汉语国际传播。

汉语国际传播应有些衡量指标，比如：

（1）能否满足世界不同地区学习汉语的需求。

（2）能否为汉语学习者带来学习之后的应有的实际效益。

（3）在教学标准、教材教辅、教学方法、考试、师资供给、教学声望等方面，能否充分满足学习者的需求。

（4）语言传播是否促进了相关国家经济和文化的发展。

（5）汉语传播事业能否持续发展。

这些指标，标志着汉语国际传播的理想状态。要达到这样的理想状态，就需要分析古今中外语言传播现象，研究语言传播规律，研究各国国情，据此制定汉语国际传播规划，并在实践中不断调适完善。

第二，协调与海外华语的关系。

海外华语是汉语走向世界的先遣队，普通话的规范标准、汉语作为第二语言的教学标准，都应考虑到海外华语的存在现状，最大限度地实现本土与海外的语言沟通与语言协调，使“以普通话 / 国语为基础的全世界华人的共同语”这一“大华语”的概念，在本土与海外的语言沟通中发挥作用。华语之间的沟通、协调，进而可以发展为各地华语教育机构的沟通、协调，其理想状态是形成同盟关系，联合制定教学标准，编写教材和教辅材料，研讨教学方法，协调考试办法，共认考试结果，促进华语教学事业的良性发展。

第三，我国少数民族语言的国际传播。

我国许多少数民族语言，如蒙古语、藏语、维吾尔语、彝语、傣语、满语等，国际上都有数量不等的学习者和研究者。统筹汉语和其他少数民族语言的传播，共同发展。向外传播少数民族语言，满足国际需求，既是我国的国际义务，同时也关乎国家安全。

我国的有些汉语方言，也有国际学习市场，如粤方言、闽南话、客家话、上海话等，也应考虑这些方言的国际传播问题。

第四，提升国家外语能力。

国家在处理海内外各种事务时，都需要得到合适的语言支援。而这取决于国家的语言能力，包括外语能力。过去我国的外语学习除了满足外交需求之外，主要是向西方学习先进的科学文化，因此外语种类单一，教学的重点是标准语和书面语，其学术研究也多侧重在外语教学，这在目前已经远远不能满足国家需求。随着我国改革开放和国际地位的提升，外国朋友来华工作、学习、开会、旅游甚至定居者不断增加，在中国召开的大型的运动会、博览会、商贸洽谈会、学术会议等也与日俱增，中国需要为他们提供必要的外语服务。目前外语服务领域主要集中于公共服务领域，如外文标识、说明文字等，这是远远不够的。

第五，解决好跨境语言问题。

跨境语言问题既是国内语言问题，也是国外语言问题。解决好跨境语言问题，是睦邻靖边的需要，也是提升国家语言能力的重要环节。我国的跨境语言（包括跨境方言）估计超过 30 种，另一说有 50 种，情况错综复杂。跨境语言处理得当，境睦边安，中华文化与科学技术能够自然延展，四邻受惠；处理不好，会损失语言资源，削弱语言能力，诱发各种语言矛盾，出现文化“倒灌”现象，带来国家安全方面的种种隐患。当前，对跨境语言的重要性认识不足，对跨境语言的现实情况了解较少，特别是这些语言在邻国的使用情况。应当利用多种方式开展跨境语言的调查研究，科学制定跨境语言政策，有计划地培养跨境语言人才。做好跨境语言工作，就等于为国境铺设了一条新的安全线，为四邻架设了一座座友谊之桥。

第六，履行国际语言义务。

作为一个负责任的大国，必须履行一系列的国际义务，其中包括语言方面的国际义务。国际领域的语言事务主要是：对人类面临的主要语言问题进行研究，利用国际力量来正确对待这些问题，合理解决这些问题；建立健全国际语言秩序，化解语言矛盾，为各国的语言规划提供咨询服务或给出建议，帮助世界人民过好语言生活。当前最需关注的有如下三个方面。

首先，维护语言权益。语言权益是人权的重要组成部分。个人、民族、国家都拥有各种语言权益，这些语言权益需要国际社会通过公约、倡议等各种方式来维护。比如移民的语言权益，弱小民族的语言权益，发展中国家的话语权问题等。

其次，保障语言沟通。国际社会需要相互沟通，因此需要科学规划国际多边组织、跨国的地区组织等的工作语言，需要通过公平的国际标准等保障互联网上的语言传输。通过沟通增进了解，增加互信，减少误会。

再次，保护濒危语言。语言是文化的贮存库，语言的消逝是人类文化不可挽回的损失。据估计，人类现存的7000种左右的语言，有90%可能会在21世纪消逝。面对这种文化劫难，人类需要采取切实的措施，尽量延缓这些语言的消亡，或是进行活态保护，或是通过现代信息技术将这些语言的资料进行样本保存。

对语言文字规范来说，新时代背景使之面临前所未有的时代挑战，语言与国家的关系提到前所未有的新高度。语言与国家认同、民族认同、地区认同，语言与国家安全，语言与国家的创新能力，语言与国家信息化发展，语言对社会的经济贡献等，成为政界学界常议之话题。语言矛盾呈现易于激化的态势，许多社会的、文化的冲突往往伴之以语言冲突，或者直接表现为语言冲突。这种倾向在世界许多国家也都有明显表现，甚至引发政府危机和“语言战争”。此外，语言生活的多需求，对语言服务的要求越来越多样，越来越迫切。必须尽快建立政府指导、社会参与、多种机制并发的社会语言服务体系。在这种形势下，语言规划就是要解决国家和人类发展中遇到的各种语言问题。当今之世，要求决策者和研究者必须站在国际化的角度关注中国的语言生活，站在信息化的高度观照现实语言生活，站在世界大国的立场做中国语言规划，努力提升公民的语言应用能力，尽快提升国家的语言能力，切实履行国际领域的语言义务，促进中国乃至世界语言生活的和谐。

5. 社会缺乏语言意识

语言意识，就是意识到语言之于人生、之于单位、之于社会、之于国家的意义。当务之急、当务之本，是唤醒全社会的语言意识（李宇明 2012）。语言意识是关于语言的理性的和非理性的看法，尤其指关于语言结构和语言使用的合理及合法性的认知、态度和信仰。即使微观的家庭语言规划，其背后也必然存在某种语言意识。没有合乎国情、领先时代的科学语言意识，就不可能有合乎国情、领先时代的科学语言政策，就不可能有充分发挥语言的社会作用、政治作用、文化作用和经济作用的语言行为。

在当前新形势下，语言文字规范的基础性问题是社会缺乏语言意识。无论是国家层面的重要报告，还是语言学界对于当前形势的论述，都较少涉及语言意识。陆俭明（2016）指出："要让语言为'一带一路'构想铺路，单靠语言学工作者是办不到的。这首先需要上上下下，特别是国家层面树立并增强语言意识，认识到个人和国家的语言能力在当今社会的重要意义，特别是认识到国家的语言能力已关涉到国家软硬实力的提升，关涉到国家的安全。在这个问题上，我们需要有世界眼光和国际视野。""如今乃至今后国际的激烈竞争，不仅包含着语言人才、语言技术的竞争，而且包括语言意识、语言规划的竞争。一些发达国家已经从战略高度来对待语言问题。以美国为例，21 世纪以来先后出台了《国家外语能力行动倡议》（2005）、《国防语言转型路线图》（2005）、《语言与区域知识发展计划》（2006）、《国家安全语言计划》（2006）、《国防部语言技能、区域知识和文化能力的战略规划：2011—2016》（2011）等一系列重大语言政策和举措。"方小兵（2014）也认为无论是语言本体规划、地位规划，还是习得规划（语言教育规划）、声望规划、功能规划等都与语言意识息息相关。"只有透过语言意识，才能看清当下语言政策的本质；眼界决定面貌，理念决定档次，语言规划的科学性依赖于语言意识的先进性。"

社会治理层面，语言意识也较为淡漠，既没有批评语言意识，也较少语言资源意识。批评语言意识认为语言不仅是一个符号系统，也是一种象征性的权力资源。作为权力象征，《中华人民共和国宪法》有"国家推广全国通用的普通话"的条款，并有《中华人民共和国国家通用语言文字法》，但是法学界很少研究这一宪法条款，更少关注《中华人民共和国国家通用语言文字法》。一些与语言有关的政策出台，很少听取语言专家、语言管理部门的意见。各级人民代表、政协委员在“两会”上提出诸多利国利民的提案或建议，但涉及语言文字的提案或建议不多。我国自然灾害多发且语言、方言复杂，在防灾救灾中离不开语言、方言的支持，在一些地震灾害的救援中已经出现过因语言不通而影响救援的问题，但主其事者缺乏语言意识，至今未能吸取这方面的经验教训，未见防灾救灾的语言手册出版，也未见有关的编纂计划。语言与扶贫、脱贫具有较为密切的关系，但是语言扶贫的话题到近两年才引起关注。批评语言意识提醒人们在语言规划中，除了要关注显性的地位规划，更要重视隐性的声望规划，后者在很大程度上影响人们的语言态度、语言认同和语言传承。批评语言意识还推动了语言权利的觉醒，为语言平等、语言多样性和母语保护等语言政策提供了思想基础。自 2001 年始，联合国教科文组织将 2 月 21 日确立为“国际母语日”，以提高母语地位，消除语言偏见，保护语言传承。批评语言意识提醒人们关注语言的本体规划，加强语言文字规范工作，避免术语的滥用，剔除不适宜的词语，适时推出新的更恰当的词语，以便更好地构建和谐语言生活。

对语言与经济的关系认识不足，对语言经济价值评估也不充分。通过语言资源开发，发展语言经济，提升语言服务，培育语言产业来获取语言红利。在瑞士，语言对经济的贡献度达到国民生产总值的 10%。特别是进入信息化时代，语言将产生更大的经济红利。但是我国经济部门没有相关数据统计，也没有建立语言产业、语言职业、语言经济等理念。提升一种语言的经济价值，是保护语言的有效途径。中国丰富的方言和民族语是一座座亟待开采的矿山。语言服务是语言资源开发的重要途径之一，多行业、多语种、多层次的语言服务可以孕育许多新的职业和产业。以翻译服务为例，进行境外投资需要翻译相关国家的法律、法规和地理、气候等方面的资料；掌握世界尖端科技需要翻译大量的科技论著、技术标准等，然而我国外语文献翻译服务还不尽如人意。目前，一些中国企业纷纷在中亚、中东、非洲、拉丁美洲等地投资建厂开矿，或承包大型基建工程，而小语种人才和复合型外语人才的短板，拖了中国企业实施“走出去”战略的后腿。缺乏语言资源支持的文化产业往往文化匮乏，在虚热和泡沫中失去魅力，难以健康有序地发展。目前我国的语言咨询、语言翻译、语言文字信息处理、语言康复、语言创意等产业还远不够发达。应当将语言资源意识内化为新时期国家语言规划的着力点，促进语言消费，提升语言服务水平，使语言产业成为中国经济转型的重要推手。

公民的语言意识淡薄。尽管人们每天都通过语言进行日常交际和信息分享，然而，并不是每一个人都能意识到语言总在传递着某种主观意识。表示性别歧视、种族偏见和各种“刻板印象”的词语在每一种语言中都大量存在。在现实生活中，语言总是以精细微妙的方式施加力量而不被察觉。其实当人们用语言来思考，有了对词语的“注意”，也就有了“语言意识”。这种元语言意识是对语言的一种强化了的自觉和敏感性，促使个体把语言作为探究对象，而不仅仅当作表达思想和与他人交流的手段。

从教育角度来看，个体元语言意识也是语言教育规划的基石。20 世纪 80 年代初，英国中小学教育迷信交际教学法，只关注学生交际能力的培养，而忽视了对语言形式的讲解分析，导致学生语言运用不规范、阅读能力低下等问题。于是教育部门兴起了“语言意识运动”，倡导在中小学母语教育中树立元语言意识，关注语言的形式规范，提高语言教学的效果。关注语言形式是我国中小学语文教学的传统，但受键盘输入等因素的影响，学生的汉字书写能力逐年下降。2013 年，中央电视台推出了“汉字听写大赛”，以提高国人对汉字形体结构的认知，培养国人的“元语言意识”。研究表明，培养个人的元语言意识可以提高儿童的认知能力，使他们恰当地用较抽象的术语来概括物体的名称，提高其语言使用的准确性和灵敏度。总体来看，目前许多人缺乏语言文字的常识；对字母词、对外语的看法也有不客观的，或热捧或棒击；许多小学没有把汉语拼音教学放在应有的地位，不教正词法，不教分词连写和字母大小写，致使汉语拼音的社会使用常常不规范，最终影响到提升公民个人语言能力和国家语言能力。

总之，语言文字规范工作不仅要考虑现实的语言生活，还要考虑语言意识和语言态度。在观念和行动上要认识到语言意识是完成语言规划的基础性问题，是语言规划的支撑“三角”。没有语言意识，没有合乎国情、领先时代的科学的语言意识，就不可能有合乎国情、领先时代的科学的语言政策，就不可能有利国利民且充分发挥语言的社会、政治、文化和经济作用的语言行为。

二、新时期语言文字规范化工作现状

1. 语言文字规范化工作结构较为完整

我国语言文字规范化工作的结构较为完整，特别是进入新世纪以来，工作成效显著。

语言文字规范化的主体，行政层面的结构较为系统。目前的国家语言文字规范化工作的行政机构以国家语言文字工作委员会为核心，有 29 个成员单位。教育部语言文字应用管理司和语言文字信息管理司作为主管部门，教育部语言文字应用研究所作为专属事业单位，语文出版社 2011 年成为中国教育出版传媒股份有限公司下属子公司，虽然不再作为事业单位，但仍然是语言文字事业的重要的出版支撑力量。地方政府设有语委办或管理语言文字的行政处，通常隶属教委和教育厅局。多数省区市设有专门的普通话培训测试机构。

语言文字规范化工作具有一定的专业性，为加强学术研究对行政工作的支撑，国家语委设立了国家语委咨询委员会、国家语委标准化审定委员会、国家语委标准化技术委员会（六个分会），以及为语言文字应用科研项目审批设立的专家委员会、普通话审音委员会等负责专门工作的委员会。2003 年以来，联合有研究优势的高校和科研院所等，设立研究基地和研究中心，多方发动、利用学术研究力量，强化语言文字规范化的学术基础。

语言文字规范化的主体在加强自身功能建设的同时，还应重视规范化工作评估机制的研究和建设。“政策制定是一个持续不断接近某些期望目标的过程，而这些期望的目标本身也在不断变化。”① 在政策形成和发挥作用的各个环节，评估都可以提供有效的回望、预测和修正。评估执行者的地位要“尽可能独立于任务委托方和核心管理层”。② 根据评估者与决策者的关系，分为内部评估和外部评估。目前，在规范化工作的各个环节，内部评估占绝对优势。内部评估的执行者，既指行政机构，也指受行政机构主导的各类委员会，因为他们都是语言文字规范化的主导者。内部评估方式有利于系统梳理规范化工作的内容，较为准确地提出查漏补缺的建议，也有利于设计后续制定和修订工作。但是内部评估也存在相对封闭的缺点，不利于语言文字规范化工作的公共政策属性的发挥。

研究表明，由于目前制度性结构的功能强大，在一定程度上影响了非制度性规范化力量发挥作用，使得部分规范化工作（包括评估工作）缺少深入到社会文化理念的渠道，对规范化工作的基本需求也缺少上行反馈的助力。例如，行政力量介入项目研究过程，有利有弊。有利方面在于政策主管方能够随时发挥评估的作用，包括评估项目是否符合政策目标的预期，如果在项目研究过程

① [加]梁鹤年著、丁进锋译《政策规划与评估方法》，中国人民大学出版社，2009 年。

② [德]赖因哈德·施托克曼、伍尔夫冈·梅耶著，唐以智译《评估学》，人民出版社，2012 年。

中需要调整目标，只要行政主管方的认可，就能够得到及时的反馈；当需要更具有全局视野的指导意见时，也能够及时沟通。更重要的一点是，以目前的制度架构，语言文字规范化的重要任务往往需要多个行政部门的协调，这时行政主管方的介入本身就是工作的推动力。不利方面在于，重大和重要任务往往研制周期长，可能在一段时间内不能够取得行政主管方希望看到的效果。这种情况下行政介入对研制承担者造成的压力可能损害研究质量，个别情况下，由于互动程序不当等因素影响，会使承担者失去研究的热情和主动性，最终由行政主管方接手项目的运行。即使最终项目运行顺利，但是对工作程序和学术原则造成的损害也是不可否认的。

"在社会发展和分析工具改进的情况下，应注意加大科学分析的投入而减小政治权力的作用。"这主要是因为"专业政策分析是全面与系统的"，具有全面观察有关政策问题的各种因素，并运用多种技术手段加以系统研究的学术习惯，"故这种分析往往是全面的而非片段的，周密的而非支离的，客观的而非流于偏见的"，"在寻求解决问题的有效方案上具有独特的作用"（郎佩娟 2002）。制度性措施往往滞后于现实变化，良好的制度应允许存在非制度性调整的空间。评估机制作为"准制度"，连通应用状况、现实需求与制度安排。重视评估机制的设计和应用，有利于促进这种连通。

现行语言文字规范化运行机制已经逐渐调适，出现了一些符合新时期语言生活特点的变化。例如建立了多个学术咨询委员会、技术委员会，联合建立科研基地、研究中心，建立有效的联席会议制度等。重视评估机制研究和建设，特别是在内部评估为主的格局中，适度引入外部评估，将进一步促进管理的科学性，有利于实现精准管理，是促进新时期语言文字规范化工作的有力措施。

2. 语言文字规范化工作较好地满足了社会需要

语言文字规范化的对象，即规范化行为的接受者、受影响者，可以分为经过规范的语言本体的相关内容，语言文字规范的载体，规范化行为影响的社会人群、领域、机构等（也可以称为"推行对象"）。

我国语言文字规范化的内容覆盖较为全面，较好地满足了社会需要。首先，国家通用语言和少数民族语言均较好地实现了本体规范，这主要是指语言文字本身的整理，如文字、语音、词汇等的规范。本体规范标准的层级性也较为全面，例如，对接国际标准、国家规范标准、国家语委（及联合发布）的规范标准或通知公告、各地方制定的适用规范标准、部分领域（如基础教育、出版、播音等）制定的适用规范标准等。其次，规范化的层级、推行的形式较为切合实际，较好地实现了规范化文本的研制颁行，如行政机关、教育、出版、公共服务等应用领域的适用规范标准、规范标准的信息化等。再次，规范化的推行策略也有亮点，取得了较好的社会效果，例如组织培训测试，主办或促成各种形式的活动，以及开始重视配合规范标准的普及性材料的编写出版等。当然，由于语言文字规范化涉及面广，仍然需要进一步补充、细化、完善。例如有意见认为规范标准体系建设缺乏系统设计，应该进一步补充完善。

语言本体及其载体的规范化标准化工作，专业性较强，因此在研制过程中学术主体的作用较大，往往在研制过程中学术组织内部的讨论多于面向应用者的咨询，实施过程中单向推介多于互动反馈，造成研制者与使用者之间信息不对称。国家语委提出“开门办规范”，将规范研制的过程向应用者（政策利益相关者）公开，提高了语言文字规范工作的公众知晓度。规范研制的需求论证和公开征求意见程序成为规定动作，颁布实施的时候提供规范标准解读，以及开办规范标准培训班等，比较有效地保证了专业性解读与应用的对接。

语言文字规范化作为语言管理工作的重要组成部分，理应与时俱进，根据社会需求作出调整。理想状态下，语言文字规范化的各个环节，既应与固有的社会文化需求相适应，不造成大的冲击，也应遵循基本的社会资本运行规律，以降低社会交际成本为目的，提高交际效率。由于社会条件的变化，语言生活本身不断发生调整，对语言文字规范的要求也随之调整。这种调整是渐进的，并且在个人、组织（群体）和国家层面同时发生。这种调整也相应地带来矛盾，矛盾来自新的社会需求打破了固有的、稳定的社会资本与文化资本运行规则。在这样的矛盾中，蕴含着新的社会资本和文化资本的增值潜力。

当前语言文字规范化的形势有一个特点，那就是新旧问题交错迭出。以国家通用语言的普及为例，旧有问题主要是普通话普及存在各种各样的困难，特别是在农村、边远地区、少数民族地区的普及状况并不理想，亟待解决。个人和区域发展都需要国家通用语言为基本工具，此时国家通用语言的规范普及有利于个人和区域的社会资本增值。新出现的问题，则是在全球化背景下，人类越来越认识到文化多样性的价值，社群观念、族群意识逐渐增强。这时，文化资本作为固有的公共资源，更有可能带来多种真实可见的价值。新旧问题交织，由此产生了一种将通用语言与少数民族语言、方言对立起来的心理。

面对这种现状，需要调整语言文字规范化的思路，最重要的是改变规范/

不规范这种二元对立的观念。“国家语言规划的主要任务应当是管理语言生活，而不是管理语言”，（李宇明 2016）作为国家语言规划的重要组成部分，语言文字规范化同样应关注语言生活，将社会语言生活作为观察、分析、研究的对象，判断规范化措施是否有利于社会资本、文化资本有效增值，是否有利于制度建设和非制度因素形成充分的良性互动。

3. 语言文字规范化研究的学术性有待加强

语言文字规范化通常被认为主要是通过行政性工作解决语言生活中的问题，由于工作内容和语言相关，所以也与语言学研究密切相关。至于语言文字规范化作为学术研究的主题所具备的学术潜质，尚缺乏深入挖掘。

学术性的欠缺首先是学术定位的欠缺。

近些年来，我国的语言规划学从引进借鉴国外研究成果，到阐释我国的语言规划，语言规划研究渐成规模。与此同时，语言文字的规范化、标准化、信息化等，作为语言本体规划的核心和基础，却日渐模糊淡化。原因主要有三个方面。一是传统的研究观念认为，语言文字规范化已经完成了历史任务，今后主要是修修补补的工作。二是信息技术深刻影响人类的生活状态，大量的规范标准集约化、模块化，隐含在不同的产品形式中。语言文字规范标准仍然影响着社会语言生活，但作为整体概念的规范标准，从公众视野渐渐隐去。对于使用者来说，技术产品取代了规范标准文本，知其用但不知其然，更不知其所以然。三是被全球化、多元化、信息化催生出的新的语言需求、语言现象，令研究者目不暇接，例如新词新语、网络语言、字母词等。针对这些新问题的研究，更多的是描写式，呈现问题产生的原因，提出原则性的解决建议。正是这些问题，对传统的语言文字规范化研究的方法、规范化的形式，甚至语言文字规范化的意义、作用提出了挑战。因此，有必要重新思考语言文字规范化的学术定位，从根本上调整研究内容和研究模式。

语言文字规范化的目的是：赋予个人建立更广泛社会联系的资本；赋予组织 / 群体建立更具有包容性的内部联系，建立更加多元的外部联系的资本；赋予国家获取高度的内部凝聚力的资本，以及在各个层级上获得高度的外部联系的资本。其学术定位在语言规划学领域内，但不只是语言本体的规范化研究，而是应转向语言文字规范应用的各种现象，既是本体规划研究，也是功能规划研究。这种转向，可以凸显语言文字规范化研究的公共性。

其次，为了加强语言文字规范化研究的学术性，应更新研究方法。

研究方法的更新，是与学术定位的调整相适应的。语言规划本就是多学科交叉的领域，研究方法非常丰富。观察语言文字规范化的内容构成，语言文字学的学科知识、语言文字应用的社会学特点和作为公共政策（特别是公共文化政策）的制度属性，是更新研究方法必须考虑的三大核心因素。建立具有一定结构性的语言文字规范化研究分析方法，需要将社会语言学的要素分析与公共政策研究、评估学、社会学的方法相结合，重点引入公共政策实践四要素、社会评估方法、社会资本和文化资本的概念。

更新研究方法的出发点，是将语言文字规范化放在社会应用领域中，秉持全面的、动态的、发展的研究理念，多层次、多角度地进行观察研究。语言文字规范的各种措施作用于社会语言生活，多种多样的社会反应最能体现语言文字规范化工作的公共性。语言文字规范化对语言生活的影响，以及形成影响的渠道和方式等社会行为层面的表现，是目前最需要纳入研究视野的问题。

新时期的社会文化条件已经发生了很大的变化，社会语言行为的规范化研究不但内容上需要拓展，采用的研究方法也不能限于社会语言学的传统方法，需要在语言规划学的框架内，确实将语言文字规范化作为一个丰富的整体，作为社会生活中的动态存在，进行多角度观察研究。综合社会语言学的传统四要素分析，借鉴公共政策实践四要素、社会评估学研究方法，建立语言文字规范化研究的一般性框架，以社会资本和文化资本为核心概念，可以为语言文字规范化工作的各环节提供解析和评价的依据。

多方借鉴研究成果，可以为进一步完善语言文字规范化研究框架、完善语言文字规范化工作评价机制等提供思路和方法。例如，斯波斯基提出的“语言域（domain）”的概念，有助于描写不同的语言规划层次和结构（斯波斯基 2016）。语言文字规范化研究要研究语言生活，关注社会生活中与规范化相关的现象，关注相关的社会条件。“语言中心论的研究方法……在研究语言政策时没能把许多非语言的影响因素包含在内”（斯波斯基 2016），会导致研究视野的缺损，在语言文字规范化研究中并不适用。“语言域”概念中关于参与者、地点、话题的描写，有助于语言文字规范化研究根据研究的对象或主题，建立具体的分析背景，使前述研究框架能够更好、更准确地与具体研究主题建立联系。在具体的语言文字规范标准研制过程中，语言域这一概念也有利于界定语言文字规范化的主要功能领域，避免夸大规范化的作用、范围等问题。

语言文字规范化研究学术内涵的丰富，它是在更新研究方法的基础上，在多个具体的研究中积累研究经验，完善研究方法来逐渐实现的。以上提出的研究结构和一般性方法，是在若干案例分析基础上得出的，但仍需要更多的研究实践和专门分析来充实完善。

另外，更新研究视角，梳理语言文字规范研究的学术史也非常重要。在世界范围内，语言规划和语言文字规范化是现代民族国家形成过程中的重要推动力（安德森 2014）。语言文字规范化的政治、经济和文化意义不可低估。在应用语言学、语言规划学的框架内，追溯研究中国语言规划实践的经验，特别是成功的语言规划经验，总结阐发中国语言规划的特点，我国“百年来的语文运动、语言规范、语文现代化，从新的研究视角来观照，就具有了新的研究价值。”（王敏 2016）

三、新时期语言文字规范化工作的主要任务

1. 提高语言服务能力和规范意识，引导语言生活和谐发展

规范化应以服务社会应用为第一原则。一项规范化政策的提出、预研、研制、发布各环节莫不如此。“以‘应用’为核心和目的来谈语言文字问题，就是把一个问题放在多维度的空间里，因为‘应用’就意味着‘动态’，意味着多种关联。‘纯粹的、单一的、绝对的’种种观念自然消解，‘多元的、综合的、发展的’全局意识清晰凸显。”（王敏 2016）当然，服务社会应用，并不是说一切规范都要“顺从”实际应用，毕竟社会应用当中的确存在失范现象。

目前语言文字规范化的行政手段运用较为充分，主要是语言文字工作系统较为完善，国家语委和地方语委办、地方普通话培训测试机构的条状结构，使得国家语委的一些工作设想得以自上而下推行。

近十年来，在文化建设的总体规划推动下，语言文字方面的社会性活动也越来越丰富，这对提高全社会重视语言文字是有益的。但另一方面，也产生了不能够正确对待规范化的意识。从规划管理的角度看，培育社会规范意识，是应有之义。如何培育，则需要根据具体的案例需要，结合不同区域（地理意义）、不同层级（社会结构）、不同类型（现实社区或网络社区）等语言域，分析社会资本和文化资本的构成，观察和改进参与者的互动机制，建立有效的评估机制（评估指标不是只有“您是否认为语言文字规范化很重要”）等，从而形成较为全面的引导方式。

规范化意识的培育，并不只是针对一般社会使用者而言。语言文字工作涉

及社会的方方面面，这种综合性特点决定了行政机构之间的协调、协商机制是非常必要的。加强有关行政部门的联动，有利于自上而下地、系统地推进规范化，提高学术界对语言文字规范化的研究兴趣，夯实学术研究基础，将规范化工作做得更深入。近些年来，国家语委通过完善学术咨询机制、设立科研基地、设立科研项目等方式，与学术界建立了较为有效的互动，取得了良好的效果。学术界对规范化问题的阐释，有利于一般应用者理解规范化的具体内容，加强规范意识。

促进语言生活和谐发展，语言文字规范化不是门槛和障碍，而是助力，是规则。语言文字规范化服务语言生活，注重解决问题，同时也是引导和管理。对研究者来说，这样的认识体现在研究理念上，才能够更加深入了解应用者需求（经济需求、文化心理需求等），才能够更加充分理解规范标准研制是与国家层面的经济和文化政策相关的基础性工作。管理理念也应作出调整。和谐的语言生活，语言交际是有效率的，也是活跃的、丰富的。管理得当，语言文字规范化是提高语言交际效率，扩大外部性联系，促使个人和国家社会资本和文化资本升值的有力保障。管理过当，影响部分语言域的文化交际，可能造成社会资本和文化资本的损失，语言生活出现冲突，不再和谐。管理缺位，语言文字规范化的覆盖、力度均有不足，则会导致语言的社会功能失调，部分语言域甚至社会整体的语言交际规则受损，损害社会制度层面的社会资本，损害文化资本应提供的凝聚力。

2. 完善语言文字规范标准体系

语言文字的规范化标准化工作，以形成规范标准文本为基本形式。我国颁布的规范标准数量和覆盖面都很可观。回顾既有规范标准，提出完善规范标准体系，主要是强调弥合规范标准的不一致之处，使修订工作具备系统性、稳定性、科学性，以及使规范标准适应语言生活，具备多层级、多形式的适用性。

在语言文字规范化领域，规范标准代表着固化的、强力的、具体的形式，通常用来作为区分“规范 / 不规范”的依据。由于这一特点，可以说规范标准的内容通常具有基础性、普适性。提出规范标准时，就意味着相关内容是在较大的社会范围和较基础的社会交际层具有影响力的，需要通过规范标准这种方式实现固化和统一。出于语言交际稳定的需要，一旦固化和统一，规范标准就不宜轻易更动。因此，充分论证规范标准制定修订的必要性是非常重要的。这种论证不但需要确定该项工作的目的、目标，确定其适用范围、实施和宣传的方式，还需要预评估该项工作可能带来的其他影响。尤其应注意的是规范标准的修订。修订者往往并非最初研制者，需要厘清待修订规范标准的研制缘起，调查应用状况，结合具体问题提出修订方案。规范标准的修订通常是不同步的，所以修订工作还面临与其他相关规范标准的协调问题。

要确保规范标准研制的科学性，最重要的就是实事求是。规范标准源于社会应用需求，可是提出需求的各方，立场不尽一致。对于研制者而言，不可能兼顾所有的需求，确认该项规范标准要回应什么需求，以何种合理的方式回应，就成为核心问题。“语言文字的使用者，语言规划、语言政策的制定者，由于立场不同，需求不同，对语言规划应该实现什么目标，会有各种各样的观点。作为语言规划研究者，坚持实事求是、符合语言发展规律的科学研究，是应有的态度。”（王敏 2016）实事求是的另一方面，是规范标准制定的后续工作应及时跟进，特别是持续关注相关的社会反应，适时作出调整。

依据不同的要素，语言生活领域的划分多种多样，各领域对语言文字规范标准的具体需求也是多样的。任何体系性的设计，都需要因应多层级的需求，也都需要设计多重规则。语言文字规范标准最重要的作用是要解决基础的、涉及范围广的问题，即并不是所有问题都要在规范标准的层面解决。语言文字规范标准体系设计，至少需要考虑本体内容覆盖是否全面、区分应用领域是否足够细致、规范力度是否有多层级设计、推广方式是否足够多样等。

目前，国家通用语言文字规范标准的建设，已经解决了大部分的本体规范问题，应用指导型规范的研究和制定应该作为今后规范标准体系建设的重点内容。在国家语委指导下编纂的《中国语言生活状况报告》，引入了“软规范”概念，是规范标准体系建设的有益补充。对于已颁布的规范标准，除了提出研制报告的普及性说明，也应注重进一步结合不同领域的应用需求，给予指导。在目前的规范化领域存在着一些令研制者和使用者都倍感困扰的问题。例如，用于印刷宋体的字形规范，被认为对小学的汉字教学有影响，实际上小学低年级教材教学用的汉字是楷体，宋体与楷体的字形规范本就不一致。在保持规范标准研制的科学严谨的同时，还需要管理者和研制者充分重视现实应用的调查分析，注意调整表述方式，务求足够清晰地传达规范标准的内涵。

另外，规范标准的体系性还表现在各个规范标准之间通常存在关联，这就要求研制者和管理者把握好具体某项规范标准的定位，建立与其他规范标准的联系。这样就能避免不同规范之间的矛盾和不一致，也有利于区分各自的适用范围。

3. 提高国家和公民语言能力

全球化已经无可抗拒地把所有人卷入一个生态、经济、文化系统。在国家、文化、宗教、经济等传统分类之上，又划定了一个“地位体系”。谁是中心，谁在边陲，谁能施加命令或用资本收买，谁只能顺从并且无可奈何地出售，哪种语言更有价值，多少种语言正在消失……作为个人或者群体，多多少少感受到全球化带来的吸引力和压力。

全球性的语言生态系统的变化，使得从个人到国家的语言能力得到空前关注。公民的语言能力与人力资本相联系，国家的语言能力决定国家建立国际联系、应对国际动向、解决国内外事务的能力。政府层面的语言文字规范化工作，既要正视不可避免的语言文化接触与融合，也应有意识地加强国家、民族的语言文化保护，面向国际，规划我国境内多语种多文种的规范标准建设，在国际标准化组织内能够持续提出规范标准制定建议，特别是在面向境外传播时加强传播策略研究。

在“多言多语”社会中，公民的语言能力与建设人力资源强国直接相关。语言文字规范化是国家为每个成员提供的基础语言服务，通用语言能力是公民个人社会资本建立更多外部联系、实现个人社会资本增值所必需的工具，通用语言文字的规范化为公民通用语言能力的培养提供了基础。国家通用语言文字的规范化也是国家核心文化意识建设的基础，是保持和增强国家凝聚力的根本，是国家语言能力的核心部分。因此，新时期语言文字规范化的任务首先还是国家通用语言文字的规范化建设。

“语言技术和语言交际变体的发展，一直是推动语言、语言应用和语言学研究发展的重要力量。”（李宇明 2017）信息化深入到社会生活的方方面面，虽然距离真正的数字化世界还有相当距离，但是虚拟与现实的融合是大势所趋。“语言技术不仅改造着、发展着人类的语言生理器官，也在改变着人类的语言习惯甚至是认知、思维习惯，促进着人类的进化。”（李宇明 2017）以知识的传递和交流而言，人际交际和人机交际，甚至机器之间的交际，方式和功能差异会越来越小。即使在数字世界，语言文字也会是人类文化的承载方式。语言文字研究与信息化处理领域的交集似乎越来越少，但实际上是信息化领域（特别是人工智能领域）对于传统的语言文字研究的依赖已经减弱。或者说语言文字研究更多的是在内容和方法上利用信息化技术，但是在人类文明的数字化迁移方面，似乎被认为无法提供更多帮助。语言文字规范化就像曾经作用于现代文明的发展，为普及教育、扩展社会交际网络等现实需求提供了文化基础一样，也应在人类文明的数字化方向上有所作为。

从现实层面来看，语言文字规范化工作在信息化方面能够做什么、起什么作用，目前的研究仍然更多的是注重在技术基础层面。与语言文字信息化相关的基础性规范标准建设，是各类型知识数字化的基础，这种基础并未动摇，所以仍有必要及时更新维护语言文字信息化规范标准，加强规范化标准的落实监督，设立有效的评估与反馈机制。如果由教育部、国家语委牵头，联合相关部门，成立语言文字信息化专题会议机制，设立语言文字规范化和信息化研究咨询机构，集中协商解决语言文字信息化领域的规范标准的研制和落实问题，应不无益处。这一联合咨询机构，还应负责研究和预测信息化领域技术发展对于语言文字研究、语言文字规范标准的要求，承担语言文字规范化最前沿的任务。

4. 加强语言文字规范化研究

语言文字规范化的研究有传统的研究主题，通常是以政府主导的规范化工作为中心，研究规范标准的制定修订和实施。社会条件的快速变化，带来丰富的语言现象，研究者需要转变研究思路，调整研究主题，更新研究方法，拓宽研究视野，提高阐释现实的能力，提高应对质询、提出资政建议的能力。

语言文字规范化研究的理论更新，包括核心概念、构成要素、运行机制等诸多方面。由其研究内容所决定，需要综合社会语言学、应用语言学、语言政策语言规划研究、公共政策研究、评估学等多领域的具体分析方法。

特别需要提出的是，应集中完成若干案例研究，梳理语言文字规范化的过程，并将上述综合借鉴的方法在案例研究中加以试用、分析、验证，直至提出一般性理论。

5. 完善语言文字规范化工作机制

新时期语言文字规范化工作机制的完善，应注意以下几方面。

一是协调规范化主体的责任，使行政主体和学术主体恰当地发挥作用。

二是注意规范对象的多层次。语言文字规范化的对象，即规范化行为的接受者、受影响者，可以分为语言本体的内容，语言文字规范的载体，规范化行为影响的社会人群、领域、机构等“推行对象”。

三是调整和丰富规范化的实现方式。综合规范力度、规范执行、规范评估等多种因素，通过多层级的规范标准体系建设，实现规范标准的类型多样、实施方式多样。

四是引入社会评估方法，以评估制度的研究建设作为切入点，对于改进新时期语言文字规范化工作是较为可行的选择。鉴于本领域的工作特点，评估制度的设计应以社会价值和文化价值作为核心的评估要素。评估方式以内部评估为主，同时以促进信息公开制度建设的方式，促使外部评估发挥作用。

第三节　新时期语言文字规范化的科学理念

语言文字规范化的理念，在不同的历史时期，由于语言构成要素的变化、文化观念对语言应用的影响以及社会发展和社会交际的需要，会有不同的侧重点。新时期的语言生活，语言交际的方式、内容等，都已经发生了很大的变化。研究者需要从多个角度去理解分析这些变化，提出符合现实语言生活的语言文字规范化理念。

一、新时期语言文字规范化的必要性

语言文字规范是一个发展范畴，它随着社会和历史的发展而变化。语言处于不断的发展变化之中，新的语言成分不断产生，旧的语言成分逐渐衰亡。语言系统的变化不是一蹴而就的，而是经由量变到质变的缓慢过程。因此，对语言进行规范必须遵守语言发展的客观规律。张志公（2008）指出："语言规范化达到什么程度，这是衡量一个国家文化科学水平的一个重要标志，是现代化达到什么水平的一个重要标志。语言不规范，是不能适应当代社会的需要的。"当代社会，信息化和全球化加速发展，网络空间的产生，各语言（包括方言）间的广泛接触使得语言发展变化的速度比以往任何时候都要快。在当今语言快速发展的过程中，出现了大量不规范现象，包括语音、文字、词汇等各方面，这些不规范影响了信息的传播和人们的交际，并对国家形象造成不好的影响。目前，语言文字规范迫在眉睫并且意义重大，主要体现在以下几个方面。

1. 语言的本质功能决定当代社会需要语言文字规范

语言的本质功能是交际，对于人类而言，语言最重要的功能是实现信息的传递和人们的相互理解：说者的正确表达和听者的正确理解。语言虽然是在交际过程中逐渐"约定俗成"的，但由于历史渊源、地理环境等因素，不同的言语社团在实践中所约定的语言系统会有差异，语言规范就是国家或地区在这些

语言系统的基础上确定通用语或标准语，并且结合时代发展，不断对通用语进行调整，以适应国家或地区公共交际的需要。当今社会，人与人之间的交流更加频繁，跨地区、跨国家之间的交流已经成为日常生活的常态，信息化又使得世界成为“地球村”，这些新情况一方面推动了大量新语言现象的产生，另一方面也促进了通用语的传播。在语言变化加速的新时代，要使人们更好地相互理解，避免或减少交际误差，制定相应的规划，规范这些新的语言现象，促进通用语的健康传播是语言的本质和功能所决定的。这是语言文字规范的根本性动因。

2. 多语种、多方言、多文字形式需要规范的通用语言文字

中国有 56 个民族，语言多、方言多、文种多。根据《中国的语言》《中国语言地图集》，我国有 130 余种语言，有约 30 种文字。2000 年颁布的《中华人民共和国国家通用语言文字法》规定“国家通用语言文字是普通话和规范汉字”。当今社会，各民族、各地区之间的政治、经济、文化交流日益增多，普通话和规范汉字成为中国公民间交际的通用语言文字。但是，不同民族对国家通用语言文字的掌握程度不同，不同方言区对国家通用语言文字的掌握程度存在差异，不同的人也因为语言态度和语言能力问题，对国家通用语言文字的掌握程度也不一样。因此，对通用语言文字的规范必须考虑不同民族、不同地区、不同人群的特点和需求，在不同地区实施不同的普通话和规范汉字推广方案和教育方案。

3. 汉语国际传播需要语言文字规范

汉语普通话和规范汉字是多民族中国的官方语言文字，同时，汉语（语言为普通话，文字使用简体中文）为联合国工作语言之一，也是上海合作组织的工作语言之一（另一语言为俄语）。它作为中国的国家官方语言，对外应树立规范的语言形象，这样也便于外国人认识汉语、学习汉语。随着中国国家实力的增强，汉语再一次成为世界上最有价值的语言之一，有汉语学习需求和汉语使用能力的人越来越多。孔子学院和孔子课堂是目前外国人学习汉语的主要场所。截至 2016 年 12 月 31 日，全球 140 个国家（地区）建立了 512 所孔子学院和 1073 个孔子课堂。汉语在全世界不同地区有不同的变体，为了更好地推动汉语的国际传播，必须不断地对汉语的语音、词汇、语法等诸方面进行规范，使国家通用语言超越地域、超越方言，方便外国人学习汉语。

4. 中文信息处理、人工智能等的发展需要语言文字规范

根据中国互联网络信息中心（CNNIC）发布的第 40 次《中国互联网络发

展状况统计报告》显示，截至 2017 年 6 月 30 日，中国网民规模达到 7.51 亿，其中，中国手机网民规模达 7.24 亿。中国已经进入信息化社会。计算机处理汉语、建立规范的基础工程需要规范的处理对象，因此，面向计算机和手机等，中文不仅要规范化，还要标准化。李宇明（2001）曾提出，汉语汉字的信息处理当前正在打破“字处理”阶段，向“词处理”“句处理”和“篇章处理”的阶段进展。但是，相应的规范标准还比较少，为满足计算机处理汉语汉字的需求，应尽快研制相应的标准，如词法、词类、句法、汉语拼音键盘输入等的具体规范或标准。近些年，人工智能成为新的研究热点，语言文字管理部门也相应地紧跟时代发展步伐，推动语言文字适应人工智能的步伐。如“智能语音及人工智能技术在语言学习中的应用”等一系列应用研究持续推进，“国家语委语言资源服务平台”一期工程已全面启动。在信息化发展的实践中，还需建立和整合新的语言文字规范标准，使它们紧跟语言智能（包括语音识别与语音合成、文字智能输入输出等）、辅助学习、机器翻译等信息技术的发展和需求。

5. 网络空间的语言生活也需要语言文字规范

网络空间逐渐成为一个相对独立的平台，其语言生活成为社会语言生活的重要组成部分，此平台产生了很多独特的语言成分，如“7356”“23333”“NBA”“WTO”“AA 制”“3D”，以及诸如“tmd”“装 b”等源自低俗语言的词语，并且因为网络空间语言生活图像化的特点，出现了键盘表情符号，如“：)”，emoji 表情如“😃”和表情包，这些语言成分在语言交际中显然已经发挥了作用，需要引起关注，并对其进行规范。网络空间的语言生活一方面丰富了汉语的表达形式，另一方面也出现了一些负面的内容。对于网络空间的语言现象，要区别对待——对于低俗语言，应对其进行限制，至少保证它们不出现在主流媒体、商业广告、教科书和词典之中；对于字母词，那些经常在生活中使用的，能够方便大众语言生活的新词新语，则应予以适度的规范和关注。持包容态度的同时，应注意监测，及时引导。

6. 政治、经济、文化的交流需要规范的通用语

改革开放以来，各地区政治、经济、文化的交流日益增多，规范的通用语有利于不同背景人群之间进行交流，语言交流通畅是商贸通行、政令通行、文化畅通的保障，而政治、经济、文化的交流是社会发展的基础。规范的通用语对社会发展具有促进和推动作用。

综上所述，当代社会不仅需要而是比以往任何时候更加需要对语言进行规范，这不仅是语言良性发展的保证，也是推动社会发展，树立中国形象的重要基础和保证。

二、新时期语言文字规范化工作需要处理好的几对关系

1. 语言文字规范的强制性与示范性

语言文字规范的强制性表现在一定时期内一旦形成了社会认可的规范标准，就对语言文字的社会应用有了一定的约束力。中华人民共和国成立以来，为了促进社会语言文字应用的规范化，政府部门以及社会团体颁布各类与语言文字相关的标准，有的是国家强制性标准，有的是国家推荐性标准，有的是行业标准，也有的是地方标准。其中，国家颁布的一般社会应用和计算机应用方面的语言文字规范标准就达 200 多项。国家强制执行的标准，在一定范围内通过法律、行政法规等强制性手段加以实施的标准，具有法律属性。例如《中文书刊名称汉语拼音拼写法》（GB3259—92）规定："国内出版的中文书刊应依照本标准的规定，在封面，或扉页，或封底，或版权页上加注汉语拼音书名、刊名。"这类标准带有明显的强制性。而国家颁布的与语言文字相关的国家标准，大部分都属于推荐性国家标准，其代号为"GB/T"（"T"表示该标准为推荐性标准）。国家鼓励采用，在标准的执行过程中并无明确的强制性，这也是由语言文字使用和发展的特殊性所决定的。在语言文字规范化的过程中，这些推荐性的国家标准通常发挥了重要的作用。在标准颁布之后，实施的各个行业通常会形成自觉采用和自觉遵守的良好秩序。例如，《汉语拼音正词法基本规则》（GB/T 1615—2012）规定了用《汉语拼音方案》拼写现代汉语的规则，《中国人名汉语拼音字母拼写规则》（GB/T 28039—2011），规定了使用汉语拼音字母拼写中国人名的规则，包括汉语人名的拼写规则和少数民族语人名的拼写规则。又如，在信息处理领域，语言文字处理的标准规范非常重要，语言信息处理在一定意义上主要是对词的处理，不同的分词原则会产生不同的结果，无统一的分词规范直接影响到汉语信息处理的规范性、各系统的兼容性，1992 年 10 月《信息处理用现代汉语分词规则》（GB/T 13715–92）的颁布具有重要意义。

在语言文字规范标准的制定、执行和具体实施的过程中，国家语言文字工作委员会起着关键的作用，国家语委主要任务是对汉语言文字进行规范化和标准化，以及执行国务院所决定的关于文字使用方面的政策和法令。教育部、国家语委制定了一系列的行业标准（GF），例如《汉字应用水平等级及测试大纲》，

是国家首次对使用汉字情况发布的语言文字规范。国家语委也会公布一些行业内的规范性文件，例如《普通话异读词审音表》明确规定："自公布之日起，文教、出版、广播等部门及全国其他部门、行业所涉及的普通话异读词的读音、标音，均以此为标准。"行业标准、行业规范性文件虽不具有明显的法律强制力，但为社会群体设立了在语言生活中所需要遵循的原则。

强制性的特征，还表现在国家会颁布一些政策文件，从行政效力上来保障标准规范的实施，这些文件包括了法律法规、规章、规范性文件等。国家的法律法规和国家的语言文字标准一起，共同保障着国家语言文字生活的和谐发展。国家层级的政策文件由国家机关制定或认可，并保证实施的行为规范。

国家层级的语言文字政策，主要从宏观上把控语言文字的发展方向，例如，《中华人民共和国国家通用语言文字法》，其宗旨就是为推动国家通用语言文字的规范化、标准化及其健康发展而制定，从法律的高度提出了要遵循国家所颁布的语言文字标准和规范。例如，第十一条明确规定了"汉语文出版物应当符合国家通用语言文字的规范和标准"。第十八条明确规定了"国家通用语言文字以《汉语拼音方案》作为拼写和注音工具"。

地方层级的语言文字政策主要是实施国家的语言文字政策，并依据地域特征，制定相应的规范性文件对语言文字加以引导，例如《杭州市社会用字管理办法》等地方性法规，以因地制宜的方式保障社会用字的准确、规范。

与语言文字相关的法律法规文件不论是中央层级的还是地方层级的，都属于"软法"的范畴，都充分考虑到公民的语言权和对语言的特殊情感，其强制性仅体现在对应用场合、群体使用的约束上。在惩罚措施上，力度相对都还是比较小的，例如，《中华人民共和国国家通用语言文字法》第二十六条："违反本法第二章有关规定，不按照国家通用语言文字的规范和标准使用语言文字的，公民可以提出批评和建议。"语言文字是人类的基本交际工具，这一本质特性决定了对语言生活进行依法管理的柔性。

语言文字规范虽然带有一定的强制性，但从语言本质与语言生活的特殊性来看，语言文字的领域示范作用更重要。语言文字规范的示范性，主要集中在四大重点领域：学校、党政机关、媒体和公共服务行业。它们也是在社会语言生活中影响最大的四个领域，这四个领域担负起引领和示范的职责。

在广播电视行业，国家新闻出版广电总局自《中华人民共和国国家通用语言文字法》颁布以来连续发文，例如《国家广播电影电视总局关于进一步重申电视剧使用规范语言的通知》(2005 年 10 月)、《广电总局办公厅关于严格控制电视剧使用方言的通知》(2009 年 7 月)、《关于进一步规范出版物文字使用的通知》(2010 年 12 月)、《广电总局办公厅关于进一步加强电视剧文字质量管理的通知》(2011 年 2 月),这些文件包括了要求广播电视节目规范使用通用语言文字,用词造句要遵守现代汉语的语法规则,避免滥用生造词语等内容。2014 年 11 月 27 日,国家新闻出版广电总局再次发出通知:"要求各类广播电视节目和广告应严格按照规范写法和标准含义使用字、词、短语、成语等,不得使用更换成语文字、曲解成语内涵和根据网络语言仿造生造的词语。"这项通知对规范广播电视用语产生了积极的作用。广播电视是主流媒体,在人民大众之中影响非常大,是推广和传承国家通用语言文字的主要阵地,播音员、主持人和嘉宾等公众人物在推广普及普通话方面起到了良好的示范作用。

四大重点领域若能带头使用规范的语言文字,树立语言文字应用典范,有利于匡正社会用字用语,促进语言文字规范化。当规范成为语言使用的主流,个人或少数群体中存在的一些非规范的现象,也可能会在无强制的榜样的力量下逐渐规范起来,而形成一种自觉的良性循环。规范语言的示范作用其实是在为语言文字中的某些现象留下自觉规范和发展的空间,与国家的法律法规"刚柔并济",保障语言文字健康发展。

2. 语言文字规范的自下而上与自上而下

语言学界对规范化的定义:规范化的过程是在较大范围内的全民言语素材中,挑选出具有普遍性特征的准确、鲜明的成分,并依据语言的发展规律而进行规范的过程,是对语言变异的选择过程,其主要目的是在于保证信息传递的准确性。也就是说,语言文字规范的本质是一种选择行为,是依照语言发展规律对影响语言生活的各种语言变项所进行的选择,从选择到制定规范标准是一个自下而上的过程。谈到语言文字规范化的问题,通常会带有官方性质,在语言文字规范化的过程中,行政部门发挥规划、监管以及督促实施的作用。例如,在我国少数民族语言文字规范化的过程中,我国的民族自治地方共制定和颁布 25 部《语言文字工作条例》,其中省、自治区级别的有 7 部,自治州、县级别的一共 18 部,内容主要包括:少数民族人名汉字音译转写规范化、民族文字拉丁转写规范化、术语规范化以及基础性规范研究等。少数民族语言文字规范化是少数民族语言发展和适应现代社会语言生活发展的必然趋势。这些单行条例的制定已成为管理和解决自治地方少数民族语言文字的重要依据,从法律上保障了少数民族对语言文字的使用权，同时也对少数民族语言文字标准化、规范化工作起着重要的作用。政府在颁布政策文件之后，多部委配合综合管理民族语文的规范化工作，有效地规划和领导全国的少数民族语言文字规范化，充分表明了国家和政府对少数民族语言文字规范化的重视。

面对社会中纷繁复杂的语言现象，国家是语言政策制定实施的重要主体，其自上而下颁布实施的政策与法律法规等是语言文字规范的重要手段。从规范化的过程来看，规范化的标准来源于全民的言语素材，最终的落实也是在广大的民众之中。但若仅依靠行政性指令，国家和地方政府制定语言文字政策和标准规范，然后布置任务，完善落实，也不能达到预期的效果。单纯的“自上而下”模式不适用于语言文字规范化的过程，也不符合语言文字自身发展的规律。语言文字规范的根本目标是为语言生活服务，语言文字规范是否科学要看它是否客观反映了语言生活的实际，能否引导语言生活向前发展。语言文字规范需要自下而上的选择、反馈与自上而下的推动、实施，上下结合、互动配合才能创造更和谐的语言生活。

语言文字本身有一定的发展规律，语言文字作为重要的交际工具，约定俗成，语言发展的规律本身也会在语言变体之间作出选择，一些不符合大众习惯的新的语言现象，在一段时间之后会自动消亡。若是大动干戈对任何的新语言现象都予以抵制、全盘否定，是不妥的，较大程度的干扰可能会带来一些社会骚动。语言文字的规范化是一个动态的过程，规范与不规范在一定的条件下是可以相互转化的，在强调语言文字应用规范化的同时，要为新语言现象留下一定的发展空间。

语言文字规范的对象涉及社会语言生活的方方面面，自下而上的思维非常重要。以新词新语的规范为例，新词新语体现了新事物、新概念，是语言系统中最具有变化性、活跃性的一个部分，也是词汇规范中的重点对象。新词新语一方面丰富了现代汉语词汇，另一方面因其可能含有不规范成分给人与人之间的交流带来障碍。语言的发展是一个在变化与规范的协调中缓慢变化的过程，给予新语言现象发展的空间并不是任其发展，应该进行柔性的引导，要尽量避免约定俗成之后再修改规范。对能代表时代特征、富有表现力和生命力、被人们广泛认可和使用、经得起时间考验的新词新语，可以吸收到现代汉语词汇当中来。而这个甄别、选择、确定的过程，只能自下而上，了解语言生活的实际情况，参考语言专家的建议，考虑民众的使用态度，从而提高语言文字规范化的科学性。

3. 语言文字规范的稳定性与发展性

语言文字规范的对象是语言文字，语言文字的发展变化是循序渐进而非突变性的，具有稳定性，因此语言文字规范也是具有稳定性的。

语言文字规范的继承性要求语言文字规范具有稳定性。语言文字规范不是在一时一地同时产生，而是在不同时期、为适应不同的语言生活而逐步制定的，每一个新产生的语言文字规范都是建立在已有规范的基础之上的。1958 年，第一届全国人民代表大会第五次会议批准颁布《汉语拼音方案》，在此方案之前，影响较大的汉字注音方案还有注音字母、国语罗马字和拉丁化新文字，但这几个方案都有不同的缺陷，不能完全承担国家通用语言文字的拼写和注音工具的工作，并且影响汉语国际化。《汉语拼音方案》吸收了这些方案的优点，采用拉丁字母，分声韵母，标四声声调，它是我国三百多年拼音字母运动的结晶，是六十年来中国人民创造拼音方案经验的总结，比历史上任何一个拉丁字母式的拼音方案都更加完善和成熟（冯志伟 2008）。

语言文字规范的系统性要求语言文字规范具有稳定性。语言文字规范化是一个系统性的工作，不仅要对语言文字本体的方方面面制定标准，还要对语言文字使用的不同情况进行细致的规范。系统性也是语言文字规范稳定性的一个体现，处于系统内的内容不容易发生变化，一旦发生变化往往是牵一发而动全身。语言文字规范的系统性有两种表现，其中一种是语言文字规范系统内部的系统性。如上文所言，语言文字规范传承性的特征决定了语言文字规范之间具有密切的联系，这种联系有的是层级关系，从宪法到专门法，再到规范标准，形成一个层级网络，下一级都是上一级更为具体的表现。而有的联系是并列关系，《中华人民共和国国家通用语言文字法》中规定，国家推广普通话，推行规范汉字，这一条款的落实有赖于普通话规范、规范汉字规范的支持，例如《汉语拼音方案》《通用规范汉字表》等，而这些规范之间的关系是并列的。

语言文字规范与其他领域的协同性要求语言文字规范具有稳定性。语言文字规范与其他领域规范具有协同性。随着信息化的发展，人们的交流形式逐渐丰富。加上智能设备的普及便携，以及汉语信息处理技术的支持，许多交流通过即时通讯软件即可实现。而这种虚拟空间的交流离不开键盘输入，如何用国际通用键盘输入汉语拼音，如何进行输入法设计，就要遵循《汉语拼音方案》中的规范以及要求。这样《汉语拼音方案》就与其他行业的设计规范标准形成一个整体，而其他行业的规范标准也依赖于语言文字规范，不同领域之间的规范标准形成联动，构成一个更大的整体。

然而语言文字规范并不是泥古不化，由于时代的发展、社会的变迁，语言生活也是日新月异，为了适应多变的语言生活，语言文字规范就要根据现实情况进行调整变化，这说明语言文字规范在具有稳定性的同时，还具有发展性。

语言文字规范的发展是由语言生活的发展决定的，语言生活的发展体现在很多方面。随着交际工具智能化的发展，线上和线下交流在日常沟通中的比重不相上下，虚拟空间与现实空间的界限也不像从前那样泾渭分明，许多网络用语也逐渐进入日常生活的交流。一些没有生命力的网络用语会被淘汰，而一部分生命力强大的网络用语会慢慢进入到基本词语的行列之中。这些新的词语、新的用法经过挑选审定，进入到字典词典之中，最终形成新的语言文字规范。

随着全球化时代的到来，人与人之间的沟通交流愈加频繁。随着人口的流动以及文化的交流，不同语言之间的交流也越来越多，语言接触就会产生大量的借词。例如汉语中经常使用的“迷你”等直接从外语中借用过来，有的还包含了外语词，例如“T 恤”“B 超”“iPhone”等，还有各种英文缩写，例如“WTO”“PM2.5”“APEC”。适当使用一些字母词也是必要而有利的（李宇明 2012），借词在一定程度上填补了汉语词汇的空白，很多词汇已经深入人心。固守“语言纯洁”的观点，认为借词、字母词不属于汉语的一部分，不仅不利于加强我国与世界的沟通，同时也会损害语言生活的活力。强行将借词翻译成汉语不仅工作量大，同时也容易引起使用上的混乱。所以“堵”不如“疏”（李宇明 2013），合理规范外语词、字母词的使用才是解决问题的关键。

为了应对大量外语词进入我国的语言生活这一情况，我国成立了外语中文译写规范部际联席会议制度，统筹协调外国人名、地名和事物名称等专有名词的翻译工作，规范已有外语词中文译名及其简称，审定新出现的外语词中文译名及其简称。截至 2017 年，专家委员会已经发布了五批推荐使用的外语词，在社会生活各个领域，推荐使用规范的外语词中文译名。这项工作就是根据不断变化的语言生活，与时俱进地规范语言使用。

以上内容都反映出语言文字规范既是稳定的，也是在不断发展的。发展不会破坏传承，传承也不会影响发展。可以说语言文字规范的发展就是一个不断扬弃的过程，继承完善符合语言文字发展的部分，修订增加不能适应语言生活变化发展的内容，语言文字规范工作，就是在这两者之间取得平衡，保障语言生活的稳步发展。

4. 语言文字规范的工具性与文化性

语言的本质属性是工具性，语言文字是人类社会最重要的交际工具，是人类社会文化的最重要的载体。语言文字的规范化，既要考虑其工具特征也要考虑其文化特征。在社会语言生活中，当工具性和文化性两个方面的关系处理不当时，就容易造成语言矛盾甚至冲突。明晰语言文字的工具性和文化性的关系，以及在语言文字规范化过程中的优先顺序，是减少和缓解语言矛盾冲突的有效方法。

语言文字的工具性主要体现在语言在人类社会中的交流沟通的目的上，为了提高交际效率，需要在全社会范围内达成关于语言使用的共识，减少交流中的误解。语言文字的共识既包括语言文字本体，也包括语言文字使用。在本体规范方面，我国语言文字工作管理部门已经做了很多工作，例如整理异体字，颁布实施《简化字总表》，确定普通话的三条基准等，这为汉语汉字的日常使用树立了准则。在使用方面，国家在政策的各个层面对语言文字进行了地位规划，除宪法中规定的全国推广使用普通话，使用规范汉字外，同时颁布《中华人民共和国国家通用语言文字法》，确立通用语言文字的法律地位。以上例子都是用立法、政策、规范等方式，确立和巩固了语言作为交流工具的重要地位，为语言生活的顺利进行，提供了法律和政策层面上的支持。

语言文字本身是文化的重要组成部分，也是文化的最重要的载体。因此，关于语言文字的文化性，重点要明确其本身的文化性，与承载的文化内容的区别。例如，社会上对于简化字的批评之声一直不绝于耳。应该承认，汉字在简化过程中使用同音归并、草书楷化等方式，以笔画精简作为最重要的目的，如“後来”“王后”，合并采用“后”作为规范字。这种一简对多繁的情况，在简化字的语境内虽然并不造成语义理解的问题，但在简繁汉字转换的时候，如果掌握不够准确，会造成转换的错误。由此，批评简化字的意见往往就生发出“简化字隔断汉字文化传承”的说法，认为增加了通过简化字的字形辨认其本字的难度，造成曲解汉字本义的问题，并进一步认为简化字割裂了中华文化的传统。这种观点，实际上混淆了汉字本身的发展历程蕴含的符号体系性，与汉字作为文字系统承载的汉语文化的内容这两种不同性质的文化性。

从工具性的角度看，应该肯定简化字在新中国成立初期的扫盲工作中所起到的重要作用，汉字数量的降低、笔画的简省降低了汉字的学习难度，识字率的提高降低了文盲的比例，为更多人打开了继续学习和自主学习的通道，进一步提升知识的普及率，加速提高了全民文化素质。我国语言规划工作的大原则是“推广和规范使用国家通用语言文字，科学保护各民族语言文字”，这一原则兼顾了语言文字的工具性与文化性。从这一原则的表达顺序上来看，工具性优先于文化性。国家通用语言文字是在全国范围内的语言生活中最主要交流工具，无论与任何地区、任何民族的人交流，都可以使用。而少数民族语言文字在法律地位上虽然与国家通用语言文字相同，但由于在功能上具有局限性，只能在特定的场合、与特定的群体进行交流，所以要将国家通用语言文字放在首位。同时，正是基于语言文字文化性的考虑，“科学保护各民族语言文字”同样被放在了重要的位置，这项工作一方面是保证少数民族语言文字、汉语方言等在特定场合能充分发挥交流沟通的作用，另一方面也是对少数民族语言文字、汉语方言以及其所承载的文化进行保护和传承，保护我国特有的语言文化资源，保护语言文化的多样性。

在语言生活发展的不同时期，工具性和文化性的关系会有不同的体现。语言文字的产生和发展以及最重要的作用都是沟通，因此语言文字的工具性优先于其文化性，所以在考虑语言文字规范问题时，如果工具性和文化性发生冲突，应该优先考虑其工具性（刘楚群 2014）。另一方面，我国的语言文字规范化迄今为止，主要表现为对语言文字符号本身的整理。当语言文字的工具作用能够良好发挥的情况下，在继续关注语言工具职能的同时，要更多关注语言的文化职能。在语言矛盾逐渐多发频发的形势下，应该认识到许多语言矛盾的背后其实是文化冲突，要通过全面而科学的语言规划，研究语言冲突发生的机理，及时关注语言舆情，尽量减少语言矛盾，减缓语言冲突，不断促进语言生活的和谐（李宇明 2014）。

5. 语言文字规范的普适性与领域性

规范语言其实质是规划语言的功能，语言的功能规划（Language Function Planning）是语言地位规划和语言本体规划的结合与延伸。李宇明（2008）将语言的功能大致划分为国语、官方工作语言、教育、大众传媒、公共服务、公众交际、文化、日常交际八个层次，在这八个层次中普通话和规范汉字是全功能型的，它在每一语言功能层次上都能发挥极其重要的作用，因此《中华人民共和国宪法》和《中华人民共和国国家通用语言文字法》等法律法规就明确地规定了普通话和规范汉字的国家通用语言文字地位，即国家大力推广普通话和规范汉字，使其在国家公共事务、教育、大众传媒以及社会公共服务、公众交际等领域发挥最为重要的功能。这就是语言文字规范所具有的普适性原则。同时，在不同的领域，语言生活现象差异显著。例如，少数民族语言和汉语方言，虽然不是国家通用语言文字，但在某些民族区域或汉语方言区的日常交际中发挥着极其重要的交际功能；再比如繁体字，它虽然已不在普通的教育领域发挥作用，但是在古代汉语、方言学、古代文学等特殊的教育领域还发挥着重要作用。可见，语言文字规范是普适性和领域性的和谐统一。

6. 语言文字规范的区域性与全球性

三十多年来的改革开放实践证明，中国正在由“本土型国家”转变为“国际型国家”（李宇明 2010）。国际型的社会产生了许多新的外语需求，在国际化的背景条件下语言规划应格外关注外语教育规划。中国是一个外语学习大国，学习外语的人数已超过三亿，但在外语资源利用方面却是一个语言的穷国。全世界七千余种语言，较为全面介绍到我国来的语言顶多只有百余种，国家能够开设的外语课程约有五六十种，国家能用的外语只有几十种，而经常使用的只有十来种。国家发展和国家安全迫切需要的许多非通用语种人才稀缺。（李宇明 2010）

从公民外语素养情况来看，人们一提及外语，几乎将英语与外语画上了等号，在中国几乎是英语包打天下的局面。我国公民的外语素养标准可参照国际惯例。以欧盟为例，欧盟要求其各成员国的公民应当掌握三种语言：母语和外语，另一种语言可以是外语，也可以是本国另一种语言（参见《欧洲联盟语言状况及语言政策》，“中国语言生活状况报告”课题组 2006）。从国际上看，三语能力已经成为世界许多国家对公民的语言要求。以瑞士为例，瑞士有德语、法语、意大利语、山地罗曼语四种语言，瑞士公民一般都能够掌握三种语言，综合院校的大学生需要掌握四种语言。

我国公民的外语素养距离国际标准的三语能力尚存在一定距离，普通公民的外语素养暂且不论，仅就大学生的第二外语能力而言，学生所掌握的第二外语仅为基本词汇与语法，距离流利使用的标准相去甚远。可见，在国际化背景下，中国的语言规划必须具有国际化的视野，可参照国际化标准来制定中国的外语教育规划。但同时，我们看到中国是一个多民族、多语种、多文种的国家，中国的语言国情复杂多样。“从少数民族语言的使用人口上看，使用人口最多的是壮语，有 1300 多万；使用人口最少的是赫哲语，只有 200 多人。从语言差异上看，有的差异大，有的差异小。有的语言有历史悠久的文字，如蒙古、藏、维吾尔等语言；而有的只有较短历史的文字，如景颇文、傈僳文等；还有许多民族至今没有代表自己语言的文字，如德昂族、布朗族等；从语言使用活力上看，有强势语言和弱势语言之分。”（戴庆厦 2015）

在经济一体化、信息全球化发展的今天，语言的使用出现了强势语言越发强势、弱势语言越发濒危的趋势。在我国的西北、西南等少数民族聚居的地区，既要实现该地区人民掌握好汉语，能够通过汉语来学习文化科学知识，改变贫穷落后的面貌的目标，同时又肩负着保护和传承自己母语的重任。因此，在少数民族聚居地区，发展好双语能力是中国语言文字规划的目标。所以，中国的语言规划既要有“全球化”的视野，同时也应该因地制宜、量体裁衣，不能简单地搞“一刀切”。

7. 语言文字规范的一致性与多样性

21 世纪初以来，海外的汉语教学迅速发展起来，特别是孔子学院在全球的设立与发展以及近年来“一带一路”倡议的实施，更是扩大了世界各国的汉语学习市场。“据法国媒体报道，在法国，十年间学习汉语的中小学生人数翻了四番，汉语已成为初、中等教育里位列西班牙语、德语、意大利语之后的第四大‘第二外语’。美国大学理事会从 2003 年起宣布设立‘AP 汉语项目’，把汉语列为可供高中生选修的大学预修课程；英国教育部已支持制定了中学汉语教学大纲；在德国，中文已经是许多州的中学会考科目。2016 年以来，继南非后，毛里求斯、坦桑尼亚、喀麦隆、赞比亚等非洲国家纷纷将汉语纳入了所在国家的国民教育体系。”（《人民日报》2017 年 3 月 21 日）在这样的社会背景下，汉语国际教育领域应该制定一致性的语言规划目标，即不断扩大汉语在世界上的使用范围，进一步提高汉语的威望。

同时，也应看到当代社会面临着激烈的语言竞争和语言冲突方面的复杂国际社会形势，因此，汉语国际教育的落脚点不仅仅是提升汉语的国际地位，还应是通过语言规划放眼于全球语言生活的治理。开展全球语言生活的治理，需要培育多语主义的价值观，因为“发展多语主义是解决多民族国家语言问题的现代理念，更是当今全球化、多元文化时代的强烈要求”。（李宇明 2016）“汉语国际教育”的语言规划传播了“通过良性互动而非冲突在语言生活中形成的稳定秩序”（张日培 2017）的多语主义价值观，它在“积极满足全世界范围内汉语学习需求的同时，致力于构建世界和谐的语言生活，促进人类文明的多元、健康发展”（李燕 2017）。所以，从汉语国际教育传播的角度看，中国的语言规划是一致性与多样性的统一。

三、新时期语言文字规范化的目标

语言系统始终处于动态发展中，语言文字的规范化是长期工程。当前语言文字规范化的目标主要有以下几个。

1. 进一步规范和推广国家通用语言文字

由于全球化和信息化的推动，语言文字发展的速度加快，国家通用语言文字不规范现象越来越纷繁复杂，需要建立国家通用语言文字的语音、词汇、语法、文字等各方面动态规范机制。同时，应加强普通话的推广力度，重点关注以下地区或群体：第一，重点领域，如教育、媒体（含出版和广播影视）、窗口服务、政府机关等领域应分地区建立相应的准入和评估机制；第二，民族地区，在保证少数民族语言权利的前提下，做好双语教育工作，保证国家通用语言文字在少数民族地区的推广以及在公域的使用；第三，港澳地区，在港澳地区主要依托学校建立相应的国家通用语言文字的学习场所和测试中心。此外，也要与台湾加强交流，做好术语和名词的规范和统一工作，继续研究简繁汉字的使用及未来“书同文”等问题。

2. 加强语言文字规范标准建设

语言文字规范标准建设需要进一步加强。第一，进一步理顺语言文字规范标准的管理机制，根据规范标准的刚柔程度建立规范标准的分类分级制度；第二，随着国际交流的日益增多，语言对译工作应建立相应标准；第三，加强面向计算机、手机和其他智能设备的语言文字基础标准和应用标准研究；第四，已有语言文字规范标准的整理分类以及相应数据库的建立。

3. 完善国家通用语言文字使用的监督和评估机制

国家通用语言文字不仅要规范，而且要建立相应的监督和评估机制。要对国家的语言国情有科学的认识。第一，对教育、政府机关、窗口、媒体、信息等重点领域建立相应考评机制；第二，重点关注和监测网络空间的语言生活，开发相应的监测和评估软件，网络相关研究部门和政府部门建立协调沟通机制，做好对网络语言的规范引导；第三，出台公共场所语言景观的监督、治理措施，包括商店、车站、机场、医院、旅游景点等公共场所的语言景观。

4. 规范发展少数民族和弱势群体语言

少数民族语言文字也是国家重要的语言资源，应继续坚持尊重和保障少数民族使用和发展本民族语言文字的权利。在尊重少数民族群众语言权利的基础上，国家为少数民族语言的发展提供支持。新中国成立后，国家为一些民族语言确立了标准音，为有需要的民族创制或改进了文字。发展至今，传统通用少数民族（蒙、藏、维、哈、柯、朝、彝、傣等）文字编码字符集都已经有了国家标准和国际标准；涉及信息化的键盘布局等也制定了一系列国家标准；蒙、藏、维等文字的自动识别和机器翻译也取得了相应发展。未来，在涉及少数民族语言文字的发展问题上，国家各部门之间应加强协调和规划，在资金和人才培养方面增加力度，对少数民族语言的发展进行支持。对于传统通用少数民族语言，做好国家标准和国际标准的对接；对于濒危语言，可依托语保工程对其进行保护和保存；对于影响国家发展和安全的跨境语言加快语言本体规范、语言信息化的发展进程；做好少数民族语言的汉字转写和拉丁转写标准的制定工作。总之，我国的少数民族有使用和发展本民族语言文字的权利，政府为少数民族语言文字的规范化、标准化、信息化在资金、人才、科研以及协调管理等方面提供支持。

加强盲文、手语的研究。盲文是视觉功能障碍人士通常使用的语言；手语是听觉功能障碍人士也即聋哑人士通常使用的语言。盲文、手语的常规使用者是国家公民的一部分，其语言权利理应得到保障，政府应为其语言的使用和发展提供便利和支持。首先，加快推行国家层面的盲文、手语通用语；其次，要为盲文和聋哑人士参与各类社会生活提供语言支持，同时也包括语言设施的建设和支持；再次，盲文、手语的使用和落实应纳入语言文字评估体系和文明城市创建体系。从政策层面进一步推动社会对盲文、手语使用和发展的支持，保障相关人士的语言权利。

第四节　新时期语言文字规范化研究的新视角

语言文字政策在现代国家的形成中不可或缺，语言文字的规范化是其中的重要组成部分，我国也不例外。从清末开始酝酿的国语运动，由民间发端，经过半个世纪的努力，在明确民族共同语（后发展成为国家通用语），确定其语音规范、文字规范、词汇规范等方面，初步形成了较为系统的规范化成果。

1949 年以后，在政权稳固，文化向心力空前强大的背景下，语言文字规范化取得了极大的成功。现代汉语的规范化工作全面涵盖了汉字、语音、词汇、语法等，在基础教育、印刷出版、新闻广播等领域成功地推广应用，为普及和提高教育水平、提高社会沟通的效率等提供了保障条件。

随着计算机的出现和普及，20 世纪 80 年代以来，信息化要求更高水平的语言文字规范化和标准化。改革开放以后，社会开放性、流动性强，人际交往的频率高、层次复杂，语言文字规范化的需求更加明确。这一时期，由行政力量主导的语言文字规范化工作保障了社会沟通的效率，规范化标准化工作成果丰硕。

进入新世纪，《中华人民共和国国家通用语言文字法》标志着语言文字规范化工作走上法制化轨道，语言文字规范化工作得到更高层级的保障。另一方面，改革开放以来，特别是进入新世纪以来，互联网等更为开放的信息交流方式，促进了社会文化的多元发展和多样诉求。传统的语言文字规范化工作的规范内容、规范方式等，多少显现出与社会语言生活需要不尽相符的一面。语言生活领域的各种问题，需要深入的研究来解释、来解答。

全方位分析语言文字规范化的构成，更新语言文字规范化的理念，成为顺应时代要求的应有之义。为此，需要研究者转换思路，提高语言文字规范化研究对现实问题的阐释能力，为语言文字规范化工作解决现实问题提供学术研究依据。

一、语言文字规范化的公共政策视角

1. 公共政策研究适用于语言文字规范化问题研究

公共政策是政府为实现一定目标，对社会公众利益进行选择、综合与分配中所遵循的准则（陈庆云 1995），是执政党、政府基于公共利益和自身利益而制定的，用于调节人与自然关系，指导公共部门行为，包括目标、路径、规章和行动计划、利益机制在内的准则。（马国贤、任晓辉 2012）

这里讨论的语言文字规范化，是指由政府提出的对语言文字进行规定或调适的工作，通过行政方法或社会评价等手段，促使语言和文字及其社会应用符合规则或趋于规则化，表现形式与其他公共部门的政策形式一致，从法律法规，到标准规范，通常以各种形式的行政命令推行。即使不做更深层次的分析，也已经足以显示语言文字规范化工作既是语言学的问题，也是公共政策领域的问题。

2. 公共政策研究理论的选择

语言文字规范化研究兼具社会性和学术性。其社会性的一面主要被阐释为使用者的接受度，对使用者的语言面貌、语言生活发挥影响等。其学术性的一面通常认为主要是与语言文字本体研究相关，例如，规范标准的制定修订应符合学理，符合语言发展规律，符合公认的语言学规则等，文字学、语音学、音韵学、词汇学、语法学等领域的专门研究，是保证语言文字规范学术性的基础。

讨论语言文字规范化研究的学术性，应从观察语言交际活动入手，分析这一研究所涉及的各个要素，并建立各个要素间互动联系的逻辑性。语言交际的各环节，参与语言交际的各方，影响语言交际的非语言因素，理论上均应纳入思考范围。例如，语言文字本体当然是语言文字规范化研究的要素之一，语言交际的参与者，语言交际的规则等，也应作为要素纳入分析。

构建语言文字规范化研究的新框架，既需要继承社会语言学、语言规划研究对语言文字规范化工作要素的分析，也需要引入新的研究要素，例如公共政策研究的要素分析，实现研究方法论的更新。

社会语言学主要将“主体、对象、实现方式”作为理解语言文字规范化的要素。主体是指规范化研究和推行的发起者、研究者、推动者。对象分为三类：一是作为语言文字本体的语音、词汇、语法、文字等的规范标准；二是语言文字规范化的呈现形式和载体，例如排字印刷时代的铅字字形规范，信息时代计算机、手机、平板电脑等信息产品装载的字符集，都是文字规范的对象；三是规范化行为影响的社会人群、领域、机构等，也就是推行对象。语言文字规范化的主要实现方式有两类：一是政策文件类，如各级别具有行政效力的法规条例、规范标准文本、通知、要求等；二是行政措施类，如行政主管部门组织的三类城市语言文字规范化评估、普通话宣传周，专门机构开展的普通话培训测试，行政主管部门发起、其他机构配合开展的经典诵读、汉字听写大会等活动。总的来说，社会语言学的研究侧重分析呈现语言文字规范化工作的各种表现，对于各要素之间的相互作用机制揭示不够充分。

在多种公共政策研究的阐释框架中，马国贤、任晓辉从政策实践的角度提出的公共政策研究四要素分析，即“政策目标、政策路径、政策方案、利益机制”，能够比较全面地反映一项公共政策从设计到实现的过程。借鉴这一要素分析，有助于从多个环节、多重视角理解语言文字规范化工作，有利于描写语言文字规范化工作的制度结构，描写语言文字规范化工作实现目标、达到效果的过程，由此形成更具有解释力的多要素框架。

3. 语言文字规范化运行机制中的公共政策要素现状

政策目标是指一项政策的出台所预设的目的，预期达到的结果。目标的设想可以分为长远目标、具体目标、行政目标等，无论哪一种目标，都是要解决某个问题，设定政策目标也就决定了问题导向。政策目标的正确设定，有赖于对政策所属领域以及相关领域的充分了解。制定政策目标时应遵循适切性原则、一致性原则、渐进性原则。政策目标的确定来自对社会需求的分析把握，当然也需要在多样的甚至相互矛盾的需求之间作出判断。当前，语言文字规范化的政策目标阐述尚不够明晰、系统，论证程序也应更加严密。

政策路径是指通过作用于什么人、以怎样的思路和方式来实现政策目标。语言文字规范化政策路径的设计应顺应社会需求的多样化，加以丰富。尤其应注意区分应用领域，设计更有效的路径，重视实施效果的动态反馈，并加以适时调整。

语言文字规范化的政策方案设计，还比较单一。形式上以政策、通知等行政文件和规范标准等技术性文本为主，实施的环节以政府主导推行为主。政策计划、政策规章、财力约束这三类措施的综合运用关联性也有待加强。

利益机制的作用是促使政策关系各方配合一项公共政策的实施。由于对语言文字规范化的利益相关方分析不足，因而常常出现相关方缺席的现象，也就很难获得相关方积极主动的配合。

4. 公共政策分析操作方法的借鉴意义

公共政策的普遍目的即通过一系列规则的设计，修正人们（或一部分人）的行为。维克多 J · 范伯格（2011）指出，“法律秩序（或者更普遍一点来说，规则体系）”和“社会模式（或者说那些在规则下产生的行动秩序）”是有内在联系的。公共政策领域的分析，区分了由不同类型的行为规则和组织规则塑造的不同的社会秩序，前者可能形成“自发秩序”，后者形成组织程序。另外，影响个体行为的规则的产生、演化以及是否可以人为地改变（不管是不是通过立法程序），也是公共政策领域极为重要的研究内容。

对照来看，语言文字规范领域的研究显然对这些区分的关注是不充分的。

另外，公共政策实践的主要工作环节及内容也是值得语言文字规范工作借鉴的。其中主要包括：描述（制定某一政策的必要性和相关状况）；预判（基于已有知识，判断采取某种措施可能产生的效果，未来发展的可能）；评估（观察某项政策实施前后的变化，与政策预期对比，发现差异）；建议（通过分析执行情况，获取有利于决策的信息；评估风险，明确各种因素，建议作出选择时应依据的原则标准，指出责任所在）。语言文字规范化的工作在某些情况下，会应用其中的某一或某些环节。有意识地按照完整的公共政策实践的环节，足够清晰地界定工作机构，步骤明确地组织某项规范标准的制定或推行，是语言文字规范化工作领域努力的方向。

下面以《通用规范汉字表》的研制、普通话审音工作和外语词中文译写规范部际联席会议制度为例，从公共政策研究的角度简要分析这三项新时期语言文字规范化工作。

《通用规范汉字表》的学术研究立项，早在2000年即已开始。整个研制过程，在立项的必要性论证、学术研制阶段、学术评价阶段、行政审议阶段、政策实施阶段、政策评估阶段之间，随着各阶段的推进需要，采取适时的方法和措施，随时调整和弥补。这是在当时社会条件下的必然。《通用规范汉字表》作为这一时期的基础规范，研制和审批过程历时12年，反映了新时期以来我国行政管理部门在语言文字规范化决策当中面对的复杂局面。造成这种复杂局面的根本原因，是与汉字应用相关的各领域、各部门、各类利益相关人群的不同诉求，在信息时代得到了充分表达的机会。这一新世纪的重要规范化事项带来了什么新思想、新方式，似乎还没有得到充分的总结和评价。实际上，研究现代汉字本身的演变（如字量的调整）固然重要，而借此机会，思考和扩展现代汉字研究的视野，加强综合性研究，分析汉字基本规范的调整对相关领域和人群的社会资本、文化资本的影响，则更为接近公共政策研究的本质。

新时期普通话审音工作的正式开展，以2010年普通话审音委员会的成立为标志。在此之前，已经有多项前期研究项目，为开展这一工作提供了比较充分的必要性论证，也提供了社会反应、学术研究成果等比较全面的背景状况，预研和评估的环节具有一定的学术成果支持。本项工作的实现，综合了普通话审音委员会和《普通话异读词审音表》修订课题组两种组织方式。《普通话异读词审音表》的修订工作多次向审音委员会汇报修订工作进程，审音原则和具体的读音调整均经过审音委员会的审议，但这种审议主要是学术讨论，并不具备议事程序的意义。即便如此，也仍然可以说，在规范化工作的组织和推进方面的思路更明确了。

外语中文译写规范部际联席会议始于2012年1月，下设联席会议专家委员会，为规范社会一般通用领域中夹杂使用外语词的问题提供具体建议。该项工作对一般领域的语言生活具有一定影响，在设计之初即采取了多部委联席会议的方式，为规范意见的落实提供了制度性保障。专家委员会秘书处根据词频筛选等原则提出推荐使用的外语中文译名，经专家委员会审议通过，报请联席会议办公批准，然后发布。该项工作最突出的特点是需要多学科、多领域的配合，社会性、综合性强。工作机构比较好地把握了这一特点，例如各批次的规范词形，均来自实际应用，有较为充分的语言使用为背景，有利于推广；在实现方式上，以审慎的态度，采用“推荐使用”的方式向社会推出，为社会语言生活调整留出空间。

以上三项工作的简要情况，反映出我国新世纪以来在语言文字规范化工作方面的持续探索，这些工作取得明显成效的同时，也给学术研究提出了诸多新问题，有待深入思考。

二、语言文字规范化的资本视角

1. 资本概念的发展

社会资本和文化资本的概念，是经济学的资本概念的扩展。（燕继荣2015）资本概念的产生和衍生，是由人类对社会运转的观察和认识来驱动的。对资本概念的认识是不断深化的。从古典经济学提出的物质性资本概念，到马克思提出的基于社会关系、产生剩余价值的资本概念，再到20世纪60年代美国经济学学者T. Schultze（西奥多·舒尔茨）和G. Becker（加里·贝克尔）提出人力资本，20世纪70年代以P. Bourdieu（布迪厄）为代表的社会学家系统阐释社会资本、文化资本的概念，20世纪80年代James S. Coleman（科尔曼）、Robert Putnam（罗伯特·帕特南）等发展并阐释社会资本，20世纪90年代以来，社会资本成为具有强大解释力的概念和研究方法，激发社会学、经济学、政治学、法学等领域产生了大量研究成果。“社会资本逐渐成为继物质资本、人力资本和制度安排之后解释国家和社会发展的又一重要变量。”（方然2014）资本家族的一系列概念，代表可以带来价值的所有资源，丰富了认识人类社会的角度和方法。

2. 社会资本与文化资本概念的阐释价值

社会资本这一概念的根本意义在于有效地阐释了人类的社会性本质。科尔曼指出，不同于物质资本和人力资本，“社会资本存在于不同行为者之间的相互关系结构中。它既不以行为者自身的形式而存在，也不以产品的物质实现形式而存在”。社会资本表现为人与人的关系，“没有社会资本，个人和组织的目标难以实现，或必得付出极高代价”。社会资本在多个研究领域所应用的表述，都具有该领域的特点。这些表述的共同点在于“关注社会互动”及其效果，例如：互信、互惠、协作、规则、行政等社会运行机制的质量，是衡量社会资本良性程度的重要指标。

文化资本作为社会运转的根本要素之一，不少研究成果试图论证文化对于提高经济效益的好处，实际上文化本身就值得追求。（阿玛蒂亚·森、贝纳多·科利克斯伯格 2014）“文化超越了一个社会的社会资本的所有维度。它潜存于那些被认为是社会资本（例如信任、公民行为、结社程度）的基本成分之下。……文化包含价值观、认知、形象、表达和交流的方式，也包括许多定义了民族和国家认同的其他因素。”“文化可以成为经济和社会发展的强有力工具，但这不是全部。它不仅仅是一种工具，文化发展本身就是一个社会目标，在这一领域取得进步意味着在精神上和历史上使社会及其成员更加丰富。”它作为社会发展的目标，能够为个人到群体、族群、国家等不同层面的人提供精神依据。

社会资本和文化资本充实了社会科学研究领域的基本概念。它们的阐释价值主要在于提高了社会科学研究的分析能力，以往含糊不清、多种因素混杂的状况能够得到进一步解析，避免了简单的“一言以蔽之”。

3. 语言文字规范化的资本价值分析的主要作用

语言文字的规范化之于社会资本与文化资本的意义，应在一个立体的多层级、多维度结构中去认识。基于社会语言学—语言规划学—语言文字规范化研究这一学科认识，形成以社会资本、文化资本为核心概念的多层级、多角度的阐释模式。

这种阐释模式有利于揭示语言文字规范化的多种社会作用。

当前，由于教育水平的提高，人际交往和人机交往的空前发达，语言接触和语言交换产生丰富的语言现象，语言承载文化内容、建立社会联系的作用较之以往更为突出。对语言文字规范化的认识，远远不能停留在语言和文字本身，也不能简单地以“有没有落实执行规范标准”衡量语言文字规范化工作是否成功。对规范标准研制和推行等规范化政策、策略的评价，需要正面认识社会应用，将社会应用作为规范化的环节而不是作为规范化的背景去研究。揭示社会联系的社会资本概念，和揭示文化属性的文化资本概念，适合用来分析语言文字规范化的社会应用效果。以社会资本和文化资本为核心概念，语言文字规范化与社会生活之间千丝万缕的联系，可以得到更为丰富、清晰的表述。

这种阐释模式也有利于梳理语言文字规范产生、形成、施加社会影响的动态过程，面向现实问题，提出衡量语言文字规范化工作是否成功的方法。

语言文字规范化不是静态的。这一方面是指时代条件的变化对语言文字规范有不同要求，另一方面是指语言文字规范化本身就是向社会语言应用施加影响的各种行为措施，以获得社会应用的正反馈为目的。如果语言文字规范标准和语言文字规范化措施能够促进社会交际，维护社会运转和更新，也就是提供了优质的社会资本和文化资本。

语言文字规范化工作是否成功，基本的评价依据是社会接纳的程度和接纳的态度。在以社会资本和文化资本为核心概念的阐释模式中，可以从个人、非制度性的群体、国家机构三个层面，分析其各自的社会资本内涵，判断一项语言文字规范标准或政策措施是否促进社会联系良性运转，产生新价值；也可以结合文化资本的传统、现状，判断一项语言文字规范标准或政策措施是否符合文化资本的转型，是否有利于文化资本发挥作用，或有损于文化资本的维持。

引入社会资本和文化资本这两个概念，拓宽了作为公共政策的语言文字规范化研究的内涵。这两个概念为语言文字规范化工作的制度建设提供了有效的分析角度，也为评估机制的设计提供了更具有操作性的思路，在规范化工作的各个环节，充实了工作任务的设计方法，从而使得建立更完善、更符合语言生活实际的工作制度成为可能，其中既包括规范标准的立项研制等驱动过程，也包括规范化工作的评估机制。

总而言之，社会资本和文化资本这两个概念，能够从社会学和公共政策角度解释语言文字规范化的必要性，明确语言文字规范化的社会功能应是培育和增值社会资本与文化资本，也能够解答为什么语言文字规范化工作取得成功或出现偏差——社会资本和文化资本的培育、获取与增量、损失，是具体工作成功或发生偏差的原因所在。

以社会资本和文化资本为核心概念，语言文字规范化研究的内容应该主要包括：在个人、组织和国家层面，语言文字规范化作为社会资本和文化资本均有相应的内容形式和功能；在不同的语言域，语言文字的社会资本和文化资本的形式和功能是多样的；社会资本发挥作用的方式，在个人、组织和国家三个层面各有特点，内容也有所不同，国家通用语言文字规范化的作用范围最为广泛；以语言文字规范标准等形式出现的法规、规则等，是通用语言文字规范化作为社会资本的主要内容；推行语言文字规范化的各项措施，是培育社会资本和文化资本，或社会资本和文化资本获得实现与增值的途径；在某些情况下，社会资本和文化资本的积极作用和消极作用并存，需要加以特别关注。

三、语言文字规范化的评估视角

1. 公共政策领域评估环节的作用和意义

"政策制定是一个持续不断地接近某些期望目标的过程，而这些期望的目标本身也在不断变化。"（梁鹤年 2009）从政策制定到运行的各个环节，评估都会是有效的回望、预测和修正的方法。借助评估，"不仅可以对观测到的社会变革进行终结性（summative）的测量、分析和评价，也可以为过程的合理调控生成形成性（formative）的数据"。（赖因哈德·施托克曼、沃尔夫冈·梅耶 2012）评估工作的基本构成要素是信息收集和评价。客观性、合理性、可行性等，是评估工作的原则追求。从政策的实施角度而言，评估有三个核心内容，即社会宣传、政治决策、组织调控。

2. 社会评估方法与语言文字规范化的契合之处

"社会评估运用社会分析、监测和公共卷入（public involvement）方法记录和管理社会效应，关注的焦点是受变迁影响的个人、群体、社区和社会部门。"（C. 尼古拉斯·泰勒、C. 霍布森·布莱恩、G. 古德里奇 2009）由于语言文字规范化工作的公共政策性质，以及本领域工作着重于影响社会各层面、各类人群的语言习惯，因此它与社会评估的关注焦点有本质的一致性。

评估环节的任务是对比政策实施前后发生的变化，例如利益相关者的行为与态度变化，确认该项政策的有效性。比较理想的方式是将阶段评估和整体评估结合起来，进行持续性的分析、可行性评价。采取的方法可以是描写政策实现的过程、搜集数据、进行问卷调查或访谈等。本环节的衡量标准应注重客观性，关注事实的呈现，关注与政策目标相应的效益和价值等是否得到充分体现。

3. 语言文字规范化评估的现状与改进建议

语言文字规范化方面的评估机制将社会语言学的要素分析作为主要的评估对象，也就是规范主体、规范对象、规范方式。例如主体的作用是否充分、是否过分，规范对象的设定是否恰切，规范方式是否能够达成政策设计目的等。

语言文字规范化过程的各个环节均应设计主动评估机制。在发起、预研、制定、推行、修订等环节，均应评估各构成要素的作用和表现。目前在语言文字规范化工作的各个环节均有所体现，未来的制度设计需要充分考虑加强评估设计，促进形成制度性的评估内容。

当前语言文字规范化工作中的评估，由行政主导的内部评估占绝对优势。最为典型的是城市语言文字工作评估。这项工作由行政主管司局主持进行，通过各级地方政府落实，语言生活的方方面面都是评估的涉及范围，特别关注党政机关、新闻媒体、学校、公共服务行业四个主要应用领域。评估采取计分制，以抽查档案、随机走访、问卷调查、座谈会等方式，对普通话普及使用情况、社会用字规范化程度，以及行政管理组织、采取的措施等进行评估。另外，在国家语委支持的科研立项工作的多个环节，也遵照科研管理制度，设置立项预评估、立项专家评审、重大项目招投标、项目中期审核、结项鉴定等评估内容。

语言文字规范化研究是应用型研究，评估一项规范标准实施后的社会效果，不管是作为行政工作环节，还是作为学术研究的内容，都应该予以充分重视。规范标准的实施过程和实施效果，目前比较缺乏成熟的评估指标设计，以宽泛的调查为主。从公共政策的角度考虑，过程与效果的评估应作为今后语言文字规范化评估机制的主要研究内容。

四、语言文字规范化运行机制的改进建议

语言文字规范化运行机制的设计，应该从以下几个方面作出调整或着重进行。

一是协调规范主体。行政与科研，各自承担不同的责任，使分工定位更明确。通过机制设计，协调多领域、多方向的人才关注和参与语言文字规范化研究工作。

二是规范对象多层次化。语言本体及其载体的规范标准建设固然是重要内容，但关注规范标准使用者的利益诉求也很重要。重视规范化的效果，重视整体性、多角度的规范研究，从实践角度丰富规范对象的构成，也是对以往规范化机制的调整。

三是调整、丰富实现方式。首先，根据不同的情况、需求，文本文件的类型及功能需要更丰富。其次，不同类型的规范化工作实施方法的运转机制也应更精细。

四是引入利益机制。目前机制中关于利益相关方的分析几乎是空白，需要

投入力量展开研究。更重要的是，引入社会资本和文化资本的概念，在借鉴运用公共政策研究一般理论的基础上，凸显语言文字规范化研究的核心价值。

五是提高评估水平。目前的机制运行过程中有评估内容，但是缺乏明确的评估机制，这种状况亟待改变。从现实出发，现阶段可以内评方式为主，设立相对独立的评估机构；同时，促进信息公开，提高研究者对语言文字规范化的了解和重视程度，在此过程中逐渐培育起外部评估的力量。

第二章　新时期汉字规范化问题

2001年，国家语委立项研制《规范汉字表》，到2013年《通用规范汉字表》正式发布，历经12年。经过《规范汉字表》研制课题组、《规范汉字表》（送审稿）专家委员会研制组两组科研人员的研究，经过多个轮次、多个领域的专题讨论和公开征求意见[①]，2011年8月17日经国务院第168次常务会议审议，2013年5月21日再次上报国务院，并于6月5日获得批准，8月27日国务院印发关于公布《通用规范汉字表》的通知和字表。作为新时期的汉字基本规范，《通用规范汉字表》的研制和报批、发布，体现了新时期语言文字规范化工作的典型过程，行政管理部门、学术界、主要应用领域、新闻媒体、一般民众等社会语言生活的各个层面，在此过程中都发挥了作用。由字表研制引起的一些话题，如简繁关系问题、字形规范问题等，在一定时期内引起了比较广泛的讨论。

新时期的汉字规范化工作面对的问题是多重的，既有对以往的规范标准进行梳理，解决其中的不一致的问题，也有更新语言文字规范观，更全面地认识汉字规范化，使规范标准更符合汉字学规律等问题，需要在更多方面进行更为深入细致的专门研究，为应用领域提供规范依据和学术解读。

第一节　研究概况

一、汉字规范理念的相关研究

无论是新中国成立后的语文改革研究，还是20世纪70年代后的语言文字

① 2007年10—11月根据教育部党组意见，国家语委召开三次征求意见会；2008年3月10日根据国务院办公厅要求，教育部办公厅向国家语委成员单位发函征求意见；2009年7月14—17日，召开四个征求意见会，分别征求汉字应用领域、学术团体和高校、新闻媒体和文化界、全国人大代表和全国政协委员对于字表的意见；2009年8月12日召开教育部新闻发布会，正式更名为《通用规范汉字表》，并公开向全社会征求意见。本次征求意见截止到2009年9月2日，引起广泛关注，一度成为社会热点话题。

规范研究，关注最多的是语言文字本体规范化的研究，而对汉字规范整体原则、汉字规范的指导思想这样一些理论问题关注不够。在《通用规范汉字表》研制过程中，不少学者就汉字规范理念进行了较为详尽的讨论。费锦昌、魏励在《有关制订〈汉字规范字表〉的几个问题》（1994）中提出："制订《汉字规范字表》的指导思想应是：努力维护现有汉字规范的权威地位，确保社会用字的稳定，通过必要的调整，使现行汉字规范的科学性、实用性得到进一步的提高，从而推动汉字规范化工作稳步、扎实地前进。"王宁在《汉字的优化与简繁字》（2004）一文中提到："汉字不是个别字符的随意堆砌，它必须形成一个适应汉语词汇意义系统的构形系统，才能全面完成记录汉语的任务。汉字的优化，不仅仅是个别字符的优化，还必须在个别字符优化的基础上，达到字系的优化。"她在《谈信息时代的汉字规范》（2013）一文中还特别强调"《通用规范汉字表》既遵循科学性又体现社会性"。王立军（2008）也提出："只有充分尊重汉字的自然发展规律，对汉字进行的人为规范才是科学的规范、高效的规范。这也正是新《字表》制定过程中所必须遵从的首要原则。"黄德宽在《论汉字规范的现实基础及路径选择》（2007）一文中也强调要"树立汉字规范的整体观，立足于汉字应用'二元并存'的客观现实，保持已有汉字规范的稳定，尽可能不再人为扩大不同国家、地区汉字使用的差异，审慎对待和处理各方意见"，并针对现在汉字规范方面讨论最为热烈的几个问题发表了意见。这些汉字规范理念方面的宏观讨论对于汉字规范工作当中许多具体问题的处理都有导向性的意义。

汉字系统优化有其具体的衡量标准，王宁在《汉字的优化与简化》（1991）一文中提出五项具体原则："有利于形成和保持严密的文字系统；尽量保持和维护汉字的表意示源功能；最大限度地减少汉字笔画；字符之间有足够的区别度；尽可能估计字符的社会流通程度。"这些既有的研究成果为汉字规范理念的进一步深入探讨打下了一定的基础。

二、字形规范的相关研究

1. 字形规范原则的相关研究

《印刷通用汉字字形表》（1965）中对整理字形的总体原则做了说明："同一个宋体字有不同笔画或不同结构的，选择一个便于辨认、便于书写的形体；同一个字宋体和手写楷体笔画结构不同的，宋体尽可能接近手写楷体；不完全根据文字学的传统。"《通用规范汉字表》正式颁布之后，商务印书馆又配套出版了《〈通用规范汉字表〉解读》（2013），书中提到“尊重传统，注重汉字规范的稳定性；尊重历史，注重汉字规范的继承性；尊重国情和经济社会发展实际需求，注重汉字规范的时代性；尊重民意，注重汉字规范的社会性和服务性；遵循汉字发展的客观规律，注重汉字规范的科学性；考虑港澳台地区、海外华人的汉字应用和国际需求，注重文化多样性和汉字的国际性”六项研制原则。

关于字形规范的具体标准问题，虽然从《印刷通用汉字字形表》到《现代汉语通用字表》，再到今天的《通用规范汉字表》皆没有作出明确说明，但是1965年陈越在《文字改革》上连续发表了四篇《谈字形的规范化问题》的文章，将《印刷通用汉字字形表》中的字形规范规律总结为18条。1999年傅永和在《字形的规范》中，又将《现代汉语通用字表》中的字形规范内容进一步细化为25条细则。以上成果可作为进一步挖掘现行汉字字形中所隐含规律的起点。

2. 字形微调问题的相关探讨

对于字形微调问题的探讨，学界多将讨论的焦点集中在要不要调的问题上。有些学者持积极的赞同意见，如李虹辉的《从“字理”角度看“44字微调”的合理性》，通过分析《通用规范汉字表》44字形微调的原则，从学术角度证明微调字形的合理性。中央电视台新闻频道编辑部郑根岭在《汉字整形真的没有必要吗？》（2009）中也讲道：“44个整形汉字的提出，正是考虑到阅读的通行性，包括纸质文本和电脑储存，是与时俱进、紧跟电脑时代步伐的表现。”

反对的呼声亦是此起彼伏。其反对的原因大致有两个方面：一是长期以来人们已经相当熟悉的字形乍一改变，大众从心理上难以接受，正如曹德和、宣恒大在《〈通用规范汉字表〉研制中的三对关系》（2011）中所言：“老百姓当下并没有这样的迫切愿望并做好相应的思想准备。”所以他们倾向于按照以往约定俗成的习惯“将错就错”。二是从社会成本的角度来考虑，字形调整之后无疑会引起一大批涉及相关字形的证件变更，相应的教科书、档案资料以及电脑信息等都要紧随其后，所消耗的时间、精力、财力和资源都是不计其数的，如班吉庆在《八年一剑大醇小疵——评〈通用规范汉字表〉（征求意见稿）》（2010）中所说：“尽管这只是一些细节的微调，是有理有据的，但对于这种涉及面极为广泛、涉及问题相对复杂的状况，从保持汉字稳定的立场来看，字形微调确实应当周密考虑、慎之又慎。”

还有一些学者态度较谨慎，虽然认可调整，但也提出应当在稳定的基础上综合考虑多方因素。暨南大学邵敬敏教授（2009）说：“字形的微调要考虑到群众心态，能不动的尽量不要动，如果要动，也要有道理。另外，即使要调整，也要遵从一致性原则，不能相同的情况有的调整了，有的却没有调。”孙建伟的《对现行汉字规范的几点思考——以〈通用规范汉字表〉拟微调的44个字形为例》（2013）提出：“规范变异现象时，要严格遵循变异条件，尽可能对所有适应的形体都加以变异，对个别例外现象要加强研究，说明例外的原因。”

针对现代字形中不统一现象“怎么调”的问题，费锦昌在《规范汉字印刷宋体字形标准化研究报告》（2003）一文中，以《现代汉语通用字表》中的7000字头作为研究对象，从笔画形状、笔画组合和结构方式几个方面梳理出11点有待调整的问题，并提出10条改正方案和9条建议方案。自从《通用规范汉字表》（征求意见稿）公布44个微调字形，学界针对这些字形的调整亦有探讨，如王立军的《谈印刷宋体字形规范的必要性和可行性》。孙建伟的硕士论文《大陆和台湾字形规范的比较研究》从两岸字形对比的角度对现行汉字的字形微调提出了建议，张素格的博士论文《海峡两岸CJK字符集差异字形研究》亦从两岸的差异字形中提炼出对字形调整的思考。

三、字际关系的相关研究

在汉字规范工作当中，无论是旧的遗留问题，还是新的现实问题，其实质都是汉字的字际关系问题，对字际关系进行系统整理，是研制汉字规范的基础。下面主要对简繁关系和正异关系的相关研究进行说明。

1. 简繁关系的相关研究

简繁转换一直都是汉字信息化处理过程中的重点和难点，学界对于简繁关系的研究也较为重视，不过由于判定标准各有差异，不同学者得出的简繁对应字组数量各有不同。如卜师霞、李智《电子文本的繁简转换问题分析》（2006）选取170万字的新闻语料，150万字的文学语料进行分析，最后得出117组繁简一对多字组。苏培成的《重新审视简化字》（2004）统计出“借用简化字”111组、“专用简化字”133组。张书岩《简化与同形字》（2004）统计出“同音替代字”105组、“同形字”89组，共计194组。胡双宝《繁简异体字转换模糊消解补苴》（2007）一文的统计结果为121组。香港《语文建设通讯》编辑部所编的《汉字“简一繁多”对应表》（2008）统计出274组“简一繁多”的字组。郭小武、叶青在《GBK“一简对多繁”关系字表》（2004）一文中提取出1065组“一简对多繁”关系的字符。2013年出版的《〈通用规范汉字表〉解读》，“一简对多繁”字组共计96组。综合来看，各家所收集的非一一对应简繁字组在数量上差异较大，究其产生差异的根本原因，一是所选用的参照字表各自性质有所差异，二是对非一一对应简繁关系的界定原则并不一致。

基于简繁转换的现实问题，一些学者从操作性的角度提出具体的解决办法。王宁在《基于繁简汉字转换的平行词语库建设原则》中提出六项具体的平行对应原则。王立军、王晓明在《简繁对应关系与简繁转化》一文中提出“字境”概念，从“能现度”的角度为汉语文本中的单音词提供据以区别的背景。类似的研究成果还有辛春生、孙玉芳《简繁汉字转换系统的设计和实现》等文。这些文章都对解决简繁转换中的繁难问题具有指导作用。

2. 正异关系的相关研究

异体字整理是汉字规范过程中的重要工作。整理异体字首先需要明晰异体字的概念。以往对于异体字的界定过于宽泛，给异体字的整理规范造成了一些混乱。李国英《异体字的定义与类型》（2007）一文从构形和功能两个维度重新定义了异体字，认为“异体字本质上可以分为同词异形和同字异体两大类。异体字是为语言中同一个词而造且在使用中功能未分化的、同一个字的不同形体”。同样对异体字的概念进行判定的还有吕永进的《异体字的概念》、章琼的《汉字异体字论》、刘延玲的《试论异体字的鉴别标准与整理方法——以〈第一批异体字整理表〉为例》等。

《第一批异体字整理表》颁布以来，在精简汉字字数、减少冗余信息、提高使用效率等方面有诸多贡献。但受到当时研制背景和研制宗旨的影响，《第一批异体字整理表》也存在一些不尽科学的地方。学界对于《第一批异体字整理表》的研究讨论也较为充分。如邵文利的《〈第一批异体字整理表〉前410组字的测查分析》《〈第一批异体字整理表〉存在的主要问题及其原因》、赵小刚的《〈第一批异体字整理表〉对今后汉字规范工作的启示》。这些研究均从《第一批异体字整理表》中挖掘问题，为异体字的整理工作提供参考。在《通用规范汉字表》研制过程中，对于异体字的问题也多有关注。卜师霞《〈通用规范汉字表〉对于异体字的整理》一文详细介绍了《通用规范汉字表》研制过程中异体字的整理范围、处理方法及结果。卜师霞、凌丽君《异体字整理的原则和方法》以汉字规范工作为导向，将异体字的整理原则概括为科学的原则、稳定的原则、求实的原则。异体字的处理方法则分为甄别义项、处理字际关系两大部分。这些研究成果对研制《通用规范汉字对应繁体字字形表》均具有参考价值。

第二节 新时期汉字规范的现状与问题

新中国成立以来，一直致力于汉字规范的“四定”工作（即定量、定形、定音、定序），相继发布了《第一批异体字整理表》《简化字总表》《印刷通用汉字字形表》《现代汉语通用字表》《现代汉语常用字表》。这些汉字规范标准对全民使用汉字起到了十分重要的作用。但由于当时特殊的历史背景，一些汉字整理与规范工作过多地照顾到了短期的社会效应，在一定程度上忽视了汉字的内在规律，使得有些关键的问题没能得到很好的解决。这些问题主要有：

第一，异体字问题。过去出于减少字数的目的，在异体字整理的理念上存在一些偏差，所确定的“异体字”有些并不是严格意义上的异体字，存在正字在音项或义项上不能完全包含非正字或正字与非正字在现代层面上完全不通用的字组，而这些字组中不能被包含的非正字又是通用层面上必须使用的，把这些字都列入“不规范字”的范围而取消，对意义的精确表达会产生不好的影响，不符合科学认同的原则。

第二,一简对多繁问题。20 世纪 50 年代汉字简化时，为了减少字数，采用了将两个或两个以上的字的记词职能合并在一起，统一由一个字来表示的简化方式，这样就形成了一个简化字对应两个或多个繁体字的现象，给使用和理解带来了不便。如：干—干（干犯）、幹 1（枝幹）、幹 2（幹练、幹事）、乾（乾燥、乾脆）；发—發（出發）、髮（头髮）；钟—鐘（鐘錶）、鍾（鍾愛）等。特别是在计算机简繁自动转换时，由于字与字不能一一对应，很容易出现转换错误，如把“头发（頭髮）”错转为“頭發”等。因此，信息处理和海内外的专业领域都迫切希望能够在保持汉字系统稳定的原则下恢复一部分合并的字。

第三，字形变异规则问题。过去由于条件的局限,《印刷通用汉字字形表》和《现代汉语通用字表》存在一些与内部字形变异规则不一致的地方。如“瞥、鳖、憋、弊、蹩”同样都是以“敝”为声旁的形声字，但“瞥、憋、弊”的第四笔带钩，“鳖、蹩”的第四笔却不带钩。这些现象在用铜模浇铸铅字的前电脑时代，还不太容易觉察到。但在进入电脑时代后，工业标准化对汉字字形标准的要求也越来越细致，这就使字形中的不规范现象逐渐暴露出来，给人们用字带来越来越大的影响。

随着我国社会信息化、多元化、国际化程度的迅速提高，汉字规范也迎来了一系列新的问题。过去的规范工作经历了由规范化走向标准化的阶段，现在则要由标准化进一步走向信息化。在这种新形势的影响下，一些既有的汉字规范问题需要进行重新审视。

第一，字形标准化的原则问题。以前汉字字形规范工作过多地关注写字的难易，计算机普及以后，写字的难易已不再是关键问题，汉字的字形标准化的原则需要作出相应的调整。机器带有强制性，人机关系不同于人人关系，人人关系是人文关系，而人机关系则是半人文关系，在一定程度上变成了自然科学的东西。这些都是当今的汉字字形规范所必须面对的新课题。

第二，类推简化问题。类推简化的汉字简化方法在7000通用字的范围内问题并不明显，但随着社会用字量的扩大，其中的矛盾也就逐渐显露出来：类推字数大量增多后，产生了一批同形字；类推改出了一大批从来没有使用过的“人造字”，使汉字的总体系统繁化甚至混乱，也给使用领域带来不便；这种办法还造成了一个新的简化系统，拉大了汉字应用的古今距离和两岸距离。

第三，繁体字规范问题。随着海内外交流的日益增多，简繁汉字之间的矛盾以及繁体字的字形规范问题也日益突显。我国目前还没有统一的繁体字字形标准，海峡两岸的繁体字字形存在着明显的分歧。繁体字字形要不要规范？如何规范？两岸字形如何协调？这些成为社会各界普遍关心的问题。其他如人名、地名用字规范的滞后，也越来越成为影响人们日常生活的汉字规范问题。

一、汉字规范工作的状况与问题

1. 汉字字形规范的整理与审视

字形规范一直以来都是汉字规范工作当中的重要组成部分。《通用规范汉字表》作为国家通用语言文字法的配套规范，规定了8105个现代印刷宋体字的标准字形，基本沿袭了自《印刷通用汉字字形表》以来的字形规范标准。但《印刷通用汉字字形表》制定之初，囿于条件的限制，在字形的规范方面存在诸多不尽完善、不甚合理的地方，导致今天的宋体字形系统内部存在一些不统一的现象。下面我们以《通用规范汉字表》中的8105个字形作为研究对象，采用系统比较、量化统计的方法，梳理现代字形内部的不统一现象，并通过与台湾标准字形以及《康熙字典》的字形分别进行对比，来探讨新时期规范汉字字形规范的得失。

（1）《通用规范汉字表》规范字形内部系统考察

本部分立足于《通用规范汉字表》中的现代字形，采取依形拆分为主，同时兼顾依理拆分结果的研究方法，对 8105 个字头进行穷尽性拆分，通过以部件为纲的系联，挖掘其中隐含的变异规则，梳理出不合规则的现象，并提出规范建议。在对现代字形的内部系统进行考察时，由于对于现代字形部件的认同，以及后文通过历时比较梳理不规范现象等部分均需参考汉字形源，故在依形拆分之余，辅之以《说文》说解为参照的依源拆分，以使依形拆分的结果更具客观性。在对部件进行拆分之后，还需要对部件进行认同和归纳。具体的拆分及认同的规则在这里不再赘述。

根据依形拆分的结果，通过对部件所属字以及部件之间关系的梳理，发现在相同的构字环境下存在以下变形不统一的现象。

① 同一部件内部的不统一现象

这种类型的部件共计 24 个，下面举例说明。

【人】

部件“人”构成合体字“以”时，末笔的捺变作点，而同样处于合体字右边的“从、认、队”等中的“人”均保持捺笔不变，出现了相同构字环境下形变不统一。“人”在单字或部件右方单独出现时的形变情况如下：

人：从（丛、纵、耸、苁、枞、怂、疭、众）、认、队（坠）

⼈：以（似、拟、苡、姒）

观察可得，在“人”出现在单字或部件右方的全部 17 字中，捺变点的仅“以”以及由“以”构成的“似、拟”等 5 字，占不足 30%，保持原形的共 12 字，占 70% 以上。

【心】

“心”作为部件组构汉字时，存在“心”“忄”“⺗”三种变体。其中，“忄”常见于单字左方，如“忆、忙、怀、忧、忱、快”。“⺗”常见于在上庇下结构中充当字底的情况，如“恭、忝”等，但唯“忞、惎”等字例外。同处被一撇一捺包庇下的字底位置，部件“心”出现了变形的不统一。现将该情况下部件“心”充当字底的所有单字罗列如下：

心：忞、惎

⺗：恭、忝（添、舔、掭）、慕、隳

可以发现，在全部 9 个单字中，只有“忞”“惎”两字保持原形不变。

【王】

部件“王”出现在单字或部件相对较左的位置时，相同的构字环境下存在原形“王”，以及将末笔横变作提的“⺩”两种变体。从“⺩”的单字如“玖、玛、玩、环、现、玫”等，从“王”的如“琴、瑟、琵、琶、徵”等，出现了同一部件在相同位置条件下形变不统一的现象。现将“王”出现在单字或部件左方时的形变情况列举如下：

王：琴、瑟（璱）、琵、琶（潖）、徵、澂

⺩：玖、玛、玩、环、现、玫、玷、珍、玲、珊、玻、珠、班、球、琐、理、琉、琅、琳、琢、琼、斑（癍）、瑞、瑰、瑙、碧、璃、玎、玑、玕、玙、玮、玡、玭、玠、玢、玥、玦、珏、珐、珂、珑、玳、珀、珉、珈、珥、珙、顼、珰、珩、珧、珣、珞、琤、珲、琏、琇、琫、琪、瑛、琦、琥、琨、琰、琮、琯、琬、琛、琚、瑚、瑁、瑜、瑗、瑄、瑕、璈、瑶、瑭、瑾、璜、璀、璎、璁、璋、璇、璞、璟、璠、璘、璨、璩、璐、璪、瓒、瓘、玒、玓、玘、玚、玤、玞、玱、玟、玶、珇、珅、珋、玹、珌、玿、珪、珛、珹、琊、玼、[illegible]、珖、珽、珦、珫、珒、珢、珕、珝、琎、珸、珵、琄、琈、琀、珺、珷、琲、琡、琟、琔、琭、瑃、[illegible]、瑅、瑆、瑖、瑝、瑔、瑀、瑳、瑂、瑑、瑧、瑨、瑱、瑷、瑢、璆、璥、璲、璒、璱、璬、璮、瓀、瓖、[illegible]、[illegible]、[illegible]、[illegible]、[illegible]、[illegible]、[illegible]、郢

由“王”作为左部件参与构成的单字共 180 个，其中末笔横变提的有 172 字，约占 95%，保持原形的有 8 字，占不足 5%。

② 相似部件之间的不统一现象

相似部件之间的不统一现象分为以下几种：上捺变点；下捺变点；左捺变点；内捺变点；末笔横变提；非末笔横变提；竖弯钩变竖提；中竖变撇；竖笔下不出头；竖钩去钩；竖弯钩去钩；横折弯钩变横斜钩。下面仅举例说明。

【上捺变点】

“乂”出现在下承上结构的合体字上方时，末笔的捺变作点，如“希、杀、肴”等。而其他同样末笔为捺的部件出现在下承上结构的合体字上方时，末笔的捺有些保持原形不变，如“人”构成的“耸、瓷、姿、盗”，“米”构成的“娄、悉”，“木”构成的“婪”，“禾”构成的“委”，“火”构成的“盔”，“央”构成的“盎”，“夂”构成的“悠”等。另外还有一些类似部件在此情况下内部出现不统一，如“大”位于单字或部件上方时，在大多数字中捺笔变作点，如“奇、牵”，而在“慭、然”等字中则保持捺笔不变。又如部件“又”位于单字或部件上方时，在“叠”中将捺笔变作点，而在“娶、怒”等字中又保持原形

不变，出现不一致现象。现将在相对较上位置出现过的末笔为捺的部件按照是否变捺为点情况列举如下：

变点：乂（希、杀、肴）

原形：人（耸、瓷、姿、盗）、皮（婆）、米（娄、悉）、木（婪、查、磨）、禾（委、秀）、火（盔、愁）、央（盎）、文（忞）、攵（悠）、夫（替、辇）、丞（烝、巹）、艮（垦、篮）、⺁（辱）、犬（嫯、然）

变点/原形：又（叠/娶）、大（奇、牵/态）

据统计，《通用规范汉字表》中在相对较上位置出现过的末笔为捺的部件共17个，其中捺笔不变点的有14个，占82%。

【左捺变点】

“木、禾、人、又、文”等末笔为捺的部件出现在单字相对较左的位置时，末笔的捺统统变作点，如“村、秋、从、对、斌”等。而“廴”同样末笔为捺，当其出现在单字左方时，并未将末笔的捺变作点，而是保持原形不变，如“颋”。还有一些末笔为捺的部件位于相对较左位置时，有时变捺为点，有时又保持原形不变，如内部变形不一致部件的“八”和“瓜”，除在“掰”“瓣”二字中，两部件末笔的捺保持原形不变外，其他相同构字环境下，均变捺为点，如“八”构成的“颁”，“瓜”构成的“窳、蓏”等。现将全部在单字或部件左方位置出现过的末笔为捺的部件列举如下，观察其形变：

变点：木（村）、禾（秋）、人（从）、又（对）、文（斌）、米（粒）、父（郊）、火（炊）、兼（歉）、柬（剌）、求（救）、皮（颇）、大（郑）、矢（知）、攵（皴）、未（邾）、犬（飙）、⺈（鹩）、夫（规）、束（刺）、耒（耕）、豕（豨）、水（颍、剥）、果（颗）、乂（刈）、金（鑫）、⺊（鹮）、采（释）、衣（裁）、⺻（鹕）、癶（戮）、汆（鄹）

原形：廴（颋）

变点/原形：八（颁/掰）、瓜（窳、蓏/瓣）

可以看出，在全部此类35个部件中，末笔捺变为点的有32个，占91%，而保持原形不变的仅有部件“廴”，“八”“瓜”二部件除少量字外也均作变捺处理。

【末笔横变提】

“丹”“册”“彐”等末笔为横的部件位于单字或部件相对较左的位置时，保持原形不变，如“彤”“删”“皱”。“非”“叚”以及由“非”“叚”构成的合体字，位于左边的结构末笔也为横，仍是保持原形不变，如“韭、匪、诽”“假、遐、霞”等，由“非”作为左偏旁组成的合体字，其右边结构末笔的横也保持原形不变，如“剕”。这与“工、土、王、里、血、马”等同样末笔为横的部件，位于相对较左位置时便将横变作提的变形情况不一致，如“攻、埋、玩、野、衅、骏”等，也与“女”等虽然末笔为横，但由于横笔位置相对较上，出于避让原则的考虑，便将横笔右侧缩短至不出头的形变不一致，如“奶、奴、奸、如、妇、妃、好”。现将末笔为横的部件出现在单字或部件左方时，末笔横的形变情况列举如下：

变提：工（巩）、土（埋）、王（理）、里（野）、皿（衅）、马（骏）、生（甥）、子（孙）、止（政）、业（邺）、立（站）、耳（聪）、豆（豌）、且（助）、堇（勤）、乌（邬）、丘（邱）、丑（衄）、𢀖（劲）、且（矗）

缩短：女（奶、如、好）

原形：丹（彤）、册（删）、彐（皱）、非（剕）、𠂤（叚）、隹（截、戳、雠）、冉（翈）

变提/原形：一（或/戌）

据统计，《通用规范汉字表》中在相对较左位置上出现过的末笔为横的部件共计 29 个，其中横变提的有 20 个，占 69%，横笔缩短至右不出头的仅“女”一个，保持原形不变的有 7 个，占 24%，另有部件“一”在“或、鲤、鸵”等字中变作提，在“戌”字中保持原形不变。

【非末笔横变提】

“舟”“革”“单”等作为部件位于相对较左的位置时，虽然同“车、牛、黑”等一样以横向笔画作为主要结构支撑，但是并未遵循相同的变形规律，将横变作提，如“轨、轩、牡、牧、黜”等。“舟”将横笔缩短，使其右不出头，如“舰、舱、般、航”，而横笔同样处于部件较下位置、与“车、牛、黑”等情况更加接近的“革”“𠦝”“其”等则保持原形不变，如“鞋、勒、霸”“乾、韩、朝”“期、斯”。各相似部件之间相同的构字环境下变形皆不一致。现将较下位置有横笔作为支撑的部件，出现在单字或部件左方时横笔的具体形变情况列举如下：

变提：车（轩、转）、牛（牡、牧）、黑（黜）、山（屿、屹）、缶（缸、缺）、凵（龄、龀）

缩短：舟（舰、舱）

原形：革（靴、霸）、单（郸、蕲）、十（朝、鸨、赣）、且（颠、衡）、其

（期、斯）、母（敏、繁、毓）

据统计，《通用规范汉字表》中此类情况的部件共计 13 个，其中横变提的有 6 个，缩短至右不出头的有 1 个，保持原形不变的有 6 个。

③其他相同原则下的不统一现象

出于构形美观的需要，当单字或部件中两个及两个以上的捺笔共现时，往往出现捺变点的情况，以规避重捺，如“炎、谷”。而在“众”“鑫”“森”等字中虽然也出现了两个捺笔重现的情况，而上方的“人”“木”并未像其他下承上结构中的上捺一样变点，同样的构字环境对避重捺这一原则的贯彻不统一。现将《通用规范汉字表》中多个捺笔共现的单字按其形变的不同分列如下：

避重捺：逶、遴、秦（蓁、嗪、溱、榛、臻）、送、奏（凑、揍、辏、腠）、癸（睽、揆、葵、阕、睽）、达（挞、闼、跶、鞑、垯、荙、哒）、鋈、倏、餍、麸、速、逐、遂（隧、燧、邃）、遽（蘧）、泰（傣）、暴（瀑、曝）、黍、滕（藤）、黎（藜）、漆、膝、逯、裹、爻（驳）、赵、俊、唆、峻、骏、梭、悛、羧、逡、黢、竣、皴、酸、浚、睃、凌、陵、菱、祾、鲮、棱、崚、绫、傻、谡、稷、夔、睿、谷（俗、浴、容、溶、蓉、熔、榕、裕、豁、峪）、趑、餮、豢、燹、逡、檠、遨、獒、鳌、鏊、灸、迭、这、炎（谈、淡、氮、毯、痰、啖、琰、赕）、逖、燮（躞）、爨、类、迷（谜、醚）、返、缀、桑（嗓、搡）、聚、骤、趣、馨、叕（掇、啜、辍、裰）、遐、粲（璨）、餐、迟、退（腿、褪、煺）、褒、煲、爨、樊（攀、襻）、棼、焚、述、漆、膝、莱、衮（滚、磙）、薳

原形：众、鑫、森、焱、淼、氽、汆、衾、褰、蹇、蹩、逢（蓬、缝、篷）、逄、透、途、逾

综上可得，《通用规范汉字表》中出现重捺现象的单字共约 183 个，其中只有 19 个未作捺变点的变化，仅占 10% 左右。

末笔为捺的部件位于单字相对较左的位置时，即便下方仍有覆盖的部件，出于避让原则的考虑，仍将捺笔变作点，如“颁”。但当其作为内偏旁出现在合体字内部时，同样出于避让原则的考虑，却只有单独出现时才将捺笔变点，若有覆盖其他部件，则只有“商”内部的“八”捺笔作点，其余皆仍保持捺笔不变，如“囟、图、圈、阁、氛”等，与在相对较左位置时的处理不统一。

（2）大陆规范字形与台湾标准字形的对比

汉字是大陆和台湾共同的书写工具，虽然由于政治和历史等多方面的原因，两岸字形发展至今已存在诸多差异，但由于两岸文字同宗同源，台湾现行的字

形情况对于大陆的字形规范工作还是有很强的借鉴意义的。下面以台湾1982年公布的常用标准字体表中的4808个楷体字头，以及次常用标准字体表中的6341个楷体字头为参照，系统比较其与大陆《通用规范汉字表》中字头的不同，通过描写差异、把握理念，来为大陆现代字形内部不统一现象的进一步规范提供参考。

通过对《通用规范汉字表》中两岸共有的字头进行对比，发现除去繁简字形和异体字选择的不同之外，两岸共存在以下几个方面的差异。

——笔形方面，大陆多采用从俗从简、便于书写的笔形，台湾则更注重对传统宋体字形的传承。

——笔画数上，除却繁简的差异之外，大陆出于连写的需要，多将相邻且走向一致的笔画连作一笔，而台湾则更多沿袭传统字源的笔形。

——在位置关系上，两岸字形也多有差异。例如，在笔画布局上，多表现为大陆整体构形较为紧凑，而台湾则较为松散。

通过以上对两岸差异字形的简单梳理，可以大致总结出两岸在字形规范的理念上存在的一些差异：大陆较之台湾，从笔形来看从俗从简，使之更加方便书写；笔画数上尽量加以省简，并连接相邻笔画；结构方面更加紧凑，注重形体美观；此外还对一系列形近部件进行合并。这一切都凸显着大陆在字形规范方面更加注重简便实用的理念。相反，台湾在字形规范的方方面面，则无不小心翼翼地维护着传统字理。这种规范理念的差异，正是两岸字形不同的实质所在，恰如许长安在《海峡两岸用字比较》一文中指出的："台湾注重字源，取其合于初形本义；大陆注重简易，取其便于群众学习。"

大陆部件之间不统一现象在台湾字形中有不同的表现，下面也仅举例说明。

——同大陆一样，台湾字形中"木、禾、人、八、文"等末笔为捺的部件出现在单字相对较左的位置时，末笔的捺一般变作点，如"村、秋、從、頒、斌"等。唯"頚"字例外。

——台湾字形中，"人、乂、大、又、火、木、米、文"等末笔为捺的部件出现在包围结构、半包围结构，以及镶嵌结构的内部时，末笔的捺均变作点，这点与大陆相同，如"囚、凶、因、亟、毯、閑、繼、閔"等。另外，大陆在此种构字环境下未作形变的部件"未"，台湾也作统一变形处理，如台湾"魅"的部件"未"末笔捺也变作点，与大陆存在差异。

——台湾字形中，除"工、土、王、里、血、马"等常见的末笔为横的部件出现在单字或部件左方时，将末笔的横变作提之外，还将大陆中未作变形的“女”“丹”等部件的横笔变作提，如“好”“彤”。部件“非”左边的结构，台湾竖笔作撇，故不将末笔的横变作提。部件“叚”左边的结构，以及在“截、戳”等字中充当左偏旁的“隹”，由于有一端不出头，末笔的横也未变作提。“删”字的左偏旁“册”，“皱”字的左偏旁“刍”，在台湾均作繁体。部件“冉”充当左偏旁的“觏、翢”均未见于台湾字表。

——“车”“牛”“黑”“舟”“革”“单”“十”“且”“其”“母”等以横向笔画作为主要结构支撑的部件位于单字或部件左方时，在台湾字形中仅有“牛”“舟”二部件将其中的横笔变作提，如“牡”“航”，部件“母”横笔上挑。其他均保持原形不变，如“靴”“蕲”“朝”“鸨”“赣”“颠”“斯”。

（3）现代规范字形与《康熙字典》字形的对比

所谓新字形其实很多字形早已有之，规范的过程在很大程度上可以看作是字形选择加工的过程，所以通过排查旧有字形，还可以为现代字形中不规范现象的处理提供借鉴。《康熙字典》作为集中国字典之大成的官修之作，其规范性和收字的全面性可以满足以上研究要求，所以这里我们以《康熙字典》中的楷书字头作为旧有字形的代表，在把握其收字原则的基础上，来与现代字形进行系统的比较分析。

通过挖掘从旧字形到现代新字形的系统变化规律，来反观现代字形中处理不尽完善的地方。系统排查结果总结如下。

——《康熙字典》中的撇点，在现代字形中基本改作侧点，如“戶－户”，以及从“户”的“妒－妒”“房－房”“扁－扁”“扇－扇”“扃－扃”“扈－扈”“扉－扉”等，唯“所”字例外。

——《康熙字典》中的横点，在现代字形中变为侧点，如“令－令”“言－言”“勺－勺”等。“信”字“从女，信省”，其右上的横点没有遵循部件“言”的变化规律变为侧点，属例外。

——《康熙字典》中左右对称的四个横点，在现代字形中变作“⺍”，如“脊－脊”“犀－犀”。现代字形中，“雨”字充当字头时四点仍作横向不变，如“雪、雷、霜、露、雹”等，与整体形变不一致。

——“卒”字在《康熙字典》中写作“卒”，其左右的四点在现代字形中亦改作“⺍”。“鏍”字同样存在结构“⺍”，现代字形中未作改变，对撇点的保留与其他字形的处理不一致。

——部件“舌”在《康熙字典》中存在起笔为横的“舌”，和起笔为撇的“舌”两种写法。前者如“話－话”“括－括”“恬－恬”等，后者如“活－活”“乱－乱”“刮－刮”等。现代字形中将其统一改作起笔为平撇的写法，唯“舍”字例外。

——同从“朁”声的“簪、僭、谮、潜”等字，部件“朁”在《康熙字典》中均写作“朁”，现代字形中，前三者统一将部件“朁”中的“兂”变作“旡”，唯“潜”字写作“夫”，选用了不同的异体部件，属不统一现象。

——为便于连写的需要，《康熙字典》中紧邻横向笔画，充当字头的部件“小”，在现代字形中通常变作“⺌”，如“肖－肖”“尚－尚”等。但在“隙、尖”等字中，同样构字环境下的部件“小”则保持原形不变，属例外。

——“将”字以及从“将”的合体字，其中的部件“夕”在《康熙字典》中均作“夕”，如“將－将”“奬－奖”“槳－桨”“漿－浆”等。而《康熙字典》中同样形源从“肉”，字形写作“夕”的“炙、祭”等字中的相应部件，现代字形中则未作更改。另外，“然”中的部件“夕”形源亦从“肉”，在《康熙字典》中写作部件“肉”的变体“⺼”，现代字形中也变作“夕”，同“炙、祭”一致。

——“囱”以及由“囱”构成的“窗”等字，在《康熙字典》中写作“囪”“窗”，其中的部件“夕”在现代字形中变作“夊”。但是部件“夕”仍见于现代字形中的“匆”字中，出现不一致。

——“免”“绝”等字在《康熙字典》中写作“免”“絕”，其中充当字头的部件“刀”，在现代字形中均变作“⺈”。“召”字亦从“刀”，出现在字头位置的部件“刀”在现代字形中并未作改变，与“免、绝”等变形不一致。

另外，在《通用规范汉字表》的 8105 个字头中，也存在一些简化偏旁类推不完全的地方，如“奘、牁、牂、戕、臧”等字中的部件“爿”，并未像“壮、状、妆”等字一样草化作“丬”，“覯、遘、冓”等字中的部件“冓”，也并未像“购、构、沟”等字一样用字形较为简单的部件“勾”代替。此外，出现类似情况的单字还有“鄤”“濠、醲”“澴”“暵”“偁”“鞴、糒”“墼”“薳”“濩”“巇”“穫”“臺”“潩”“嶲”“氰”，等等。

（4）《通用规范汉字表》字形规范标准的讨论

在对《通用规范汉字表》内部系统进行全面梳理，并在与《康熙字典》旧字形系统比较的基础上，尝试从共时和历时两个角度出发，进一步总结其规范理念，提炼理念指导下的具体规范细则，并以台湾标准字形和《康熙字典》旧有字形为参照，对梳理出的不统一现象提出规范建议。

首先，现代宋体字形的书写更加注重实用性。这从以下几个方面可以看出：一是现代字形改变了旧有字形中比较难写、难认的笔形，或者对旧有字形中比较冗杂的笔画加以连接或删除。前者如将旧字形“益、兑、尊、曾、酋”中的“八”，以及“平、尚、肖、半、卷、敝”中的“八”改作“丷”，将“采、觅、孚、妥”等字中的上部改作“爫”，将“木、吴、直”中的折笔改作直笔等，后者如连接了“匚、羌、卄、鬼、象”等一干部件中的断笔，删除了“吕、蚤、辶、者、奥”等诸多部件中不影响表义的简单笔画。以上变形使现代宋体字形朝着更加方便易写、美观简洁的方向发展，也进一步缩小了与手写楷体之间的形体差异。二是现代宋体字形还对一些形近部件，以及部件的不同变体适当地加以合并。如旧字形中的“肉”“丹”“舟”等部件在现代字形中与部件“月”混同，“没、殁”的右部件与“殳”混同，“匚匸”统一作“匚”，“壬、王”统一作“王”等，部件“尢”在构字时的变体“尣、允、兀”等，在现代字形中也统一写作“尢”。这种变形不仅减轻了人们的记忆负担，而且增强了汉字形体内部的系统性。三是现代字形构形系统内部，部件在特定构字环境下发生的诸如横变提、捺变点一类的成系统的笔形变化，也体现了现代宋体字形在规范的过程中，在方便书写、字形美观等方面的实用性诉求。

其次，现代宋体字形所追求的实用性，并不是完全置理据于不顾，而是尊重理据前提下的实用，因此，在字形规范的方方面面，又无不体现出对形源的照顾。如在《康熙字典》旧有的楷书字形中，“抛”中间的部件，以及“尬”的左部件，均写作“尢”，现代字形中为着连写的方便，将“抛”字中从“尤”的“尢”中的横笔与竖弯钩连作一笔，写法混同“九”，而“尬”字中的“尢”本就从“尢”，故保持原形不变，正是因为形源的不同，二者在现代字形中的形体出现差异。又如“录”与“彖、彘、彝”等字的上部件，在《康熙字典》中均作“彑”，形体相同，也是因为形源的差异，现代宋体字形中本从“彑”的“彖、彘、彝”等字仍保持原形不变，而“录”的字头则变作“彐”。这些分化现象的产生，皆体现了宋体字形在规范的过程中对形源理据的参照。

再次，《通用规范汉字表》字形系统的内部呈现出很强的统一性。这主要体现在以下三点：一是同一偏旁在相同的字形条件下，基本保持相同的形变。如“王、土、工、彑、子”等末笔为横的部件位于单字或部件左方时，在由其构成的汉字中，这些部件大多将末笔的横变作提，“木、人、又、文、八”等末笔为捺的部件位于单字或部件左方时，在由其构成的汉字中，这些部件大多将末笔的捺变作点。《康熙字典》中有诸多变形不统一的地方，在现代宋体确立字形的时候也都得以规范。二是形近部件在相同的构字环境下，也基本保持相同的形体变化。如“月”“用”左边一笔皆为竖撇，当处于单字或部件下方时，其竖撇皆发生作竖的变化，“大”“乂”末笔同为捺，当处于下承上结构中上部件的位置时，均将末笔的捺变作点。三是成字部件单独成字时的形体与其作为构字部件参构其他汉字时的形体保持一致，非成字部件在由其参构的各合体字中形体保持一致。如“美、羹”“倍、陪、菩、剖”等。

以上三个方面的理念，皆是在立足于当今汉字字形系统自身的基础之上总结出来的，所以在今后面对现代宋体字形作进一步规范时，也应当时刻谨记以其本身的规范理念为指导，在不违背该理念的前提下，对现下字形中存在的不够完善的地方重新审视并加以规范，使之与整个汉字字形体系更加切合。此外，在实际的规范操作中，还可以参考少数服从多数的原则，对部件内部不统一的现象尽量加以统一。对于部件之间的不统一现象，考虑到涉及变动的字形太多，可以暂作保守处理，以后再适时逐步推进。

2. 当代社会用字的调查与分析

语言文字的规范工作不能忽视当代社会用字的实际情况。报刊作为主要的大众传媒之一，能快速集中地反映时下最新的语言生活状况，并且在很大程度上影响着我们对规范语言文字的使用。对报刊的实际用字情况进行考察，能够较为系统地反映当代社会书面用字状况，为语言文字规范工作提供参考材料。我们以《北京晚报》为语料来源，搜集 2011—2014 年《北京晚报》（电子版）的语料，综合考虑时效性、广泛性、可读性、口语性等因素，将《北京晚报》里较有代表性的五个版块作为调查样本，建立基本语料库。这五个版块分别是“北京论语”“生活”“特稿”“教育”“记录”。最终形成了《〈北京晚报〉特殊用字与社会语言生活》及《〈北京晚报〉高频用词与语言的社会制约因素》两篇调研报告。这两篇报告均收录在中国语言生活绿皮书（北京版）——《北京语言生活状况报告（2016）》一书当中。

（1）社会语言生活中的特殊用字

虽然国家规范明确规定在社会语言生活当中应使用《通用规范汉字表》中承认的规范字，但规范外的一些特殊用字并没有完全绝迹，特殊用字的规范问题同样值得关注。我们的研究在对整体用字情况进行考察的基础上，着重对特殊用字的使用情况进行了描写分析。

①《北京晚报》汉字使用的总体情况

汉字使用情况

年度	总字次	字种数
2011年	720217	4578
2012年	2310898	5031
2013年	1953081	4807
2014年	510000	4123
总计	5494196	5627

受语料范围的影响,《北京晚报》每年的总字次是有很大浮动的，但是从中提炼出来的字种数基本维持在4000—5000，这也印证了《当代汉字系统优化的基本原则》一文中所提到的“共时原则”，即汉字在各个历史时期的实际应用数量是一定的、有限的。汉字的常用字量趋于稳定，这一部分也是最应该规范的对象。我们将2011—2014年《北京晚报》(电子版)全部语料中的所有单字按照字种制作成《2011—2014年〈北京晚报〉用字总表》(简称《用字总表》)，用于对相关数据的比较分析。

覆盖率是指具体一个汉字的累积字次在全部语料总字次的比例，是反映汉字常用与否的重要指标，同时也能方便观察及衡量汉字在整个语料库中的分布情况和运用情况。统计结果见下表:

汉字对语料的覆盖情况

年度	达到50%的字种数		达到90%的字种数		达到99%的字种数		达到100%
	字种数	比例(%)	字种数	比例(%)	字种数	比例(%)	
2011年	155	3.39	1059	23.13	2642	57.71	4578
2012年	152	3.02	982	19.52	2532	50.34	5031
2013年	149	3.10	962	20.01	2458	51.13	4807
2014年	149	3.61	986	23.91	2458	59.62	4123
2011—2014年全部语料	152	2.70	996	17.70	2595	46.12	5627

从表中数据可以看出，152 个汉字的累积字次就占了全部语料总字次的一半，996 个汉字的累积覆盖率已经高达 90%，只要掌握了 2595 个汉字，就基本上能畅通无阻地阅读《北京晚报》了。这说明《北京晚报》在用字上是适合普通大众阅读的。

2011—2014 年度用字总表共用、独用情况比较

年度＼类型	字种数	共用字		独用字	
		字种数	比例（%）	字种数	比例（%）
2011 年	4578	3698	80.78	167	3.65
2012 年	5031		73.52	449	8.91
2013 年	4807		76.93	885	18.41
2014 年	4123		89.69	423	10.26

2011—2014 年度使用频次最高的独用字所在位置

年度	汉字	在年度用字总表中的位序号
2011 年	靛	3534
2012 年	鳕	2508
2013 年	阁	2044
2014 年	莅	3071

从“2011—2014 年度用字总表共用、独用情况比较”所列数据可知，四年共用的汉字占全部字种数的大多数，2011 年和 2014 年的比例略高，与语料数量少有关，总的来说《北京晚报》的用字是比较稳定的。独用的字多是低频字。“2011—2014 年度使用频次最高的独用字所在位置”列出的是各年度使用频次最高的独用字在其用字总表中的序列号，从中能看出这里的大多数字是处于低频用字的部分。

2011—2014 年度高频字比较

	前 160 字	前 1000 字	前 2600 字
相同字数	139	875	2240
2011 年度独现字	代十身书头女西又（8 个）	46	102

续表

	前 160 字	前 1000 字	前 2600 字
2012 年度独现字	化（1 个）	36	67
2013 年度独现字	考孩题（3 个）	71	71
2014 年度独现字	电回记水她（5 个）	125	132

上表比较了 2011—2014 年各个年度前 160 字（覆盖率 50% 以上）、前 1000 字（覆盖率在 90% 以上）、前 2600 字（覆盖率在 99% 以上）三个字段的高频字。高频字中共用的部分在数量上占绝对优势，前 160 字中共用部分占 86.9%，前 1000 字共用部分高达 87.5%，前 2600 字中共用部分达到 86.2%。这也说明了《北京晚报》在高频字的使用上具有较强的稳定性。

②《北京晚报》特殊用字及其特殊社会生活环境

除了《用字总表》中整理的汉字外，2011—2014 年的《北京晚报》“北京论语版”语料中还出现了部分特殊用字，主要有繁体字和异体字两大类。

A. 繁体字使用情况

此次统计中，共出现 70 个繁体字种，计 129 字次。出现频率最高的“濛”字共出现 33 次，其次是“徵”（7 次）、“諤”（7 次）、“鷰”（5 次）、“檮”（4 次）、“車”（3 次）、“飛”（2 次）、“風”（2 次）、“蘭”（2 次）、“攡”（2 次）、“韞”（2 次），剩下的字在语料中均只出现一次。通过对繁体字的分析，发现《北京晚报》中繁体字的出现情况大概有这样几种：

——古诗文的引用。《北京晚报》引用古书、古诗词时，出现了 37 个繁体字，超过了全部繁体字的一半。

——古代文物名称。古代文物包括了古代书名、画名、钟名、器物名等，是直接使用的这些文物原来的用字，所以繁体字被保留了下来。这样的繁体字有 7 个。

——人名、科技名称。人名中出现的繁体字有 8 个，其中频率最高的“濛”字即出现在人名里。这是因为 2012 年中国女子短道速滑运动员王濛多次夺冠。这一焦点事件使得“濛”字出现的频率较高。科技名称中出现的繁体字有两个，为“藪”“鷰”。

——对繁体字形的引用。在语料中“婦”字出现在“搭档赵炎这样解释‘妇’的繁体字‘婦’”这句话中。类似的繁体字共有 6 个。

——日文翻译应用。繁体字出现在语料中，还有一个特殊的出现方式，就是出现在日文里。严格来说，它们其实是日文用字。这样的字有 5 个，分别为“風”“尋”“隠”“戦”“駿”，均出现在宫崎骏的电影名里。

《中华人民共和国国家通用语言文字法》规定，只有在“文物古迹；书法、篆刻等艺术作品；题词和招牌的手书字；出版、教学、研究中需要使用的；经国务院有关部门批准的特殊情况”这几种情况下，可以保留或使用繁体字。通过对《北京晚报》里繁体字出现原因的分析，可以看出这些繁体字里有 60 个属于不规范的用法，只有 11 个字是符合繁体字保留或使用的规定，分别是“風”“尋”“隠”“戦”“駿”“婦”“厰”“紅”“羅”“萬”“興”。

B. 异体字使用情况

——《通用规范汉字表》未作调整的异体字

此次统计中，共出现 20 个在《通用规范汉字表》中确认为异体字的字，计 57 字次。《北京晚报》出现这些异体字的情况和繁体字的出现情况类似，主要分为这样几类：人名、地名、机构名等专名用字；引用古诗文；对异体字形的引用；在非专名、非引用中使用已经淘汰的异体字，而弃用规范字；在新旧字形之间选用了旧字形。

——《通用规范汉字表》新调整为规范字的原异体字

“晳”“瞋”“噘”“蹚”“凓”“勠”6 个异体字调整为规范字，《北京晚报》中涉及“晳”“瞋”“噘”“蹚”四个字。如“蹚”在语料中出现了 20 次，虽然《第一批异体字整理表》中“蹚”是“趟”的异体字，但实际使用中“蹚”用于从有水的地方走过去，如“蹚水、蹚河”，而“趟”则一般只使用“来往的次数”这个义项。在《北京晚报》中凡表示“从浅水里或有草、庄稼等的地方走过去”这个意思时都是用的“蹚”而非“趟”。“晳”“瞋”“噘”等字也属于同样的情况。这四个字在记词职能上都与原来的“正字”有着明确的分工，在《北京晚报》中也体现了这一点。因为它们并不符合异体字记词功能一致的定义，《通用规范汉字表》将其调整为规范字更符合现代用字习惯，是合理的。《通用规范汉字表》还将 39 个异体字在特定用法上调整为规范字。《北京晚报》中涉及 9 个字，分别为“喆、甦、邨、堃、淼、絜、仝、頫、賷”。《通用规范汉字表》规定当这几个字用于姓氏人名时，属于规范字。“賷”用于姓氏、人名，或是表示计量义时，也作为规范字使用。从《北京晚报》的语料来看，这几个字的用法均符合上述规定。而且这些字在《北京晚报》中的使用频率并不低，“喆”字在语料中出现了 50 次，出现 20 次以上的有 5 个字，这也再一次证明了它们作为规范字使用的价值。

（2）社会语言生活中的高频用词

大众在日常生活中对于汉字的使用多是以词为单位的，对于高频词的调查也可以为语言文字规范工作提供参考。运用《北京晚报》的语料，通过高频用词的数据分析，可以探讨社会生活对语言文字的影响。本次统计区分词性，一个词在语料中出现两种及以上词性时，词种数按照词性来计数。例如“报告”，在语料中既作名词，又作动词，那就应该将“报告”算作两个词种，分别统计词频。周有光曾将 90% 的覆盖率作为高频的界限，本次统计中将词覆盖率达到 90% 的所有词称为高频词。

① 高频词的统计与分析

2011—2014 年度高频词词种数比较

年度	高频词词种数	比例（%）
2011 年	10342	27.92
2012 年	10707	19.09
2013 年	10147	19.8
2014 年	8745	30.17
全部语料	11683	14.76

从上表可以看出，2011—2013 年度的高频词词种数差不多，都保持在 10000 词左右，2014 年的数据受到语料数量的影响，所以略低一些。总的来说，《北京晚报》这几年的高频词数量比较稳定。

构词能力最强的前 10 个字种

序号（《用字总表》）	字种	构词数	分布情况		
			前 410（50%）	411–4543（50%–80%）	4588–11683（80%–90%）
13	年	187	5	67	115
6	人	170	6	62	102
10	大	145	3	53	89

续表

序号（《用字总表》）	字种	构词数	分布情况		
			前 410（50%）	411–4543（50%–80%）	4588–11683（80%–90%）
5	不	136	5	31	100
2	一	125	10	46	69
33	子	110	2	31	77
16	上	92	2	40	50
19	生	88	5	39	44
15	学	87	6	42	39
30	出	79	3	33	43

从上表可以发现，在《用字总表》中，这 10 个字种的频率排在前 20 位的共有 8 个，其中排在前 10 位的就有 4 个。“年”是高频词中构词能力最强的字种，这主要是由《北京晚报》的报刊性质决定的，因为新闻追求真实性、时效性、准确性，所以内容中涉及很多时间词，“年”排在第一位就不难理解了。

就分布情况而言，这 10 个字种集中分布在累积覆盖率的 80%—90% 之间，比例均在 50% 以上，最高的“不”字在这一段的比例甚至达到了 73.5%。其次是在 50%—80% 之间，分布最少的是在核心词区。这 10 个字种总共构成了 47 个核心词，占全部核心词的 11.46%，其中“一”一个字种就构成了 10 个核心词，占核心词的 2.44%。

高频词不同词长的词种数

词长	词种数	比例（%）	累积比例
1	2614	22.37	22.37
2	7900	67.62	89.99
3	875	7.49	97.48
4	209	1.79	99.27
5	83	0.71	99.98
7	1	0.01	99.99

续表

词长	词种数	比例（%）	累积比例
8	1	0.01	100.00
总计	11683	100.00	100.00

高频词词长最短为 1 字词，最长为 8 字词，6 字词在高频词中并没有出现。词长为 7 字和 8 字的高频词各有 1 个，分别为“中华人民共和国”和“中央人民广播电台”，均属于专有名词。词长为两个字的高频词最多，有 7900 个，占所有高频词的 67.62%。在高频词种的 430 个核心词里，长度最短为 1 字，最长为 3 字。其中 1 字词有 233 个，2 字词有 205 个，3 字词只有 2 个（分别为“为什么”和“越来越”两个短语）。而在前 2000 个高频词中，1 字词 739 个，2 字词 1203 个，3 字词 48 个，4 字词 2 个，5 字词虽然有 8 个，但均为时间表达式。由此也可以看出使用频率越高、词长越短的大致规律。

② 年度高频词与社会生活热点

2011—2014 年度高频独用词词种数比较

年度	独用词词种数	比例（%）
2011 年	1997	19.31
2012 年	1769	16.52
2013 年	1313	12.94
2014 年	1222	13.97

独用词词种数的出现往往取决于当年大众的关注焦点，也就是社会生活的热点。因此，通过比较历年来的独用词词种数，不仅可以了解当年的用词情况，还能知晓当年的“大事记”。由于数量众多，这里以高频独用词词种数使用频率的前 120 位为范围，从中挑选出特色词，并以此为基础，挖掘出语言生活中的社会现象。

2011—2014 年度高频独用词中的特色词

年度	前 120 个高频独用词中特色词示例
2011 年	郑渊洁、辛亥革命、溥仪、袁世凯、油价、辛亥、紫禁城、冯玉祥、王妃、梁山、1911 年、汪精卫、哈利、卢作孚、清政府、革命党、好汉、同盟会、水浒传、武昌起义
2012 年	火星、法医、雷雨、火柴、赛事、陈祖德、林兆华、小剧场、莫言、焦菊隐、围棋、京味、雷锋、索马里、突击队、胶囊、末日、龙年、摩加迪沙、瑞典、火炬、海啸、婚姻法、明胶、开幕式
2013 年	段振豪、外援、张国荣、贝克汉姆、足协、卡马乔、达喀尔、助学金、恒大、肯尼迪、恐怖主义、伊拉克、斯诺芬、奥斯瓦尔德、郑晓龙、冤假错案
2014 年	几内亚、医疗队、付丽、张昆鹏、童星、姚贝娜、速递、邓波儿、家风、北约、英拉、反贪、轨道、交通、医护、值班、华约、净化器、大操大办

2011—2014 年度高频独用词以专有名词居多，而这些专有名词往往反映了当代社会的总体特点，以及来自社会生活方方面面的焦点和热点，进一步说明语言生活不仅来自社会生活，也全面反映了社会生活。

二、特定范围汉字字际关系研究

对字际关系进行系统整理，是研制汉字规范的基础。以往汉字规范标准之间的矛盾很多是由于汉字字际关系界定不清而造成的。如“颺”字，《第一批异体字整理表》作“扬”的异体字处理;《简化字总表》简化作“飏”，视为规范字。即使同一字表内部，也存在模棱两可的情况，如《简化字总表》将“餘”简化作“余”、“摺”简化作“折”，并分别注释说:“在余和馀意义可能混淆时，仍用馀。”“在折和摺意义可能混淆时，摺仍用摺。”这些字之间的字际关系界定不清，给使用带来了很多麻烦。

积存在共时层面的汉字数量极为庞大，字际关系也可谓纷繁复杂。为了突出重点，选取《通用规范汉字表》的 3500 常用字与《通用规范汉字表》所附的《规范字与繁体字、异体字对照表》中的异体字进行比较。从“两岸对比”这一视角出发进行考察，以期通过台湾的实际用字情况来反观大陆汉字规范的得与失。

1. 大陆常用字在台湾的对应情况

在使用两岸汉字进行沟通交流和信息转换的过程中，常要面对的一个问题便是大陆的这个字对应台湾的哪个字。要回答好这个问题，单纯着眼于两岸字形对应是不够的，因为汉字只有在记录汉语时才拥有其生命价值，两岸汉字的对应关系本质上必须靠其记词职能的关联来实现。从两岸字用关系的对比入手，结合对相关字头的历史考察，揭示《通用规范汉字表》字头在字用关系处理方面有待改进的地方，并据此提出对《通用规范汉字表》所附《规范字与繁体字、异体字对照表》的修订方案。“两岸字用对应关系”这一概念，即指在两岸汉字使用体系当中，字位层面具有对应关系的字所承载的记词职能之间的异同关系。《通用规范汉字表》的 3500 常用字是社会用字的基本范围，从官方字表层面、普及性辞书层面、实际运用层面三个层面出发，考察这一范围的汉字在两岸的应用状况，可以在最具实用性的范围内厘清两岸字用对应关系。

（1）两岸字用对应关系的总体特征

下表是本文从官方字表、普及性辞书以及台湾语料当中考察所得的数据：

字表层面		一对多字组共计 362 组，占全部 3500 字组的 10.5%								
辞书层面		分工明确				相互交叉	存在包孕	基本相同	综合关系	总计
		音义皆无关系	同音关系	同源关系	词义相关					
语料层面	分工明确	6	47	24	3	28	31	0	8	147
	存在归并趋势	0	2	5	2	4	75	127	0	215
字组总数		6	49	29	5	32	106	127	8	362

两岸字用对应关系的总体特点之一是多种类、分层次。362 个一对多字组的产生原因、影响以及字组内部字之间的关系各不相同。从辞书领域可以将记词职能的关系分为“分工明确”“相互交叉”“存在包孕”“基本相同”和“综合关系”五大类别。从语料考察得出的反馈可以看到，其中前两类字组归并趋势较弱。“存在包孕”和“基本相同”的字组归并趋势较强。

两岸字用对应关系还有一个重要特点便是“大同”而“小异”。“大同”是主流，“大同”中有一些是字用完全相同的。也有一些虽有差异，但呈现出趋同的倾向。两岸字用对应关系为一一对应的字组共计 3118 组，占全部 3500 字组的 89%。两岸字用对应关系为非一一对应的字组共计 382 组，其中一对多字组有 362 组。在这部分字组当中，存在归并趋势的有 215 组，占全部一对多字组的 59%。两岸字用对应关系的“大同”带有历史的必然性。因为两岸汉字虽然有着这样那样的差别，但其同根同源的特点不容忽视，两者均是直承民国时期的国语而来。两岸汉字的差异从产生到现在不过几十年的时间。这一时间段如若放在汉字发展数千年的历史进程当中，仅仅算是一小段插曲。所以面对两岸汉字字用的差异，应该予以关注和重视，但不能过分夸大差异而忽视两岸汉字字用大部分相同的事实。

两岸字用对应关系的“小异”主要是由于大陆与台湾各自施行的汉字规范政策所致。台湾汉字规范工作对于汉字记词职能的干预较少，可以说基本上保持了汉字发展的自然状态。从台湾实际语料中的记词职能关系类别可以看出，汉字的记词职能相互关系在自然状态下并非泾渭分明，而呈现出一定的过渡状态。大陆在汉字规范工作中涉及字用的工作主要是异体字的整理和一部分简繁字组的归并，其实质上都属于字用的归并，只不过被归并字之间的记词职能关系有着不同特点。

由此也可以看出，字用归并并非只是一种人为规范措施，也是汉字记词职能发展演变的一种实际状态。汉字与汉语不一一对应的情况是普遍存在的，字用的分分合合贯穿在许多汉字的发展演变过程中。顺应汉字发展规律的字用归并措施，可以在精简字数的同时，提高汉字使用的简易律和记词的效度，尽量减少记词职能之间相混不清的过渡状态，是符合汉字优化发展的措施。

（2）关于两岸汉字规范工作的相关思考

两岸的汉字规范工作有同有异，在各自规范理念的指导下，也均存在一些问题。下面主要就字用规范方面的问题予以分析。

① 关于大陆汉字规范工作的思考

大陆在字用规范方面的政策较为积极，字用归并既可减省笔画，又可精简字数，是大陆汉字规范过程中所采用的重要方法。大陆的简繁字组中有 73 组属于“分工明确”和“相互交叉”的类别，占全部简繁字组的 70%。大陆的正异字组中有 204 组属于“交叉关系”和“分工明确”的类别，占全部正异字组的

81%。这表明相当一部分简繁字组所收字的人为归并力度较大，而正异字组大部分均符合汉字发展的自然规律。上文也提到，字用归并具有人为规范和自然规律两种属性。在人为归并的过程中把握合乎自然规律的“度”，是字用归并工作的关键。而在具体操作过程中，字用归并的“度”还需要根据被归并字组在记词职能上的相互关系来分类考量。

——同音关系的字用归并

这部分字组的归并是用一个字归并多个仅有同音关系，但意义并无关联的字。这部分字组共计49组，数量不多，但影响很大。这种方法的缺点比较明显：其一，有一些字读音声调不完全相同，归并后使得一个字记录多个读音和意义，记忆负担加重，如卜（卜蔔）→卜蔔、几（几幾）→几幾、发（發髮）→發髮，等等。其二，被归并的字有一些为常用字，均组构大量的双音复合词，对这部分字组的同音归并是简繁转换致误的主要原因。其三，被归并的字有一些为人名、地名用字，这些用字领域本应尽量保留其特色，人为归并在一定程度上给文化脉络的传承造成影响。

文字改革中的这一段弯路也有力地证明同音归并的范围和对象一定要严格控制，只有一字的使用范围较为固定，词义区别度已经模糊，才有可能产生同音归并。对于已有的同音字组要详尽描写其不同词位的意义，在辞书当中分立字头，明确其不同历史来源。

——同源关系的字用归并

同源字组当中的字在历史上就有“合”的阶段，这部分字组的归并具有更多的理论依据。尤其是分化未遂的字组，分化字虽然从母字当中独立出来，但母字的记词职能范围仍可涵盖分化字。大陆对于这部分字组予以较大力度归并。在上文辞书考察当中的“存在包孕”关系的字组，有很大一部分属于此种类型。

这种类型的字组应该注意分化字在分化之后是否产生与母字不同的词义特点。如“回（回迴）→回迴”字组中，“迴”字侧重表示｛旋转｝[①]、｛曲折｝、｛迂回｝义，“回”字所表示的动作则是简单的｛来回｝义。前者的词义特点无法为后者所涵盖，且在现代汉语当中组构了一些双音节复合词，如“迴旋”“迴荡”“巡迴”“迂迴”。两字均可以与“流”字搭配组成双音节词，但所表示的词义有差别。“回流”多用于抽象的资金回笼，而“迴流”指的是迴旋或倒流的水

①｛ ｝是表示义项的符号，下同。

或气流。在台湾语料中这两个词分工明确，所以该字组不建议归并。

母字归并分化字还应该注意归并是否会使得词义笼统，表义准确度降低。如“蒙（濛懞矇）→蒙濛懞矇”字组中“蒙”字是常用字，又归并了表示｛雨点细小｝的“濛”，表示｛看东西模糊不清｝的“矇”和表示｛忠厚老实｝的“懞”，使得“蒙”字的词义范围过大。在实际语料当中，可以涵盖“懞”字和主要表示掩饰、欺骗的“矇”字，但从数量上来看“矇”字在该义项上的用例仍占不少比例。“濛”字主要表示空气迷蒙的状态，与其他字之间的分工较为明确。其他在台湾仍分工明确，但在大陆已经被归并的字组还有：

愈［瘉癒］→愈瘉癒（愈：愈加、愈來愈好。瘉：痊瘉。癒：病癒、痊癒。）

喂［餧餵］→喂餵餧（喂，打招呼声。餵：餵奶、餵飯。）

它［牠］→它牠（它，無生物的代名詞。牠，指動物。）

栗［慄］→栗慄（栗：栗子。慄，因害怕而顫抖：戰慄、不寒而慄。）

扎［紮紥］→扎紮（扎：扎根、扎手。紮：駐紮、包紮、紮辮子。）

尸［屍］→尸屍（尸：尸位素餐。屍：屍體、死屍。）

奸［姦］→奸姦（奸：奸臣、奸邪。姦：強姦、通姦。）

厘［釐］→厘釐（厘：無厘頭。釐：釐米、釐清。）

挽［輓］→挽輓（挽：挽回、挽留。輓：輓聯。）

席［蓆］→席蓆（席：席捲。蓆：草蓆、涼蓆。）

幸［倖］→幸倖（幸：幸福。倖：僥倖、倖存、倖免於難。）

杯［盃桮］→杯盃（杯：杯子、茶杯。盃：世界盃、歐洲盃。）

托［託］→托託（托：托盤、槍托。託：託付、委託、拜託、推託、假託、託辭。）

沾［霑］→沾霑（沾：沾濕、沾花惹草。霑：利益均霑。）

鉴（鑒）［鑑鑑］→鑒鑑（鑒：鑒於。鑑：評鑑、鑑定、鑑別。）

佛［彿髴］→佛彿髴（佛：佛像、佛祖。彿：彷彿。）

丫［枒椏］→丫枒椏（丫：腳丫、丫頭。椏：枝椏。）

——通假关系的字用归并

通假关系的字组是指两字各有本义，历史上曾经存在过通假关系的字组。通假现象在现代汉语层面应该尽量减少，以保证“字有定义”“词有定形”。所以对这部分字组的处理有很大意义。通假字组的处理也应该关注其内部的词义关系，对于基本相同、差异点较为模糊的字组予以归并，对于各有来源，只是在历史上有过通假关系，但在现代汉语层面内均使用频率较高的字组，则应当予以谨慎处理。对于大部分词义相同，仅有个别词义无法被涵盖的字组，则在辞书当中另加注释予以说明。

其他在台湾仍分工明确，但在大陆已经被归并的字组还有：

苏（蘇嚥）[甦蘓]→蘇嚥甦（蘇，植物；江蘇、流蘇。甦：復甦、甦醒。）

咽[嚥]→咽嚥（咽：咽喉。嚥：下嚥。）

哄[閧鬨]→哄鬨（哄：連哄帶騙、鬧哄哄、哄堂大笑、一哄而散。鬨：起鬨、內鬨、鬨堂鬧市。）

斤[觔]→斤觔（斤，古代砍伐樹木的工具；量詞。觔：翻觔斗。）

烟[菸煙]→菸煙（菸：抽菸、吸菸。煙：煙火、濃煙、煙煤。）

② 关于台湾汉字规范政策的思考

台湾的汉字规范政策总体来看比较柔和，整理性的工作较多，硬性规范较少。在这种自然状态下，汉字在实际运用领域中的一些误用、混用情况能够反映出一些深层问题。

——非常用字可能会因为形近而误用为他字

如“强[強彊]→強彊”中的“彊”就被误用为“疆”字或“殭”字：

例：過超級電腦演算，廚師就能打破彊界，作出成千上萬種更創意的組合。①

又如“恍[怳]→恍怳”中的“怳”被误用为“况”字：

例：他並說，來港前不知科大的經濟情怳如此吃緊，科大的校董們現正努力向富豪募款充裕研究經費。

——非常用字可能会成为常用字的组构用字

如“薯[藷]→薯藷”这一字组中，“藷”为次常用字，在语料中仅出现87例，但在“甘薯[藷]”一词中“藷”字占据上风，共有80例，作为常用字的“薯”字则仅有24例。但是在“番薯”“红薯”等词中，“藷”字又几乎没有用例。

例：雖然天氣相當炎熱，不過，在金山的甘藷田及焢窯區都擠滿人潮，十分熱鬧。

又如“锤（錘）[鎚]→錘鎚”字组中，“錘”为常用字，“鎚”为次常用字。表示用头将球顶入球门内的“头 chuí”一词：頭錘 147 例，頭鎚 201 例。

---

① 为了真实反映用字的实际情况，本章所引用的台湾资料均保留台湾字形原貌。

例：今天在台北市立體育場點燃戰火，台灣師大靠著余秀菁在 79 分鐘頭錘攻門破網，終場以 1 比 0 擊敗台灣體大，奪得隊史第 4 冠。

面对这些词义基本相同、使用频率较低的非常用字，大陆在异体字整理时予以废除。大陆在公共领域内的用字规范程度还是比较高的。台湾对于异体字的政策比较柔和，多是从古籍贮存的角度，将许多异写字也纳入异体字尽量予以归纳整理。对古书当中的字进行整理和贮存自然是必要的，但需要和现代汉语使用层面的用字划清界限。对不同领域内的汉字规范采取不同的措施，尽量排除现代汉字当中不必要的冗余成分。

——一些常用词的组构用字不固定

如常用词“饥荒”，台湾实际语料中有“飢荒”和“饑荒”两种写法：

例 1：當全世界投入救援之際，許多人不免疑惑：非洲為何饑荒不斷？外界資助對這個地方有用嗎？

例 2：1994 年至 1998 年的飢荒造成的死亡人數難以估計，統計數字在數十萬至數百萬之間。

又如常用词“周刊”，台湾实际语料中有“週刊”和“周刊”两种写法：

例 1：根據週刊報導，……為了挖走宏達電核心團隊，開出優渥條件。

例 2：今天公布 23 項市售乳品的檢測結果，其中包括上週已公告的商業周刊所指 8 項乳品的部分檢測結果。

——一些方言词的组构用字不固定

台湾“国语”当中吸收了很多闽南话和台语的词汇，这些词汇往往口耳相传，本字难考。所以用字往往不太固定。如表示一种肉丸的“贡丸”一词，台湾就有“貢丸”和“摃丸”两种写法。

又如“贡龟”一词，多用在博彩业当中表示“零分、失败”，有可能是英文“skunk”的音译写法（表示臭鼬；臭鼬毛皮；讨厌鬼；卑鄙的人；惨败）。在台湾有“摃龜”“貢龜”“槓龜”三种写法。

台湾的用字现状为大陆的汉字规范工作提供了一个参考，通过对比两岸的字用对应关系，可以发现大陆与台湾在语言文字规范方面均存在着一些亟待解决的问题。要想解决这些问题，就需要两岸从汉字现代化、国际化、信息化的发展目标着眼，在求同存异的指导思想下研定汉字字用规范的总体原则，并依照这些原则分别进行具体政策的调整。

（3）两岸字用规范的基本原则

字用规范是指对汉字的记词职能进行规范。其内容主要包括两个方面：其一，就单字来说，应该对其在现代汉语平面内的记词职能予以明确的规定。具体措施就是编纂高质量的现代汉语规范字典和词典，还要对常用词的组构用字予以规范。其二，就多个有关联的字而言，按照其实际记词职能之间的相互关系，判定其是否具有归并理据和归并趋势。具体措施就是对异体字进行整理，对符合字用归并要求的字组进行归并。在字用规范的过程中应当遵循以下几项原则。

① 共时历时分层原则

字用规范应当明确不同领域内的不同目标。在辞书编纂方面，面向现代汉语层面的规范字典应该以记录共时层面的音义为主。台湾一些普及性辞书当中会将某一种历时层面上的通用关系也加以注明，其实这种工作不利于普及性教育，应该予以区分。而在古籍整理方面，则需要遵循历时原则。历时性辞书的编纂则应当尽量理清某个汉字在历史上与其他汉字的通用、通假、同源关系。尽量保持原貌，做好古籍资源的贮存工作。

《国语小字典》：希①盼望。如：「希望」、「希求」。②少。通「稀」。如：「希少」、「希罕」、「人生七十古来希」。

上面这则释义中“希”通“稀”的用法在现代汉语共时层面已经很少出现，最好放在历时性的辞书当中予以说明。在普及性的辞书中过多地阐释古籍当中的通用现象不利于基础教育。现代汉语规范性辞书应该起到明确字义、规范词形的作用，进而做到“字有定义”“词有定形”。

在异体字的整理方面也应该分清楚历时层面和共时层面。大陆的异体字整理主要着眼于现代汉语共时层面，所以所收字数有限。台湾多是从古籍贮存的角度将许多异写字也纳入异体字尽量予以归纳整理。因此，在共时层面应该对异体字的使用范围、场合予以明确规定，尽量减少流通领域内的汉字冗余成分，降低误用、混用的可能性。在历时层面应该对历代产生的异体字予以整理贮存，厘清相互之间的字际关系。这两个层面内的工作并不矛盾，二者无论是对于实际文字的运用，还是对于传统文化的传承都具有重要意义，但相互之间必须划清界限。

② 简易律与区别律兼顾原则

汉字在简易律的趋势下，应该避免多度孳乳，对于记词职能基本相同或差异点较为模糊的字予以归并。而在区别律的驱使下，又应该注重不同汉字各自的表义特点，不可盲目归并，降低汉字表义的区别度。可以看出，字用归并并非只是一种人为规范措施，也是汉字记词职能发展演变的一种实际状态。汉字与汉语不一一对应的情况是普遍存在的，字用的分分合合贯穿在许多汉字的发展演变过程中。顺应汉字发展规律的字用归并措施，可以在精简字数的同时，提高汉字使用的简易律和记词的效度，符合汉字的优化发展。而如果对字用规范采取消极态度的话，会使得汉字流通领域内的冗余成分过多，进而影响汉字使用的准确性。

字用归并过程中需要对多个字之间的差异点进行判定，认定该差异点在现代汉语层面内是否仍有意义。一些差异点较为模糊、在现代汉语层面内没有必要区分的字，则应当予以归并。

如“汇（匯彙）[滙]→匯彙”字组，两字各有来源。“匯”字《说文》释为“器也”，本义为一种器物。后有｛河流相汇｝义，《集韵》:“匯，水回合也。”又从此义引申出了｛聚集、综合｝义，“汇集”“汇编”“汇报”“汇款”等词都当用“匯”字。“彙”字《说文》释为“蟲似豪猪者”。后来多用来表示｛类｝。所以“词汇”中当用“彙”字。“彙”也可用来表示｛汇集｝义，但多使用在书籍编纂当中。如清黄宗羲《朱止谿先生墓志铭》:“復選兩漢至明，凡二十二代之詔、令、奏、疏，彙為一集，曰《經世書》。”[①]“匯”“彙”二字在｛汇集｝义上相同，前者使用范围更广一些。在台湾实际语料当中，两字混用情况明显，且分工已不再与学理上一致。证明两字的差异点在现代汉语层面内已经不明显，可以予以归并。

又如“凶[兇]→凶兇”字组，“兇”字《说文》释为“擾恐也”，本义为｛恐惧｝｛喧扰声｝。如《左传》:“曹人兇懼。”《汉书》:“天下兇兇，勞苦數歲。”“兇”字在古代就通“凶”字。《集韵》:“凶，恶也。通作兇。”“兇”字的这两个词义在现代汉语层面内使用不多。台湾实际语料当中“凶狠”“凶险”“很凶”“元凶”“行凶”“凶残”“凶恶”等词中归并趋势明显。这也就证明了两字的差异点在现代汉语层面内已经不明显，且在历史上就有通用关系，故可以予以归并。

在判定词义差异点在现代汉语当中是否仍然使用时，需要多加审辨。如

① 为呈现古人用字原貌，本章所引古书保留繁体字原貌。

果仍能组成双音节词，则应当予以保留。如之前恢复的异体字“澹”，《说文》：“澹，水摇也。”表示水波起伏貌。由此义引申出｛恬静、寡欲｝｛安定、安静｝之义。“澹薄”一词所体现出来的超然度外、心思安宁义是“淡薄”一词所无法代替的。又如曾经被“叠”归并的“迭”字。“迭”侧重于表示｛替代｝，如“更迭”。“叠”侧重于表示｛重复｝，如“重叠”“叠被子”。两字的词义特点不同，即便是在某些词上词义相近，也不宜归并。

③ 系统性原则

字用规范中的系统性原则是指对于同一种记词职能关系的字组，尽量采用一致的规则予以规范。同一词义所产生的词例，用字应该一致。个体字组的处理，应该放置到整个系统当中进行考量，参考与之情况相似的字组的处理方式。当然，也不应该忽视个体字组的差异性。

字用规范涉及汉字的记词职能，词义内部的系统性不容忽视。如上文提到的“凶［兇］→凶兇”字组，台湾的普及性辞书释义如下：

《国语小字典》：兇①驚擾、恐懼不安。如：「兇懼」。②凶惡。通「凶」。如：「兇狠」、「兇險」、「兇惡」。③横暴作惡的人。如：「元兇」、「兇手」、「真兇」。

《国语小字典》：凶①惡、殘暴。如：「凶猛」、「凶殘」、「凶惡」、「凶狠」、「凶神惡煞」。②殺害或殺傷人的行為。如：「行凶」。③不祥、災禍。與「吉」相對。如：「凶信」、「凶兆」、「趨吉避凶」、「凶多吉少」。④厲害、激烈。如：「他這次的病勢來得很凶，連醫生都沒把握能治好。」⑤收成不好的、鬧饑荒的。如：「凶年」、「凶歲」。

从词义引申的角度来看，｛杀害或杀伤人的行为｝与这种行为的发出者｛横暴作恶的人｝关系应该是十分紧密的。而辞书当中却将其分立为不同字下面的义项，缺乏对词义系统性的把握。

同一词义下设的词例中，用字应该一致。如“哗（嘩）［譁］→嘩譁”字组，台湾“嘩”“譁”二字分工明确，前者表示｛水流声｝，后者表示｛嘈杂｝｛喧闹｝。而在“喧哗”一词中，借字“嘩”的组构占全部组构数的80%。不过在“哗然”“哗众取宠”等词中，仍是本字“譁”占多数。这种现象说明在同一个词义下设的不同词例当中，本字和借字的分工不固定，规律性较弱。又如“吊［弔］→吊弔”字组在辞书中属于具有交叉关系的字组。“吊”字表示｛悬吊｝义，“弔”字表示｛凭吊、吊唁｝义，两字在表示钱币单位的量词义上存在交叉。而在“吊唁”一词中，台湾的“吊”和“弔”字组构数量相差不大，但在“凭吊”一词中，又是本字“弔”占主导。

在当今时代，汉字发展的国际化、现代化、信息化是大陆与台湾共同面对的现状，也是共同的发展目标。两岸语言文字工作者可以在合作共赢的框架内，在共同的理念原则的框架下制定字用规范相关政策。先“存”历史原因造成的“异”，努力从技术上解决已有差异。再“求”发展目标和理念之“同”，为今后的汉字规范工作找准目标。相信两岸在语言文字交流方面的障碍会越来越小，汉字汉语在国际上的影响力会越来越大。

2. 大陆异体字在台湾的留存情况

异体字整理是汉字规范工作的一个重要组成部分，也是汉字应用研究领域的一个焦点课题。新中国成立后在异体字整理方面做了大量有益的工作，但也存在不少问题。台湾的用字情况可以作为反观大陆异体字规范的一个参考，从规范字表、权威辞书及实际应用三个层面，对大陆《规范字与繁体字、异体字对照表》异体字在台湾的留存情况进行考察，可以更真实地反映《规范字与繁体字、异体字对照表》异体字在台湾实际语言生活当中的使用情况，可以进一步探讨两岸异体字整理理念、处理原则的异同，为大陆异体字的整理工作提供借鉴和启示。

《规范字与繁体字、异体字对照表》异体字在台湾规范字表中的留存情况总计表

<table>
<tr><th colspan="2">两岸正异对应
关系类型</th><th>大陆
一对一</th><th>大陆
一对多</th><th colspan="2">总计</th><th colspan="2">百分比
（字组数 / 总字组数）</th></tr>
<tr><td colspan="2">正异→正异</td><td>287</td><td>186</td><td colspan="2">473</td><td colspan="2">46.2%</td></tr>
<tr><td colspan="2">正异→异正</td><td>76</td><td>24</td><td colspan="2">100</td><td colspan="2">9.8%</td></tr>
<tr><td rowspan="3">正异→正
（A）正（B）</td><td>A、B 同级</td><td>71</td><td>41</td><td rowspan="3">386</td><td>112</td><td rowspan="3">37.8%</td><td>10.9%</td></tr>
<tr><td>A 更常用</td><td>152</td><td>98</td><td>250</td><td>24.5%</td></tr>
<tr><td>B 更常用</td><td>18</td><td>6</td><td>24</td><td>2.3%</td></tr>
<tr><td colspan="2">其他</td><td>4</td><td>60</td><td colspan="2">64</td><td colspan="2">6.2%</td></tr>
<tr><td colspan="2">总计</td><td>608</td><td>415</td><td colspan="2">1023</td><td colspan="2">100%</td></tr>
</table>

《规范字与繁体字、异体字对照表》异体字在台湾辞书领域的留存情况统计表
（只包括“正异→正正”字组）

义项之间的关系	同级	正字 A 更常用	正字 B 更常用	总计	百分比（字组数 / 正异→正正字组数）
基本相同	31	131	18	180	46.6%
包孕关系	41	58	5	104	26.9%
交叉关系	18	44	0	62	16.1%
各自独立	21	18	1	40	10.4%
总计	111	251	24	386	100%

《规范字与繁体字、异体字对照表》异体字在台湾实际语料中的留存情况统计表
（只包括使用 10 次以上的数据）

<table>
<tr><th>两岸正异对应关系类型</th><th colspan="2">分类类型</th><th>字组数</th><th>使用 10 次以上的字组数 / 所属类别的字组总数</th></tr>
<tr><td rowspan="3">正异→正异</td><td colspan="2">两岸都认定的异体字只在特定领域使用</td><td>25</td><td rowspan="3">48/472</td></tr>
<tr><td colspan="2">两岸都认定的异体字被正字所包孕</td><td>3</td></tr>
<tr><td colspan="2">两岸都认定的异体字与正字用法基本相同</td><td>20</td></tr>
<tr><td rowspan="3">正异→异正</td><td colspan="2">被台湾认定为异体字的大陆正字只用于人名或企业名</td><td>11</td><td rowspan="3">41/100</td></tr>
<tr><td colspan="2">被台湾认定为异体字的大陆正字使用范围较为固定，但被台湾正字所包孕</td><td>3</td></tr>
<tr><td colspan="2">被台湾认定为异体字的大陆正字与台湾正字用法基本相同</td><td>27</td></tr>
<tr><td rowspan="4">正异→正正</td><td rowspan="2">两字分工明确</td><td>两字均在常用领域使用，但有明确分工</td><td>24</td><td rowspan="4">240/386</td></tr>
<tr><td>大陆的正字在台湾语料中为常用字，大陆的异体字只在特定领域使用</td><td>84</td></tr>
<tr><td colspan="2">被台湾认定为正字的大陆异体字使用范围较为固定，但往往为大陆正字所包孕</td><td>75</td></tr>
<tr><td colspan="2">两字使用范围基本相同</td><td>57</td></tr>
</table>

综合分析以上三种数据，从中可以得到以下几点启示。

（1）两岸异体字处理结果总体上同大于异

从与台湾规范字表相比较得出的数据来看，两岸正异关系一致的字组所占比例最大，占全部字组的 46.2%。而两岸正异关系相反的字组仅占 9.8%。这说明，两岸对正异关系的认定总体上是同远大于异。之所以会有这样的结果，是因为汉字规范工作虽然带有人为的因素，但其最根本的基础还是汉字发展的自身规律。汉字发展演变中对于字形有着自然的优化选择倾向，两岸汉字同出一脉，在演变规律和自然选择机制上仍然具有很大的共同性。如一些累加形符字造成汉字信息的冗余，在优选原则的调配下，其母字更为常用：桌［槕］、虻［蝱］；又如字形结构多选左右结构而不选上下结构或包围结构：胸［胷］、讎［讐］、婀［娿］；再如形符选择上与字义关联紧密的形符更受青睐：婿［壻］、徇［狥］。所以两岸在正异字的选择上有着不少相通之处，两岸正异关系的主流也是同大于异的。

（2）两岸异体字处理的目标有显著差异

尽管台湾和大陆在异体字处理方面主流是一致的，但测查结果也反映出两岸之间的显著差异。如在台湾规范字表中，大陆的正字和异体字在台湾均被设定为正字，也就是“正异→正正”类字组，共计有 386 组，占总字组数的 37.8%，再加上 9.8% 两岸正异关系相反的字组，高达 47.6% 之多。造成这么大的差异，其根源在于两岸的异体字观念存在明显不同。

台湾的异体字整理以保存典籍用字、沟通古今用字关系为出发点，在历史文献中有过通用现象，且在历代字书当中处理为同一字组的字即被认定有异体关系，所以其收字数量极为庞大。大陆的异体字整理以现代汉语的用字规范为目标，主要从现代汉语使用现状出发，整理历史上留存至今、与规范汉字有纠葛关系的异体字，所以收字数量有限。出发点的不同，必然导致两岸在异体字观念和具体处理原则上的分歧，并最终导致对异体字组的认定方面产生差异。

在正字的认定方面，台湾要比大陆宽松得多。一些大陆的正异字组在台湾之所以同为正字，往往是出于保存典籍用字的需要，而并非表义分工存在现实差异。例如：

最［冣］→最冣（正异→正正）

最：zuì 至極：最好、最大、最美。位居至極的事物：世界之最。

冣：zuì 極，通“最”。（jù 聚積，同“聚”。《説文》：“冣，積也。”）

“最”“冣”二字在现代汉语层面上基本没有差异，只是“冣”多出了“jù 聚積，同‘聚’”，而这个义项是源自《说文》的释义，并不在现代汉语层面使用。所以，台湾之所以把“冣”也同时列为正字，完全是出于存古的目的。

在正字的选择方面，台湾多选择“取其合于初形本义者”为正字，大陆则多选择后代产生、书写较为方便的形体为正字。如“正异—异正”类字组：恒［恆］、潜［潛］、衆［眾］、隽［雋］、厢［廂］、厦［廈］、橱［櫥］、凉［涼］、况［況］、净［淨］、减［減］等。在“正异－正正”类字组中两个台湾正字的字级确定上，也体现了台湾更注重字源而大陆更注重简便的倾向。其中 AB 所属字级不同且 B 较 A 更为常用的 18 个正异字组，都符合这个规律，如蚝［蠔］、棱［稜］、眯［瞇］、勖［勗］、蓑［簑］、痹［痺］、厘［釐］、秘［祕］、涌［湧］等。这种分歧也是由于正字观念的差异造成的。

在实际应用方面，台湾对于异体字的使用没有硬性废除的规定，只是加以引导和规范，这也就使得不少在台湾已被认定的异体字仍在实际运用层面通行，如：

例 1：衛生局自去年底開始輔導業者標示熱量，至 9 月底，有喫茶趣、星巴克、丹堤、清心福全。

例 2：集團持股 4 成的金鑛咖啡預計暑假正式進駐燦坤 3C 門市，首家店將開在高雄大昌店。

（3）大陆异体字处理总体上是合理合情的

对比两岸异体字的处理结果，可以说，大陆的异体字整理工作更能体现当代汉语的发展实际，也更符合人们对语言书写工具的普遍诉求。在台湾实际语料中，约有 31.6% 台湾处理为“正正”的异体字组，两字的记词职能并没有明显差异，而且在组词能力、使用范围上大陆正字占绝对优势。对于这种情况，大陆将它们认定为异体字组，比台湾处理为“并正”要更符合汉字系统优化的要求。如：

<table>
<tr><td rowspan="5">背［揹］→背揹</td><td>背著 669</td><td>揹著 279</td><td>70.57%</td><td rowspan="5">辞书释义：揹，负荷，同“背”</td></tr>
<tr><td>背負 789</td><td>揹負 93</td><td>89.46%</td></tr>
<tr><td>背債 72</td><td>揹債 10</td><td>87.80%</td></tr>
<tr><td>背黑鍋 69</td><td>揹黑鍋 48</td><td>58.97%</td></tr>
<tr><td>背書包 16</td><td>揹書包 6</td><td>72.73%</td></tr>
</table>

背［揹］字组中的两个字，在台湾辞书中的释义是完全相同的，但在台湾语料中却同时使用。上表中“背著”与“揹著”、“背負”与“揹負”、“背債”与“揹債”、“背黑鍋”与“揹黑鍋”、“背書包”与“揹書包”两种词形并存，确实给言语造成了冗余和干扰，应该将弱势的“揹”归并于强势的“背”。

“正异→正正”字组中，台湾两正字之间属于包孕关系的字组也占不小比例。此类字组多为母字与分化字的关系，或是为某字的其中一个义项后造的本字。从汉字优化发展的角度来看，在不影响表义准确性的情况下，使用义项范围较大的母字来代替义项较为单一的分化字，结合双音节造词的方式来表义，是值得肯定的处理方法，这也是大陆在对正异关系进行判断时所遵循的原则。如殷［慇］中“慇”表示“情义周到”，其职能完全可以用“殷”字覆盖，不必另外单列为正字。

从权威辞书的数据来看，在 386 组“正异→正正”字组中，台湾两正字义项基本相同的占 46.6%，具有包孕关系的占 26.9%，两类相加高达 73.5%，这些都是符合严格异体字的标准的。而其中真正各自独立的只有 10.4%，加上交叉关系也只有 26.5%，说明台湾对异体字的认定过于宽松，而大陆的异体字整理大多是科学的。

对于人名、地名等特殊用字的处理，大陆的做法也是值得肯定的。大陆在《通用规范汉字表》所附的《规范字与繁体字、异体字对照表》中，将“迺、耑、钜、昇、陞、甯、甦、邨、氾、堃、犇、龢、喆”等 39 个字在特定意义上视为规范字，并加注说明其使用范围。如“迺”,《第一批异体字整理表》中为“乃”的异体字,《规范字与繁体字、异体字对照表》规定该字可用于姓氏人名、地名。这些字中不少都是人名、地名等特殊用字。而这种处理也是与台湾的实际运用高度符合的。在台湾实际语料当中，“迺”字共有 927 例，均用在人名译名当中：

例 1：這場紀念活動在甘迺迪遇刺現場迪利廣場舉行。

例 2：卡洛琳·甘迺迪表示，希望希拉蕊尋求民主黨黨內提名，角逐 2016 年總統大選。

从台湾实际语料中，即使处理为“并正”的异体字组，也出现了明显的归并趋势。如岳［嶽］字组所构成的词形中，“山岳”和“山嶽”的比例是 132:11，归并趋势十分明显。

例 1：由齊柏林導演的「看見台灣」，以高空角度，俯視台灣的許多山岳溪谷，平原海岸，城市鄉鎮，田疇工廠。

例 2：青森縣境內擁有一千六百公尺的山區，蘋果緊鄰山岳、河流栽種，生長期間溫度約為攝氏 13—15 度。

这也从另一个侧面验证了大陆异体字规范工作是具有坚实的语言生活基础的。

（4）大陆异体字处理尚有待完善之处

《第一批异体字整理表》对异体字处理有失之过严的倾向，把一些在现代汉语层面仍然有的用字也作为异体字处理，给实际应用带来不便。《通用规范汉字表》研制过程中，已经对其中的部分异体字作了重新处理，但从台湾语料的调查情况来看，仍有部分字组需要进一步讨论。例如，大陆异体字在台湾实际使用领域当中作为通行的常用字，且记词职能与字组中的另一字分工明确的情况虽然只有 24 组，总数并不很多，但这种类型的字组仍然值得思考，大陆对于这部分字组的归并力度是否仍然过大？是否会影响到现代汉语层面的正常表达？大陆处理为正异字组的“咽［嚥］”在台湾语料中分工较为明确：“咽”读为 yān 和 yè，常用在“咽喉”“哽咽”等词中，“嚥”读为 yàn，常用在“嚥下”“吞嚥”等词中。

例 1：她在上台領獎時一開口就哽咽了。

例 2：麻疹係經由空氣、飛沫或直接與病人鼻腔或咽喉分泌物接觸而感染。

例 3：莫拉克颱風重創南台灣，被安置的災民陸續出現食不下嚥、發呆等症狀。

“咽”“嚥”读音不同，意义和用法也有明显差别，这样的字组是否可以不予合并？类似的字组还有：

斤［觔］→斤觔（斤，古代砍伐樹木的工具；量詞。觔，翻觔斗。）

栗［慄］→栗慄（栗，栗子。慄，因害怕而顫抖：戰慄、不寒而慄。）

愈［瘉癒］→愈瘉癒（愈，愈加、愈來愈好。瘉，痊瘉。癒，病癒、痊癒。）

但另一方面，如前所述，台湾的实际语料也证明，社会用字的冗余成分过多，会增大用字过程中的讹误概率。因此，在汉字规范工作中，历史的眼光和现代的视角均不可偏废，不仅要顾及传统典籍用字的保存问题，还要从汉字系统优化发展的现实需要出发，坚持与时俱进的科学态度。

三、汉字规范标准的理论探索与阐释

汉字规范的理念受到不同社会背景的影响，而规范理念对于规范工作有着直接的引导作用。中华人民共和国成立之初，受到当时特殊历史背景的影响，语言文字工作较多地考虑到降低文盲率、提高民众文化水平的现实需求，努力降低汉字难写难识的程度。对汉字内在规律关注不够。例如，在简化汉字的过程中，过分追求字数和笔画的减少，较多地采用了同音替代、草书楷化、偏旁类推等简化方法，在一定程度上破坏了部分汉字的理据，降低了部分汉字的区别度，给汉字系统带来了一定的创伤。当今社会步入信息化、国际化时代，给汉字规范工作提出了新的要求，汉字规范理念也应当转变。本章结合《通用规范汉字表》的研制过程，以及两岸汉字规范的对比情况，在语言文字规范的理念原则方面做了一些较为深入的思考。

王立军在 2015 年第 1 期《语言文字应用》上发表的《当代汉字系统优化的基本原则》一文，结合之前汉字规范字表当中存在的问题，参考汉字历史发展进程中的客观规律，提出了“汉字系统优化”的概念，总结了当今语言文字规范应当遵循的三点原则，下面进行详细介绍。

汉字系统优化是指汉字系统通过自身调节和人工干预，使其内部结构及外部效用都达到最佳状态。系统优化又分为依靠自身调节的自然优化和依靠人工干预的整理优化。用系统优化的标准来审视，当代语言文字规范工作中也有一些问题需要调整，这也正是国务院颁布实施《通用规范汉字表》的重要原因。对当代汉字系统进行优化调整，必须坚持三项基本原则，即共时原则、通语原则和效度原则。

1. 共时原则

共时原则是指：在界定某一时代的汉字系统时，只能包括那个时代实际应用的汉字，而不是那个时代所存留的汉字总和。汉字在发展的过程中，其数量呈逐渐累增的趋势。这一点从历代字书的收字情况中便可以看得到。而另一方面，汉字在各个历史时期的实际应用数量却是有限的。如《十三经》中不重复的单字数为 6544 个;《史记》的不重复单字数为 6000 个；新华社 1986 年 4000 万新闻稿的不重复单字数为 6001 个；国家语委 9100 万字符的《现代汉语平衡语料库》(1919—2002)，其不重复单字数为 8288 个。这说明，汉字在各个历史时期的实际应用数量基本维持在 6000 字左右。而字书超出实际用字量的那些汉字，多是历史上积淀下来的死字、废字。对于这类字，《简化字总表》《现代汉语通用字表》清理得并不彻底，而这也正是《通用规范汉字表》所做的重要工作。

2. 通语原则

中国是一个多方言的国家，自古以来就有专门为方言造字的现象。随着方言和通语之间的交融，有些方言用字所记录的词汇可能被通语所吸收，进入通用汉字的范围。从历史和现实的情况来看，更多的方言用字只是停留在方言的范围内，始终未能成为当时的通用汉字。今天，整理当代的汉字系统，必须考虑记录通语的基本原则，即只有记录普通话词汇或已被普通话吸收的方言词汇的汉字，才有资格成为通用汉字。《简化字总表》《现代汉语通用字表》当中均有一些不符合这一原则的字。如《简化字总表》中的“䘛”（表示拴、系）、“挜”（表示硬把东西送给或卖给别人），均为方言用字。《现代汉语通用字表》中，“礤”（粗石）、“膪”（猪的胸腹部肥而松软的肉）、“塃”（开采出来的矿石）、“囝”（儿子）、“汆”（漂浮，用油炸）、“塮”（猪羊等家畜圈里积下的粪便）、“揎”（捋起袖子露出胳膊）均为方言字。

3. 效度原则

记录汉语的效度是衡量汉字系统是否优化的一个重要指标，具体表现为能否用最适量的汉字去最大限度地满足记录汉语的需求。把握“最适量”的程度，是以记词职能的有效表达为标准的。在此标准的指导下，对那些记词职能完全相同或非常接近的汉字进行合并认同，以求得汉字系统的简约；对那些因承担记词职能过多而影响表达的汉字进行分化别异，以求得字词关系的清晰。汉字系统的简约和字词关系的清晰，是汉字系统优化效度原则的两个必要方面，只有将二者在对立中实现统一，才能实现汉字系统优化的最佳效度。过分强调汉字系统的简约，过度精简汉字的字数，必然会影响汉字记词职能的清晰，而过分强调汉字记词职能的细微差异，不及时整理和归并汉字的冗余信息，就会使汉字的数量越积越多，从而加重使用者的记忆负担。这两方面的问题在显性汉字规范文件中都有存在。有一些字属于需要归并而没有归并的字，如《简化字总表》中的“硷”同“碱”、“挢”同“矫”、“鲶”同“鲇”、“谉”同“审”、“谘”同“咨”、“谯”同“宴”等字,《现代汉语通用字表》中的“拚”同“拼”、“缏”同“辫”、“蹓”同“遛”、“垅”同“垄”等字，均是需要归并而没有归并的字。也有一些字属于不该归并而归并的字,《简化字总表》中使用“同音替代”和“几字共简为一形”方法处理的一些字，造成了“一简对多繁”的现象，即一个简化字对应多个繁体字（或传承字），有一些十分常用的字也被归并到一起，容易导致使用上的歧义。如“干”对应“干、乾、幹”。同时也给计算机简繁自动转换和文言文印刷等领域造成诸多不便。据统计，《简化字总表》中这两种类型的字共有 98 组，共精简汉字 106 个。《第一批异体字整理表》在对汉字进行归并方面的问题更为突出，由于历史和时代的因素，《第一批异体字整理表》中确定的“异体字”从现代汉语通用层面来看，有些并不是严格的异体字。特别是在姓氏人名、地名和科学术语用字中，一些非严格异体字尚有无法取代的使用价值。把这些字都列入“不规范字”的范围而取消，对意义的精确表达会产生不好的影响，也不符合科学认同的原则。

国务院 2013 年 9 月颁布的《通用规范汉字表》很好地遵循了这三项基本原则，在以前汉字规范工作的基础上，根据新时代标准化的理念，对已有的规范文件进行整合和优化，科学定量，合理分级，立足现实，尊重传承，有效地促进了当代汉字系统优化水平的提高。

第三节　新时期汉字规范化学术蓝本的研制

《通用规范汉字表》公布之后，相关配套规范的研制随即提上日程。《通用规范汉字表》的基本通用字划分作一、二两个等级：一级字表主要面向基础教育用字，二级字表与一级字表一起构成面向全社会的基本通用字。准通用字全部归入三级字表，主要满足社会大众对专业领域用字的需求。（王立军 2008）实际上，面向具体的使用领域，三个等级字表的内部可能仍有继续划分更细等级的必要，特别是对于面向基础教育和文化普及用字的一级字表，进行更细致的等级划分，将对基础教育语文课程的课标制定、教材编写和课堂教学起到重要的参考作用。此外，随着中华优秀传统文化传承和两岸语言文字交流的深入，繁体字的字形已经是无法回避的重要问题，为通用规范汉字制定繁体字的字形表也已经迫在眉睫。《现代汉字分级字表》《通用规范汉字对应繁体字字形表》两个汉字规范学术蓝本研制的目标就是为满足上述两方面需要提供学术基础。《通用规范汉字对应繁体字字形表》的相关原则问题尚待国家语言文字主管部门审定，故暂不收入本书。《现代汉字分级字表》的内容详见第六章。

第三章　新时期普通话语音规范化问题

普通话“以北京语音为标准音”。北京话是一种汉语方言，其音系是不同方言在不同时期相互影响而形成的。对北京语音进行科学规范，有利于学习和推广普通话，也有利于辞书编纂和信息领域的应用。

普通话语音规范化的工作始于20世纪50年代。从1956年至2016年，教育部先后三次召集专家学者组建“普通话审音委员会”。第一届（1956年）由罗常培任召集人；第二届（1982年）由王力任主任；第三届（2010年）由王洪君任主任委员。其工作成果是：第一届提交了《普通话异读词三次审音总表初稿》（1963年）；第二届提交了《普通话异读词审音表》（1985年）；第三届提交了《普通话异读词审音表》（2016年修订稿）。第一届、第二届的成果长期以来成为普通话语音的标准，在研究领域和应用领域中成为普通话语音规范。第二届的成果《普通话异读词审音表》（1985年）颁行以来已经过去三十多年。其间语言生活变化巨大，语言应用领域进一步扩大，语言研究的深度和广度都有了很大的提高，语言文字规范的观念也有所更新。因此，调整和制定新的语音规范不仅成了必要和必然，也有了更强有力的学术支持。第三届的成果《普通话异读词审音表》（2016年修订稿）是1985年《普通话异读词审音表》的修订版，该稿已于2016年面向社会公开征求意见，目前尚未正式公布。

普通话语音规范的对象主要是异读词、轻声、儿化、地名、人名和新科技术语等。其中，对异读词问题关注最多，解决方案也相对完善。新时期审音工作以异读词（包括单音节词和多音节词）为对象。例如：名物义“瓦”没有异读，动作义存在wǎ、wà两读，只对动作义“瓦”的读音进行审订。原则上不审订轻声、儿化条目，即《普通话异读词审音表》涉及轻声、儿化的条目除外；也不审订人名、地名等专有名词的读音，即《普通话异读词审音表》涉及人名、地名的条目除外。人名、地名的问题更加突出，一直没有得到解决；新出现的科技术语也需要及时规范。专名术语的规范，分别有民政部、科技名词审订委员会等部门主要负责。

本章主要探讨轻声、儿化的规范问题和地名生僻字读音规范问题。轻声、儿化虽有不少研究，但尚未有一个普遍认可的规范词表，从加强语言学研究，提高规范标准学术含量的角度，研制《普通话轻声常用词表》《普通话儿化常用词表》学术蓝本，更具有研究的必要性和可行性。另外，结合社会影响深远的《现代汉语词典》的修订，对12个生僻地名用字的读音所做的考察，既体现了语言学的本体研究、应用研究对于语言文字规范化工作的意义，也体现了语言文字规范化工作的综合性。

第一节　轻声、儿化问题研究概况

关于普通话轻声、儿化的研究，主要集中在以下八个方面。

一、语音研究

音值研究、音节结构研究和音系研究。

第一，运用实验语音学的方法，研究普通话轻声、儿化的声学特征。比如，林茂灿、颜景助《北京话轻声的声学性质》（1980），林焘、沈炯《北京话儿化韵的语音分歧》（1995），曹剑芬《连读变调与轻重对立》（1995），林焘《北京话儿化韵个人读音差异问题》（1982），石锋《北京话儿化韵的声学表现》（2003）。

第二，音位和音节结构研究。比如，李延瑞《论普通话儿化韵及儿化音位》（1996），谢奇勇《普通话儿化音节的结构分析》（2002），严翼相《现代汉语的儿化韵和音节结构》（2006），张雪涛《普通话“儿化”音变韵腹的趋变规律》（2003），孙景涛《从儿化看音节的重量》（2007）。

第三，从连读变调角度研究儿化。比如，石汝杰《说轻声》（1988），任丽青《论普通话轻声》（1990），李芒《谈普通话的轻声》（1997），平山久雄《北京话一种儿化变调的成因》（2000）。

第四，运用音系学的方法研究轻声、儿化的韵律特征等。比如，马秋武《北京话儿化的优选论分析》（2003），邓丹、陈明、吕士楠《汉语去声和轻声音节的韵律特征研究》（2004），侍建国《轻声：北京话声调的空调类——兼论生成规则的语言学依据》（2006），刘世文《普通话双音节轻声儿化词的韵律特征》（2008）。

二、语音史研究

主要根据文献典籍找到北方话中儿化音的演变史。比如，李思敬《现代北京话的轻音和儿化音溯源——传统音韵学和现代汉语语音研究结合举隅》（2000），颜峰《略论汉语方言儿化韵的历史演变》（2002），李莎《轻声的宏观历史发展》（2006）。

三、语义和语法功能研究

集中在普通话轻声、儿化的词义特点和语法功能上。

第一，轻声的主要功能是虚化了的语素，多是后缀或者类后缀。比如，邵敬敏《关于“轻声词”的若干疑难问题》（1999），张晓勤《普通话轻声词规律探析》（2003），王洪君《试论现代汉语的类词缀》（2005），郭振伟《谈汉语轻声词的类后缀》（2005），张苗《轻声的词汇与语法功能》（2006），巩固《浅谈汉语的轻声与轻音》（2006），孟茜《现代汉语双音节轻声词的轻声化功能动因研究》（2009）。

第二，儿化的功能主要是小称，即表小指爱或者具有某种语法意义。比如，吴继光《也谈普通话里表示儿化的“儿”》（1988），李立成《“儿化”性质新探》（1994），徐家宁《儿化中的语义变异》（1999），王立《北京话儿化成分的语义特点及语素身份》（2001），刘群《现代汉语中词语儿化后的语义类型》（2002），刘照雄《说儿化》（2003），劲松《“儿化”的语素形位学研究》（2004），方梅《北京话儿化词语阴平变调的语法意义》（2005），方梅《北京话儿化的形态句法功能》（2007），刘慧英《论儿化的显性与隐性》（2006），迟文敬《儿化功能探疑》（2010）。

四、应用研究

集中研究普通话教学和对外汉语教学中遇到的普通话轻声、儿化的问题。比如，李凤吟《南方地区普通话轻声和儿化刍议》（2005），钱学烈《谈谈〈汉语词汇等级大纲〉（试行）中的轻声词和儿化词》（1991），林宝卿《普通话的儿化》（1992），沈阳、邵敬敏《试谈香港地区普通话教学中的“儿化”和“轻声”问题》（1997），宋欣桥《“普通话水平测试”评分中的几个问题》（1997），孙和平《普通话轻声字词的规范与轻声教学》（2001），许艳丽《普通话水平测试中“儿化韵”的规范问题》（2001），杨庆国、刁小卫《普通话轻声词的规范与教学问题》（2003），孙海娜《略论〈普通话水平测试实施纲要〉中的可轻读词语》（2007），杨绍林《论普通话水平测试中轻声词语读音的判定》（2007），杨益斌《简论〈普通话水平测试用必读轻声词语表〉的得失》（2009），陈小燕《论轻声词界定的必要性、一致性原则——对〈现代汉语词典〉轻声词的计量研究》（2004），徐越《对外汉语教学中的儿化问题》（2005），纪正红《对外汉语中的儿化教学》（2007），陈海生《对外汉语教材词语轻声标注状况考察》（2009），黎小力《面向二语习得的现代汉语双音节轻声词研究》（2008），王敏《对外汉语轻声词教学研究》（2010），孔军《儿化词的对外汉语教学研究》（2010）。

五、规范化研究

普通话轻声、儿化应当进行规范，并给出了规范意见。比如，黄佩文《应该读成儿化韵的词》（1981），周长楫《轻声、儿化、音节处理及其他——辞书审音注音刍议之一》（1986），殷作炎《普通话儿尾词的规范化问题》（1987），宋欣桥《普通话轻声词规范的语音依据》（1990），史定国《现代汉语儿化词规范问题》（1996），张舸《略谈现代汉语轻声词的规范》（1998），刘晓红《谈轻声词整理的原则》（1999），王凌《也谈儿化词形式的规范性标准》（2002），吉高峰《轻声词的规范问题亟待解决》（2002），韩承红《试论普通话轻声词标准的统一问题》（2003），杨绍林《普通话轻声词语的规范问题》（2003），孙和平《普通话轻声字词规范刍议》（2004），魏钢强《北京话的轻声和轻音及普通话汉语拼音的注音》（2005），何宛屏《词典中儿化标注原则探讨》（2005），唐余俊《〈现代汉语词典〉收词原则与收词范围研究》（2007），杨益斌《普通话轻声词规范若干问题新论》（2009），朱宏一《轻声的特征和轻声词的规范原则》（2009），尤翠云、赵贤德《普通话儿化词语规范问题探讨》（2010），尤翠云、赵贤德《普通话轻声词语规范问题探讨》（2010）等。

六、述评性研究

关于普通话轻声、儿化研究的述评，主要有蒋宗霞《二十世纪汉语轻声研究述评》（2000），刘俐李《20世纪汉语轻声研究综述》（2002），李巧兰《近20年来关于“儿化”现象的研究述评》（2008），詹跃仙《现代汉语轻声性质研究述评》（2008），宋颖《对外汉语语音教学的儿化与轻声问题研究综述》（2011）。

七、词表研究

主要有张洵如《北京话轻声词汇》(1957)，中国文字改革委员会《普通话轻声词汇编》(1963)，贾采珠《北京话儿化词典》(1990)，高艾军、傅民《北京话词典》(增订本，2001)、中国社会科学院语言研究所《现代汉语词典》(第6版，2012)。

八、其他研究

对普通话轻声、儿化进行社会语言学分析的有刘振平《现代汉语儿化韵读音的社会调查研究》(2009)，孙德金《北京话部分儿化韵读音调查》(1991)。进行综合性研究的主要是学位论文，比如，吴建伟《现代汉语儿尾音研究》(2001)，朴红瑛《〈现代汉语词典〉儿化词语研究》(2003)，彭宗平《北京话儿化词研究》(2004)，常莉丽《现代汉语儿化词的考察与分析》(2005)，王媛媛《汉语"儿化"研究》(2007)，裴培《现代汉语轻声词及相关问题研究》(2008)，庄宇《当代汉语儿化词的调查和研究》(2008)，王婷婷《1957版至2011版〈新华字典〉注音研究》(2012)等。

第二节　新时期普通话轻声、儿化规范问题

轻声、儿化是北京语音系统里不可或缺的成分。轻声、儿化现象不仅见于北京语音，也广泛见于北方的官话方言区，而北方的官话方言正是普通话的基础方言。

一、普通话轻声、儿化规范的现状与问题

轻声、儿化是词音不是字音。也就是说，轻声、儿化在语音上可以看作是词的边界，在词义上通过引申或转喻而产生了新的意义，是汉语这一缺乏形态的语言中最具有形态特点的现象，具有重要的语言学意义。轻声如："地道真正的；纯粹：她的普通话说得真～(不是"地道地下通道")""下水用来食用的牲畜的内脏(不是"下水下到水里")"；儿化如"白面儿作为毒品的海洛因(不是"白面小麦面粉")""扳不倒儿不倒翁(不是"扳不倒无法扳倒")"等。字音和词音的区别在于：

异读词	轻声、儿化
文白异读等语体色彩造成的音变	语义音变、语法音变
音类演变（phonological change）	共时变异（phonetic variation）
一字一音	一字一音、两字一音

由此可见，普通话的轻声、儿化有 3 个特点：

（1）超出了字音音类系统的演变，属于共时变异；

（2）是词音不是字音，与语义、语法功能关系密切；

（3）多属于口语（或方言）。

关于普通话的轻声、儿化要不要规范，一直以来主要有 3 种意见：

（1）轻声、儿化可以完全不要，更谈不上是否需要规范。有没有轻声、儿化，并不影响其交际的功能，而且从方言学的研究规范来说，轻声、儿化的读音不能放在单字音系即同音字汇里，那样无法看清其语音来源及其演变规律。

（2）轻声、儿化可以要，但不必规范。因为口语的东西没法儿规范。

（3）轻声、儿化要，还得规范。从语音来看，轻声、儿化虽然超音段，属于韵律范畴，但也是普通话语音的组成成分，不要就不像标准的普通话。问题是怎样规范。因为从词义来看，第一，轻声、儿化的系统性不强。比如："-匠"，在"木～、瓦～、铁～、铜～、锡～"里读轻声，但在"篾～、银～"里不读轻声；"-饼"，在"烙～、烧～、月～、煎～"里读轻声，在"炒～、春～、馅儿～"里不读轻声，在"油饼儿"里不读轻声但是儿化。第二，某个词是否轻声、儿化，总是处在变动之中。比如"西瓜、南瓜、冬瓜、丝瓜、黄瓜"等北方原本有的名物，老派（50 岁以上）以前多说成轻声，现在和新派（50 岁以下）一样，轻声不轻声两可。因此，需要确定哪些条目属必读轻声、儿化，有着怎样的语言学依据，规律性是什么。

因此，需要通过基础性的调查研究，为《普通话轻声常用词表》和《普通话儿化常用词表》的研制提出推荐读音和学术建议。

二、普通话语音规范化学术蓝本的研制：《普通话轻声常用词表》《普通话儿化常用词表》

1. 研制基本路线

怎样研制普通话轻声、儿化词表，怎样确定地名生僻字的读音，需要做 4 个方面的工作：①建立大数据库；②区分轻声、儿化词的方言或口语属性；

③充分考虑轻声、儿化词在义类上的系统性，在功能和语法特征上尽可能找出语言学的依据和规律性；④做足量的社会语言学调查和方言田野调查。

（1）建立2个大数据库

普通话轻声数据库，普通话儿化数据库。

主要根据《现代汉语词典》（第6版）和《现代汉语常用词表（草案）》（2008），参考《普通话轻声词汇编》（1963）、《北京话儿化词典》（贾采珠1990）等文献，建立数据库。其中普通话轻声数据库有3426条，普通话儿化数据库有2383条。

（2）区分普通话轻声、儿化词的语言属性，避免系统混杂；考虑条目义类上的系统性

以《现代汉语词典》（第6版）为例。该词典中，必读轻声的条目有886条。其中，无标记的443条，标“〈口〉”的246条，标“〈方〉”的197条。例如：

【爱人】①指丈夫或妻子。②指恋爱中男女的一方。

【把式】①〈口〉武术：练～的。②〈口〉会武术的人；专精某种技术的人：车～｜论庄稼活儿，他可真是个好～。③〈方〉技术：他们学会了田间劳动的全套～。

大数据库将按轻声、儿化词的语言属性进行分类，并充分考虑轻声、儿化条目的义类系统性，注重有区别意义的条目，尽可能找出一些可以类推的条件或规律来。

（3）设计《普通话轻声调查词表》《普通话儿化调查词表》

通过初步调查形成两份调查词表。初步调查的对象分别是南北几所高校的师生，南方选在福建师范大学、宁德师范学院和百色学院，北方选在山西大学和太原师范学院，去掉完全不知其义的条目，调查了近2400多条儿化条目，去掉一些没有儿化词的其他方言区的人不懂的条目，比如：豆瓣儿碎豆子、屈戌儿铜制或铁制的带两个脚的小环儿，钉在门窗边上或箱、柜正面，用来挂上钌铞儿或锁，或者成对地钉在抽屉正面或箱子侧面，用来固定U字形的环儿、咂儿乳房……，汇总成调查词表。具体包括：

①《普通话轻声调查词表》收录两字组轻声条目1405条。分成3个表：

表1是词缀或类词缀条目表（含词缀116个、条目684条）。不包括后缀“子”“么”“着”“得”等成分。

表2是轻声词表。按词类再细分成3个表：A.轻声名词条目表（含292条）；B.轻声动词条目表（含127条）；C.轻声形容词条目表（含106条）。

表 3 是重叠、联绵、分音、前缀轻声条目表（含 196 条）。

②《普通话儿化调查词表》收儿化条目 793 条。分成核心条目表（含 106 条）和扩展条目表（含 687 条）。包括：

第一，只能说成儿化的条目。比如：刃儿、馅儿、味儿、妞儿、玩儿等。

第二，儿化和不儿化都可以说，儿化表小指爱或者指形状或功能像原有名物的儿化词。儿化词根（可以单说的）不加标注，儿化词根语素（不能单说的）在条目前加标注。

（4）足量调查

①社会语言学调查。

调查区域：集中在北方的官话方言和晋语区展开调查。具体有黑龙江、辽宁、河北、河南、陕西、山东和山西七省。

调查对象：选取新派、文化程度较高的人群，避免老派的口语化或方言程度高的条目。

调查人数：约 1500 人。

调查方式：在“九州语言学网”上开辟专栏，设计出应用工具“普通话轻声词调查”和“普通话儿化词调查”，在手机 APP 上逐条调查。

②汉语方言田野调查。确定地名生僻字的读音，需要实地调查。根据地名所在地的方言音系及其演变规律和结构特点，查阅当地方言志和韵书等文献，确定地名用字的读音。

2. 审音依据

《普通话轻声常用词表》和《普通话儿化常用词表》的审音依据，与现有的审音规范相衔接，与《普通话异读词审音表》保持一致。即：

①以北京语音系统为审音依据。

②充分考虑北京语音发展趋势，同时适当参考在官话及其他方言区中的通行程度。

③以往审音确定的为普通话使用者所广泛接受的读音，保持稳定。

3. 研究内容及主要结论

（1）《普通话轻声常用词表》

① 选条根据

选条要有语言学根据，即充分考虑普通话轻声的 3 个特点：

第一，轻声超出了音类的演变系统，属于共时变异。需要说明的是：轻声需区分调类演变与调类的轻声这两种不同性质的音变。例如："石榴、玫瑰、柴火、哥儿们儿、知识"，后字读一个短的高降调，有人称为"轻声去声化"，但调值和去声不同，来源也不全是去声，因此不能放在去声里说，而是应该当作轻声说。

第二，是词音不是字音。两字组的轻声都在后字位置，也就是词的界限，与语义、语法功能关系密切。简单说，多是虚化了的成分，只是虚化的程度不同。

从语义来看，充分考虑义类的系统性。比如身体部位、亲属称谓（及行业称谓）多轻声。身体部位比如：头发、眉毛、眼睛、耳朵、胳膊、屁股。亲属称谓比如：爷爷、奶奶、姥姥、姥爷；爸爸、妈妈、大爷（"大妈"不轻声）、叔叔、婶婶、舅舅（"舅妈"不轻声）、姑姑、姑父、姨姨、姨夫；哥哥、嫂嫂、姐姐、姐夫、弟弟、妹妹、妹夫；儿子、媳妇、闺女（姑娘）、女婿、外甥；妯娌、连襟……

条目是否轻声能区别意义。比如：地道真正的；纯粹：她的普通话说得真～（不是"地道地下通道"）、大方自然；不拘束（不是"大方地名，在贵州"）。

从语法来看，构词法比如联绵词、重叠、分音词、词缀（含类词缀）基本上都是轻声，因此可以语法结构来选条。比如，形容词是否轻声，可以根据其虚化程度来选取虚化程度高的条目。大体上看，虚化程度高大多可以重叠成AABB式，且重叠后BB读高平调55（同阴平调），或者可以组成A里AB式。例如：

a. 两字组和重叠式AABB都可以说，也都是轻声。例如：

漂亮——漂漂亮亮　　舒服——舒舒服服

明白——明明白白（儿）　　利索——利利索索

干净——干干净净（儿）　　大方——大大方方（儿）

宽敞——宽宽敞敞（儿）　　抠搜——抠抠搜搜

b. 两字组可以说，重叠式AABB不能说。例如：

悖晦——*悖悖晦晦　　标致——*标标致致

憋闷——*憋憋闷闷　　粗鲁——*粗粗鲁鲁

荒唐——*荒荒唐唐　　固执——*固固执执

矫情——*矫矫情情　　了得——*了了得得

c. 两字组不可以说，重叠式AABB可以说，但有的不读轻声。例如：

颤颤巍巍——*颤巍　　密密丛丛——*密丛

大大落落——＊大落　　　　　　密密麻麻——＊密麻

骂骂咧咧——＊骂咧　　　　　　堂堂正正——＊堂正

d. 两字组和重叠 AABB 式都能说，但都不读轻声。例如：

周正——周周正正　　　　　　自然——自自然然

浩荡——浩浩荡荡

上述 4 种情形，a 作为优先入选条目，b、c 和 d 则不选。

第三，具有口语属性。指称的名称多是北京人生活里原有的。比如：

－匠	木匠、铁匠、铜匠、皮匠、漆匠、瓦匠……	篾匠、锡匠
－瓜	冬瓜、西瓜、南瓜、北瓜、倭瓜、丝瓜、黄瓜……	苦瓜、木瓜
－家	东家、娘家、婆家、亲家、人家、冤家、行家	老家（≠老家儿）

这类词都是偏正结构，中心语素都在后字。但这些词成为一类之后，区别意思主要是靠前字，后字则虚化成类似于后缀的成分，读成了轻声。

再如上文形容词 d，“自然——自自然然、浩荡——浩浩荡荡、周正——周周正正”，两字组成立而且都可以重叠成 AABB 式，但都不轻声。这和其口语性不强有关。因此，条目是否是北京话口语词是个比较重要的参数。

② 词表说明

普通话轻声，从构词来看，多是虚语素，包括后缀和类后缀。名词后缀如“－子桌子、椅子、凳子”“－头像头一样的东西：斧～、榔～、镐～、橛～、拳～、骨～、指～”；动词后缀如“－拉扒～、划～、拨～、耷～”“－搭甩～、扭～、跩～”；补语成分如“的、地、得、着、了”等。

还包括联绵词、分音词和叠字两字组之类。比如“葡萄、玻璃、褡裢、嘟噜、哆嗦、蛤蟆、碌碡、疙瘩；窟窿孔、旮旯角、轱辘、骨拢滚、姑绒拱、圪蚤跳蚤；爷爷、奶奶、爸爸、妈妈、哥哥、嫂嫂、姐姐、妹妹、弟弟”等。

本词表的选条，先把普通话轻声条目数据库里的 3426 条整理成调查词表，再根据被调查者认为必读轻声的百分比从高到低选取。

分 3 个表，共计 869 条。包括：

表 1 是轻声词表。含表 1–1 名词轻声（122 条）、表 1–2 动词轻声（52 条）和表 1–3 形容词轻声（62 条），共计 236 条。

表 2 是轻声词缀或类词缀条目表，计 486 条。

表 3 是重叠或联绵词表，计 147 条。

第一，语素即词缀或类词缀单列成表 2。比如“－头、－人、－家”等。

第二，不包括常见的只读轻声的词缀“子”“么”“着”“得”等。

第三，各词表排列顺序。大致按词类排列，再按义类排列。也就是说，先列名词，再列动词和形容词。名词里，身体器官类放在一起，饮食类放在一起。有些条目跨类。

第四，有些条目加释义或例句。

③《普通话轻声常用词表》样表

编号	词目
QS0001	太阳
QS0002	月亮
QS0003	云彩
QS0004	时辰
QS0005	簸箕
QS0006	斗箕
QS0007	扁担
QS0008	庄稼
QS0009	粮食
QS0010	高粱
QS0011	棉花
QS0012	芝麻
QS0013	香椿
QS0014	甘蔗
QS0015	畜生
QS0016	苍蝇
QS0017	跳蚤
QS0018	地方
QS0019	位置
QS0020	窝棚

编号	词目
QS0021	东西
QS0022	家伙
QS0023	家什
QS0024	栅栏
QS0025	窗户
QS0026	抽屉
QS0027	行李
QS0028	枕头
QS0029	烟囱
QS0030	钥匙
QS0031	灯笼
QS0032	风筝
QS0033	棒槌
QS0034	包袱
QS0035	烟火
QS0036	皇上
QS0037	太监
QS0038	都督
QS0039	上司
QS0040	书记

编号	词目
QS0041	和尚
QS0042	阎王
QS0043	妖精
QS0044	祸害
QS0045	特务
QS0046	伙计
QS0047	师傅
QS0048	丫鬟
QS0049	朋友
QS0050	裁缝
QS0051	相公
QS0052	寡妇
QS0053	亲戚
QS0054	祖宗
QS0055	老婆
QS0056	弟兄
QS0057	妯娌
QS0058	连襟
QS0059	丈母
QS0060	姑娘

续表

编号	词目	编号	词目	编号	词目
QS0061	女婿	QS0075	脊梁	QS0089	火烧
QS0062	媳妇	QS0076	屁股	QS0090	杂碎
QS0063	外甥	QS0077	毛病	QS0091	豆腐
QS0064	脑袋	QS0078	寒战	QS0092	年纪
QS0065	头发	QS0079	痢疾	QS0093	招呼
QS0066	眼睛	QS0080	衣裳	QS0094	嫁妆
QS0067	眉毛	QS0081	衣服	QS0095	棺材
QS0068	鼻涕	QS0082	首饰	QS0096	官司
QS0069	唾沫	QS0083	戒指	QS0097	衙门
QS0070	耳朵	QS0084	胭脂	QS0098	合同
QS0071	喉咙	QS0085	糨糊	QS0099	告示
QS0072	胳膊	QS0086	铃铛	QS0100	招牌
QS0073	指甲	QS0087	点心	QS0101	生意
QS0074	巴掌	QS0088	干粮		

（2）《普通话儿化常用词表》

① 选条根据

语言学根据。即充分考虑普通话儿化词的 3 个特点：

第一，儿化超出了音类的演变系统，属于共时变异。儿化指“儿”缀附着在前一音节，声调取前字调。

第二，是词音不是字音。两字组的儿化多在后字位置，也就是词的界限，与语义、语法功能关系密切。儿化的功能主要有 3 点：

a. 名词化手段。儿化词多是名词。有些是名词儿化来的，有些是非名词儿化后变成了名词。比如：

V+ 儿	活儿	冻儿	转儿	响儿	盖儿	滚儿	跑儿	救儿
A+ 儿	好儿	乐儿	鲜儿	黄儿	白儿	错儿	亮儿	准儿

b. 语义上表小指爱，也就是小称表达式。多见于名词语素构成的儿化词，有些只有小称形式，有些可以和非小称对比。

只有小称式的所指本来就是细小的名物。比如：刀儿、馅儿、味儿等。

有相应的类称，儿化后表小。对比如下：

桌子	刀子	球	绳子	盆子	盘子	车子	洞	坑
桌儿	刀儿	球儿	绳儿	盆儿	盘儿	车儿	洞儿	坑儿

c. 形状或功能像原有名物一样。其变化途径大体是：类称——小称——引申出来的用法。比如：

门	勺子	嘴	鼻子	眼	脸	皮	饼	宾馆
小门儿	小勺儿	小嘴儿	齉鼻儿	小眼儿	小脸儿	皮儿	小饼儿	
脑门儿	脑勺儿	壶嘴儿	门鼻儿	心眼儿	门脸儿	信皮儿	油饼儿	饭馆儿

第三，北京话口语属性。常用的儿化词多是当地原本就有的名物。

② 词表说明

词表是从普通话儿化条目数据库 2383 条里，根据调查百分比从高到低选出来的。含核心条目 266 条、扩展条目 732 条，共计 998 条。包括：

第一，只能说儿化的词。比如：刃儿、馅儿、味儿、妞儿、玩儿等，在条目的右上角标注 *。

第二，儿化和不儿化都可以说，但儿化表小指爱或者指形状或功能像原有名物的儿化词。儿化词根（可以单说的）不加标注，儿化词根语素（不能单说的）在条目前加短横杠 -。

第三，不包括由“日、里”等变来的儿化词。比如：“前儿、昨儿、今儿、明儿、后儿”里的“儿”是“日”变来的；“这儿、那儿、哪儿”中的“儿”是“里”变来的。

第四，条目大致按词类排列，再按义类排列。也就是说，先列名词儿化，再列动词儿化、形容词儿化和量词儿化。名词儿化里，身体器官类放在一起，饮食类放在一起。有些条目跨类。

第五，个别条目加释义或例句。

③《普通话儿化常用词表》样表

序号	核心条目	序号	扩展词条
EHH001	－人儿	EHK001	泪人儿（哭得跟个～似的。）
		EHK002	面人儿
		EHK003	泥人儿
		EHK004	糖人儿
		EHK005	木头人儿
		EHK006	小人儿（这么个～，扮什么像什么，真聪明。）
EHH002	－爷儿	EHK007	爷儿们
		EHK008	爷儿俩
EHH003	－娘儿	EHK009	娘儿俩
		EHK010	娘儿们
EHH004	－哥儿	EHK011	哥儿们
		EHK012	哥儿俩
		EHK013	公子哥儿
		EHK014	八哥儿
EHH005	－姐儿	EHK015	姐儿们
		EHK016	姐儿俩
		EHK017	窑姐儿
EHH006	媳妇儿（妻）	EHK018	新媳妇儿
		EHK019	儿媳妇儿
EHH007	－孩儿	EHK020	小孩儿
		EHK021	毛孩儿
EHH008	－女儿	EHK022	孙女儿
		EHK023	侄女儿
		EHK024	外甥女儿
EHH009	妞儿	EHK025	小妞儿

续表

序号	核心条目	序号	扩展词条
EHH010	子儿	EHK026	鸡子儿（鸡蛋）
		EHK027	鸭子儿（鸭蛋）
		EHK028	枪子儿
		EHK029	石子儿
		EHK030	石头子儿
		EHK031	铜子儿
		EHK032	镚子儿（极少量的钱：～不值｜一个～也不给。）
		EHK033	瓜子儿、瓜子儿脸
EHH011	－们儿	EHK034	老娘们儿
		EHK035	老爷们儿
		EHK036	爷们儿
		EHK037	哥们儿
		EHK038	姐们儿
EHH012	－伙儿	EHK039	打伙儿（结伴；合伙）
		EHK040	大伙儿
		EHK041	大家伙儿（同“大伙儿”：～要是没意见，就这么定了。）
		EHK042	小伙儿

第三节　地名生僻字的读音规范问题

地名用字的读音是汉语方言语音研究中的难点之一。地名用字有的属于读音存古，有的属于自造方言俗字，出现了不符合方言语音演变规律的例外读音，或者不符合典籍所载、形同音异的现象。弄清楚地名用字的读音，需要在实地调查的基础上，归纳出地名所在地方言的语音系统、演变规律和例外，并根据典籍如地方志、韵书等文献记载，厘清地名用字的字形和读音参差的原因，给出符合实际的读音。

为研究地名用字，我们建立了地名生僻字数据库。《中华人民共和国地理信息数据库》中，有150多个地名用字有着较高的生僻率。这些用字在《现代汉语词典》（第6版，以下简称《现汉》6版）和《新华字典》（第11版，以下简称《新华》11版）中有的未收，有的收了但注音不正确。本研究计划根据地名用字的生僻率和在普通语料中的出现频率，选出11个地名用字，通过方言实地调查，给出符合实际的读音。

一、塸 qū

《现汉》6版、《新华》11版未收。

陈塸是个镇，在山西省高平市。当地说陈［꜀tɕʰi］，折合成普通话读 qū（高平话没有 y 韵母），和“区”同音。

“塸”《广韵》乌后切。《集韵》於口切，音殴。沙堆。一曰墓也。《集韵》乌侯切，音欧。聚沙曰塸。

《高平县志》（高平县志编委会，中国地图出版社1993）：陈塸镇。《高平县地名志》（内部资料，山西省高平县地名办公室1998）：陈塸（陈是陈旧、古远的意思；塸，本读 ōu，指墓），当地土音读 qū。

当地一直叫“陈区”。本字就是“区”，因为是地名，人为加土字旁后与“塸”同形。据《高平县地名志》的编者毕先生（现供职于高平市民政局）说：“陈塸”，在高平一直说陈 qū，说陈 ōu 没人知道。“塸”读 ōu 是查了《康熙字典》改的，意思也是照字典改的。

建议：用字去掉土字旁，取“区 qū”。

二、硔 gǒng

《现汉》6版：硔池（在山西）。

“硔池”在山西省高平市陵川县礼义镇，有大硔池、小硔池。当地说［꜂kuŋ］池，折合成普通话读 gǒng，和“拱”同音。

“硔”《广韵》《集韵》未收。

《陵川县志》（库增银修，杨谦纂，民国二十二年）：大小硔池。《陵川县志》（陵川县志编纂委员会，中华书局2009）：在礼义东8公里，分大硔池、小硔池两个自然村。相传古时在此打泊池掘出铁矿，故名硔池。《山西省陵川县地名录》（内部资料，陵川县地名委员会办公室1985）：硔池大队（gǒng chí dà duì）。在礼义东8公里处。包括两个自然村：大硔池，小硔池。大队驻大硔池。

推荐读音：硔 gǒng。

三、堨 yān

《现汉》6 版 yān：用于地名：梁家堨（在山西省灵石）。另 yàn：同“堰”。

梁家堨属于山西省灵石市。“堨”用于地名用字还见于陕西绥德定仙堨镇、子洲冯家堨等。灵石读 ꜀ie，折合成普通话读 yān，和“焉、烟”同音。

《广韵》《集韵》未收。《字汇补》与堰同。即普通话读 yàn。音义皆不合。

《灵石县志》（李凯鹏修，民国二十三年）：梁家堨。《灵石县志》（灵石县志编纂委员会，中国社会出版社 1992）：梁家焉乡。还见“良子堨、何家堨、角角堨”等。

推荐读音：堨 yān。

四、坥 qū

《现汉》6 版:〈书〉混杂蚯蚓排泄物的土。与地名用字无关。

“东坥坡”属于河北张家口市阳原县要家庄乡、“西坥坡”属于阳原县东井集镇。当地还写作“趄”，也写作“咀”。当地字音［tɕʰieᵓ］，折合成普通话读 qiè，与“趄、怯、笡”同音。

坥,《广韵》七余切，又七预切。《集韵》千余切，音疽。《说文》益州部谓蚓场曰坥。折合成普通话读 qū，音义皆不合。

本字当为“斜”，俗写作“笡”。《广韵》迁谢切。斜逆也。河北西南部一些市县方言管斜坡叫“笡坡儿”。

《阳原县志》（刘志鸿等修，李泰棻纂，民国二十四年）：东坥坡。《阳原县志》（阳原县地方志编纂委员会，中国大百科全书出版社 1997）：西趄坡位于东井集镇驻地东南偏北 3.8 公里处。原名西斜坡，明洪武中建。据《康熙字典》丑集中土部 8 页：坥,《广韵》七余切;《集韵》千余切，音觑。《说文》，益州部谓蚓场曰坥。坥字，今《新华字典》不收。其音义均与原名不合，故处理为“趄”。

推荐读音:“坥”增加读音 qiè。

五、沕 hū

《现汉》6 版未收。

“沕沕水”属于河北省石家庄市平山县北冶乡。当地一说［꜀xu］，一说［xuᵓ］。折合成普通话一说读 hū，与“呼”同音；另一说读 hù，与“户”同音。

《广韵》《集韵》文拂切，音物。沕穆，深微貌。又《广韵》美笔切，音密。潜藏也。又《集韵》莫佩切，音妹。折合成普通话当读 mì，音义皆不合。

《平山县志》(平山县地方志编纂委员会 1996)：沕沕水，因有沕水瀑布而名。

当地人认为“沕沕”是模拟水流声和描摹水涌流的状貌的。本字与“忽”同音，加氵表示和水有关。即因为方言俗字与典籍所载形同音异造成的脱节。

推荐读音：沕 hū，沕沕水。

六、杲 gǎo

《现汉》6 版：〈书〉明亮。姓。

“向杲”是一个村，属于安徽省歙县郑村镇。当地读［xɤ˞］，折合成普通话读 hào，和“号”同音。

杲，《广韵》古老切：日出；又明白也。《集韵》下老切。《现汉》6 版音 gǎo，符合《广韵》的反切。根据向杲方言语音古今演变规律，向杲的“杲”与《广韵》反切不合，与《集韵》下老切相合。

推荐读音：向杲的“杲”读 hào。

七、浿 bèi

《现汉》6 版：用于地名：虎浿(在福建)。

虎浿属于福建省宁德市。当地音 $hu^{41\text{-}21}$ (p) $βuoi^{35}$，当地人说普通话时读 bèi。

浿，《广韵》反切有二：水在乐浪，普盖切；水名，在乐浪，普拜切。《集韵》四个反切：水名，出乐浪，博盖切；说文，水出乐浪，镂方东入海，一曰出浿水县，怖拜切；水出乐浪，普盖切；水名，在乐浪，簿迈切。浿当地音［$puoi^{35}$］，符合博盖切，折合为普通话读 bèi，当地认为“虎浿”就是“虎背”。

《广韵》和《集韵》的“浿”为水名专用字，而宁德方言里专指小河渠。生于明嘉靖初年的宁德县城关人陈瑄著有《宁德县志》和《东湖议》，内有书证：

川，曰溪、曰浿、曰洲、曰潭、曰井、曰泉、曰漈、曰池、曰陂、曰湖，皆川属也，故各以类叙而统之以川。(《宁德县志·舆地志》)

林普，字士周，观孙，生平重义轻财。成化壬寅，乡人筑龙潭尾浿，水道经由普园，舍地百余丈，并捐资充费。乡人德之，为立颂德祠。(《宁德县志·人物志》)

徒将化龙去，不克事师矣。徒当为寺开辟田浿，至时慎勿击钟鼓。(《宁德县志·拾遗志》)

灌田以水，通水以浿。(《东湖议》)

又于坝身分出支流，盖田地既阔，若无横浿分流，则水不能普遍。(《东湖议》)

万历年间初版、乾隆年间再版的《宁德县志・建置志》:"二十四都……统村七，曰虎浿、坑东、溪东、蓝口、九溪底、中村、陀罗延窟。"《宁德县志·舆地志》:"虎浿，在二十四都。四面高山，山水汇蓄成浿，条分左右，乡田资灌溉焉。"

关于虎浿地名的含义，民间有两种说法：一曰乡中有山形似虎，虎浿即虎背；一曰乡中有山形似虎，山前有小河（方言称"浿"）流过。这两种说法当地居民都可以接受。我们认为第二种说法较为可靠。

近年来，由于电脑录入不便，"虎浿"有时也写为同音的"虎贝"。但正式场合仍写为"虎浿"。乡民们更习惯"虎浿"的写法，写为"虎贝"是受电脑字库限制，不得已而为之。

推荐读音：浿 bèi。

八、垵 ān

《现汉》6版：用于地名：曾厝垵（在福建）。

曾厝垵是一个渔村，属于福建省厦门市。当地说［tsan^{22} ts^{h}u^{53} uã^{44}］，当地人说普通话时读 zēng cuò ān。

《广韵》和《集韵》未收。《汉语大字典》垵音 ǎn，释义之①是"地名用字"，引福建地名；释义之②是"同'埯'"。"埯"《广韵》敢韵："坑，今之窊埯是。乌敢切。"又俨韵："土覆。於广切。"《集韵》感韵："阬也。邬感切。"又琰韵："土覆谓之埯。衣检切。"音义都与厦门方言的垵［uã^{44}］不合。

"垵"音［uã^{44}］，是厦门常用地名用字。民国十八年的《同安县志》有"垵炉"和"前垵"。现在厦门海沧有新垵，集美和翔安都有后垵村，翔安有前垵村，同安五显镇有垵炉、前垵顶和许垵等。

厦门方言的山垵［suã^{22} uã^{44}］指山坳，本字应为"鞍"。用于地名写作俗字"垵"。

推荐读音：垵 ān。

九、陑 ěr

《现汉》6版：古山名，在今山西永济南。与地名用字无关。

雷陑属于福建省宁化县。当地音［$lai^{24}i^{24}$］，当地人说普通话时读 léiyí。

陑，《广韵》同“陑犬”“陑而”。地名。又夔险也。如之切。《集韵》人之切。与“而”同音。“而”在雷陑客家话中老派发［$ŋi^{24}$］，新派发［i^{24}］。而该地名发音代代口耳相传，应为老派音，所以雷陑［$lai^{24}i^{24}$］的［i^{24}］音，不太可能来源于日母之韵，而应该来自中古以母。

陕yí，《广韵》：“陒陕，险阻。以脂切。”《集韵》：“《博雅》：陒陕，险也。延知切。”以母脂韵平声，与［i^{24}］音合。

宁化全境有 96% 的面积是低山、丘陵和盆地，雷陑村就在山间盆地中。笔者认为［i^{24}］即陕，音义皆合。［$lai^{24}i^{24}$］，应为雷陕。

雷陑，在崇祯年间初版、康熙年间再版的《宁化县志》，及其民国十五年的重修版中，均写为雷陕。邱伍权回忆，小时候曾见过“雷隅”的写法，而在 1971 他上任村支书时，已采用雷陑的写法。现在很少人能想起“雷隅”，知道雷陕的就更少了。

雷陑这一地名在历史发展过程中，用字与发音脱节。用字经历了陕→隅→陑的过程，而读音一直保持［i^{24}］。

推荐读音：陑 yí。

十、舥 pā

《现汉》6 版：古书上说的一种船。

舥艚属浙江省温州市苍南县。当地方言音［$bo^{213}ʥau^{213}$］，折合成普通话读 pácáo。

舥，《广韵》：“舥，脚船也。普巴切。”《集韵》：“浮梁谓之舥。披巴切。”滂母麻韵平声开口二等字，与［$bo^{213}ʥau^{213}$］的［bo^{213}］读音不合。［bo^{213}］音应来自古並母，其实就是“琶”，后来地名用字不断发生变化而语音代代传承，字音与字形脱节了。

舥艚，宋《元丰九城考》写为“琶槽”，因与琵琶山隔海相望，又筑有长形水槽注水入海而得名。后因开发为渔港，停船无数，改写为“琶艚”。明《弘治温州府志》多有记录，如：

《卷二·官制》：“平阳县……仙口、琶艚、江口、三魁、龟峰、雅阳六巡检司巡检各一名……”

《卷二·公署》：“平阳县治琶艚巡检司在二十二都。”

《卷六·邑里》:“平阳县二十一都郑楼、斜溪、盐亭、琶艚、东魁、河头。十一图。”

《卷七·差役》:“平阳县巡司弓兵仙口、江口、琶艚、龟峰、雅阳、三魁六司各一百名。”

后又改写为“舥艚”，沿用至今。在舥艚镇浃底村老人活动中心走访时，老人们(调查时在62到83岁)回忆，记事时就用“舥艚”的写法，用普通话指称时，说的是pácáo。

近年来，因电脑输入不便，民间多简写为“巴曹”，但官方正式文件都用“舥艚”。在舥艚镇和苍南政府所在地灵溪、苍南最发达的龙港镇看到，大街小巷的招牌、广告以及三轮车和中小巴士车身上的地名、小型地产公司的公章，绝大部分都写为“巴曹”。只有镇政府和派出所门口的招牌，以及政府用的公章，才写为“舥艚”。老人们对简写的“巴曹”比较抵触，但年轻人觉得都可以，方便就行。相应地，普通话bācáo的说法也流行起来。

推荐读音：舥pá。

十一、艚 cáo

《现汉》6版：一种木船。

解释如上。

推荐读音：艚cáo。

第四章　新时期词汇、语法、语用规范化问题

当代汉语社会处在前所未有的信息化、多元化、全球化的时代，语言交际的动态性展示得更加鲜明，层次性表现得更加丰富。同时受后结构主义等反权威思潮的影响，人的思想观念产生了很大的变化，传统的语言规范观受到冲击。词汇、语法、语用规范都面临着共同的问题，即几十年来基于传统交际方式、传播方式而逐步确定起来的规范标准不能完全适用当下的语言生活实际，新的语言生活对词汇、语法、语用的规范提出了全新的要求，急需新的规范出台，以促进语言生活更加和谐的发展。

本章主要内容包括：第一，结合当下社会语言使用的实际情况，以原则性和灵活性相结合的态度研究新时期新形势下词汇、语法、语用规范理念，建立基于理性、不失习性、兼具包容性的科学规范观，使词汇、语法、语用规范体现出现代意识。第二，调查梳理词汇、语法、语用的新现象，对有异议的新的词汇、语法、语用现象进行学理层面和形成原因的具体分析，对获得的语料数据进行爬梳剔抉，归纳整理。第三，调查分析新时期汉语词汇发展的突出现象，例如，字母词的使用、新媒体语言在现实交际中的特殊作用以及海外华人社区词的渗透影响等。第四，调查分析各级各类教育教学中的语法教学（尤其是淡化语法问题）现状及语法规范问题、新的语法现象。第五，调查分析语言使用中的文风（主要是套话）问题，探讨遏制不良文风蔓延的方式方法。第六，有关词汇、语法、语用规范的理论研究，包括某些现象的定量定性分析、形成原因、规范理念、原则和策略等。

第一节　新时期词汇规范化问题

一、词汇规范化研究概况

中华人民共和国成立以来，汉语词汇规范化的研究和实践大体围绕以下几

个方面进行。

1. 异形词的规范

从语言内部构成来看，异形词的出现与文字的使用、构词的方法以及语用表达等有关，异形词的出现会使语言在使用过程中产生一些混乱现象，因此，应当采取适当的方式对异形词进行整理和规范。不过，“异形词整理与规范的工作之所以步履艰难，甚至时时处于‘剪不断，理还乱’的两难境地，究其原因，在于人们认识上的‘误区’以及由此造成的理论与方法的局限性”。（苏宝荣 2002）

关于异形词规范问题的讨论始于殷焕先的《谈词语书面形式规范的性质》（1962），文章从性质、分歧现象的类型以及整理的原则等角度对词语书面形式规范问题进行了讨论。此后，高更生发表了《谈异体词整理》（1966），“异体词”这一术语被正式提出。傅永和在《关于异形词的规范问题》（1985）中认为，异形词规范与异体字整理既有相似的部分，也有不同的地方，还有相当一部分是文字规范化的内容，异形词的规范要从词语的意义、读音以及书面形式三个角度来考虑。陈亚川在《异形词的规范可与多音字的精简相结合》（1986）中指出，异形词的规范与多音字的精简有着密不可分的关系，因此，异形词规范与多音字精简两项工作需要结合在一起研究。田雨泽在《关于现代汉语异形词规范化问题的思考》（1992）中列出了九种异形词的来源，不仅能帮助使用者更容易辨别出异形词，而且大体满足了异形词规范化、标准化的工作需要。孟庆章在《异形词规范的范围》（1993）中指出，异形词规范的范围包括两个方面，一方面要明确何为异形词，另一方面是确定哪些需要规范，哪些不需要规范。孙光贵、钱宗武、汤淑琴和宋元的《异形词的定义及词形规范的范围和原则》（1994）从异形词的定义及词形两方面探讨了规范的范围和原则。黎新第的《多音字统读与异形词规范》（1995）认为，要对与《普通话异读词审音表》统读有关的异形词进行规范。徐昌火的《异形词规范的操作原则》（1997）阐述了在一组异形词的几种书写形式中，选择一个词形作为标准词形应该遵循哪些原则。刘永文的《“异形词”规范在少数民族汉语教学中的意义》（1999）阐释了什么是异形词以及异形词的产生原因，并从多种角度分析了异形词规范的意义。李行健在《规范异形词，刻不容缓》（2000）中指出，异形词在语文中出现的不规范因素并没有引起大家足够的重视，但是这个问题值得语文老师和语文工作者重视。苏新春的《再论异形词规范的俗成性原则——谈异形词规范中的三个问题》（2002）认为，俗成性是异形词整理与规范的最重要原则，并围绕三个问题对异形词规范进行了阐述。苏宝荣的《关于异形词整理和规范的理论思考》（2002）认为，异形词是一种多元且复杂的语言现象，理论和方法上的局限性使异形词整理与规范工作存在较大困难，应通过认知语言学范畴化的原型理论来分析异形词问题，并提出关于异形词整理与规范基本原则。李行健的《异形词研究和异形词规范词典编纂——〈现代汉语异形词规范词典〉前言》（2003）认为，异形词对书面语言的使用和规范有着较大影响，异形词研究和异形词规范词典编纂使异形词的规范有了较为科学的原则和方法。余克强的《系统性原则在异形词规范中的应用》（2005）根据异形词群系统的结构规律，讨论分析系统性原则在异形词规范中的应用。刘庆颖的《科技文章中异形词的规范使用》（2006）分析了在科技文章中较为常见的几组异形词的规范使用问题。马永利在《外来异形词的规范》（2008）中谈到外来异形词使现代汉语的表达出现了误读误写的现象，分析外来异形词出现的主要原因，进而阐释了规范外来异形词应采取的原则和措施。余克强的《规范词典对异形词规范的比较研究》（2009）对有争议的词形提出解决方法，从而进一步规范了异形词。马永利和王德艳的《汉语异形词规范原则的理据性与通用性》（2010）指出理据性和通用性在现代汉语异形词规范原则中具有同样重要的地位。黄启庆和尹海良的《语文工具书的一致性与异形词规范——以异形词“执着”和“执著”为例》（2011）对“执着”和“执著”这组异形词的历史渊源和使用情况进行了考察和分析。马永利在《素质教育中汉语异形词的规范研究》（2015）中阐述了汉语异形词规范的使用规则，提出异形词规范的研究要结合理据性原则和通用性原则。饶高琦的《基于计算方法的语言规范效力检测初探——以异形词整理工作为例》（2016）对计算方法的语言规范效力检测作出了可行性论证，并探讨了计算方法的适用性问题。赵翠阳的《异形词社会使用调查与研究——以〈现代汉语词典〉五、六两版整理规范为例》（2017）认为，异形词的处理要坚持通用性、系统性和动态规范等原则，同时要加强对计算机词库的管理。

2. 方言词的规范

普通话中吸收了部分方言词，但是吸收得是否得当，还存在着一些问题。“词汇规范化的对象，除了生造词语、某些新词语、外来词和等义词之外，还应包括有可能被共同语言吸收的或‘侵入’共同语言的方言词。”（刘叔新 1991）

郑奠的《现代汉语词汇规范问题》（1955）提到普通话要从非官话方言中

吸收词语，并且具体分析了在吸收过程中产生的规范化问题。刘凯鸣的《读“笔谈”的一点体会》（1957）谈了自己对文字改革的看法，“如果口头语言里掺杂着许多方言的词，掺杂着大同小异的方言语法，即使语音很准确，也还不是纯粹的普通话。”张文德在《推广普通话不应忽视纠正方言词》（1959）中谈到，推广普通话工作不应忽视词汇和语法的工作，学生不仅会在语音上出现错误，在书面语上也避免不了要写方言词。黄家教在《广东地名词的规范问题》（1980）中指出，有的地名不但有正名，还有别字，容易引起误读，必须经过方言的调查研究，弄清地名词特点并进一步规范。刘叔新的《从词汇规范化看方言词的吸收》（1991）指出，普通话中吸收的方言词是否合适，要依据规范原则来研究分析，判断其在普通话中是否符合规范。李国正在《香港语言的特点与规范》（1998）中指出，香港语言在词汇和语法方面与内地语言具有不同的特点，尤其是词汇方面，粤语词占的比重较大，香港回归以后对语言的规范程度要求提高，因此，对香港语言规范问题研究的需求越来越迫切。冯爱珍的《新词语词典的方言词收录及其规范问题》（2003）从不同方面阐述和研究了新词语词典中的方言词收录问题。盛爱萍在《温州地名中的方位词》（2004）中通过考察温州地名中的方言词，总结了规范地名方言词要遵循必要性原则、准确性原则和从简从俗原则。汪宝荣和潘汉光的《〈离婚〉中绍兴方言词翻译规范探析》（2007）以《离婚》的绍兴方言词作为研究对象来考察译者所采用的翻译规范。

3. 新词语的规范

在语言系统中，与语音和语法相比，词汇的变化发展更快。词汇在发展过程中产生了大量的新词语，这些新词语在满足人们日常需要的同时又在一定程度上给交际带来了不便，因此，树立正确的语言规范观，对新词语进行研究，是很有必要的。“我们之所以要研究‘新词语’而非‘规范的新词语’，目的就是要对新词语做一个追踪研究。从研究语言变化的趋势中，找出变化的原因，利用它们制定相应的规范措施，做到有的放矢，使语文规划能建立在科学客观的基础上。”（齐沪扬、邵洪亮 2008）

王松茂的《现代汉语词汇规范化的问题》（1956）认为，大量产生的新词语不但促进了汉语的发展，而且丰富了汉语词汇，但同时也使语言在使用上产生了混乱的现象，这种混乱的现象不利于政治、经济和文化生活的发展。傅懋勣的《关于少数民族语言中新词术语问题的几点意见》（1962）谈到了关于少数民族语言中新词术语的问题，对于不能准确表意的新词术语，可以从汉语中适当地借入或者从外国语中借用，也可以引入民族语言发展中有生命力的东西，从而正确地制定新词。王均的《民族语文研究工作中的几个迫切问题》（1979）指出，民族语中出现的大量新词术语往往是从汉语中借入或直接照搬某些民族语言，这使得少数民族语言在不同程度上受到了汉语的影响。王铁琨的《新词语的规范与社会、心理》（1988）从社会发展、民族心理和传统文化对词语的影响等方面来探讨新词语规范的原则。王铁琨的《新词新语的规范问题》（1989）试图从稳定和发展、新词新语和生造滥用词语的界限以及语言工作者的作用等方面来探讨新词新语的规范问题。于根元的《新词新语和语言规范》（1995）认为，新词新语的整理和研究推动了规范观的调整，并且指出语言可以而且应该有标准和规定，如果没有标准和规定，就会阻碍交际的进行。姚汉铭的《试论新词语与规范化》（1995）认为，当前汉语涌现出大量的“变异”现象，变异就是对固有规范的冲击。王保东的《新时期新词语及其规范》（2000）根据词汇对语言系统的冲击，论述了新词语产生的主要来源和特点，分析了新词语在应用中应注意的问题。林庭龙的《新词新语的特点及其规范化》（2003）分析了新词新语具有公众性、多元性、表达方式的多样性、时代性以及语义变异性，认为新词语的规范原则应该是动态的，在规范的过程中需要遵循必要性原则、效率性原则和互补性原则。周福雄的《论现代汉语新词语的二重性特征及其规范化》（2005）指出，现代汉语新词语的二重性特征决定了在对待现代汉语新词语及其规范方式上必须秉持二重性的特征。高瑞林和廖玮婧的《新词语的应用与规范问题》（2007）认为，不能用一般词语规范的特点来要求新词语，对待新词语要有宽容且保护的规范意识。齐沪扬和邵洪亮的《新词语可接受度的多角度审视——兼谈新词语的规范问题》（2008）阐述了新词语发展成为规范的新词语应该符合表义需要、意义明确、合乎造词法和普遍使用这四大原则，四个方面共同构成了新词语的语言基础，并且四个因素互相影响、互相作用。方华的《新词语规范问题的研究》（2008）重点讨论了有关新词语规范的问题，以“从应用中来，到应用中去”为指导思想，以“约定俗成，逐步规范”为基本原则来研究新词语的规范，并围绕新词语规范存在的问题进行了探讨。杨绪明的《全球化语境下网络新词语的特点与规范》（2009）认为，网络新词语的大量出现给汉语词汇规范标准带来了巨大冲击，并表现出情境化、随意性、变异性、不稳定性和语码混用等弊端，从而有必要在分析网络新词语特征的基础上对其采取适当的规范态度和规范原则。胡倩的《论对外汉语新词语教学及其规范问题》(2009)从新词语角度对对外汉语教学进行了阐述，并分析了汉语新词语的界定、特点以及对外汉语新词语教学的现状和存在的问题，最后探讨了对外汉语新词语在教学中的规范性问题。李珂的《时尚新词语的变异动因及其规范化》(2010)指出，时尚新词语的变异是一种语言现象，通过引导和规范时尚新词语，可以促进语言文字的创新和发展，并推动语文现代化的进程。杨迎春的《浅析新词语的修辞方式及其规范原则》(2012)认为新词语的产生可以通过辞格来实现，而辞格的运用往往表现为对语言陈习的违背，这不属于常规意义上的规范词语，对此指出，应该有一套判断新词语规范性的标准。王笑楠的《论新词语在媒体中的使用与规范问题》(2013)通过调查问卷的形式来了解民众对新词语的熟知度，并探讨了新词语在媒体中的使用和规范问题。李清月的《浅议汉语新词语的规范问题》(2014)从新词语的界定、产生的原因、类型、规范对象的明确、规范的建议等几个方面来探讨汉语新词语的规范问题。吴慧的《当代汉语新词语的不当取向及规范》(2014)分析归纳了汉语新词语在创造和使用过程中的不当取向。李蓓和葛丽媛的《简析新词语的规范问题——以〈中国语言生活状况报告〉辑录的2012—2014年度新词语为例》(2016)通过具体的语料，对不规范现象进行分析，提出对新词语规范问题的看法。杨霞的《五四时期新词语规范化发展的制约机制》(2017)通过对五四时期汉语发展的状况来探讨新词语衍生、筛选、保留、淘汰和演变等活动，并分析了规范化发展的影响因素和制约机制。

4. 网络词语的规范

“网络语言作为局域语言使用本来无可非议，但问题是网络语言对社会的巨大影响和网络语言的急速膨胀导致了网语向网络社群外语言的急速扩张。”(邹立志 2007)对于网络语言的使用，亟待制定网络语言规范的管理办法，树立正确的规范意识，从而解决语言失范现象。

20世纪90年代，中国进入互联网时代，大量网络词语进入人们的生活，在社会生活中产生了越来越大的影响，网络词语的研究价值也越来越重要。梁睿和陈建栋在《网络语言要规范》(2002)中指出，网络语言给人们带来便利，同时网络词汇的使用也在一定程度上阻碍了交际的进行，因此，语言规范化的问题引起了人们的重视。章宜华的《网络环境下新词的传播与规范——从英、法、汉语新词谈起》(2003)从英、法和汉语新词出发，分析讨论如何运用网络推动新词的传播及其规范化进程。马念和冯广艺的《网络词语的谐音及规范问题》对网络词中“谐音”这种语言现象进行了分类，并从语境、语体观念、制定网络语言规范管理办法和强化规范意识几个方面进行了详细阐述。安志伟的《对网络词语规范化的几点思考》（2005）认为，网络词语的规范化应从网络交际的环境出发，区分不同的语体以及网络不文明和不规范的现象。邹立志的《从语言系统本身看网络语言的规范》（2007）认为，从语言规范系统来看，网络语言常常出现两种词，即异读异体词和异读异体同形词，此外网络语言也常常引发语言系统内部的词语歧义，这些都成为较为严重的规范问题。吴早生的《网络语言的发展与规范》（2008）指出，网络语言在演变和发展过程中会出现一些不健康的因素，只有分析缺失的原因，才能进行有效的疏导。金志茹、薛顶柱、李宝红的《国内外网络语言规范对比研究》（2009）综合国内网络语言的发展现状以及借鉴国外关于网络语言的政策和措施的分析，认为对待网络语言的规范化问题不应该采取立法的形式，而应采取引导和监督的政策。吴希斌的《近十年网络语言规范问题研究综论》（2010）总结了近十年来语言学界对网络语言规范问题的研究成果，并从规范的态度、角度、原则及方法等几个方面着手，对网络语言规范问题的研究进行了整理和阐释。陈春雷的《从失范走向规范——关于网络语言影响及规范策略的思考》（2011）认为，网络语言规范的相关研究多为重复的、局部的，而创新的、系统的研究却不足，规范问题还需更深入的研究，要想规范网络语言，要正确认识其失范的原因，同时要在系统的、积极的、发展的规范观下进行，还要采取行之有效的规范原则和方法。周荣和高岩的《模因论视角下的网络语言规范化探究》（2012）从模因论的角度探讨了网络语言规范化的问题，在研究网络语言模因复制和传播方式的基础上制定了规范化的原则，为网络语言规范标准的制定提供了参考。李云彤的《网络语言的规范性探究》（2013）指出，网络语言的日常化给交际带来一些障碍，因此要规划和调整网络语言，首先要确定网络语言的地位，其次要规划语言本体，再次表意要明确以及要符合社会生活和道德的基本规范，最后要符合语言的经济原则以及要重视对网络语言的指导和规范。纪燕和叶超的《网络语言对大学生语言规范负面影响及其对策》（2014）阐述了网络语言的使用对大学生语言规范产生了负面影响，要积极引导大学生提高规范使用网络语言的能力，培养使用语言的规范观念。陈龙菲的《网络语言规范化研究》（2015）阐述了以语言规范的整体性原则为指导原则来解决网络语言失范现象。麦剑芬的《从影视台词到网络热词：类型、动因及其规范》（2016）分析了影视台词衍生网络语言的规范，研究认为要从源头上使主动规范和约定俗成的被动规范相结合。刘太胜的《规范化现代汉语视野下网络语词的讹变》（2017）认为，网络语词存在讹变的现象，只有加强对网络语言的规范化监管，否定讹变的网络语词，才能使汉语健康发展。

5. 生造词的规范

新词语在日常交际中成为不可或缺的一种表达成分，随着新词语的大量涌现，一些生造词也随之产生，这些为了达到交际目的而出现的生造词往往并不规范，因此，需要制定相应的标准来规范生造词的使用。

颜克的《文风问题漫谈》（1960）谈到了关于生造双音词的问题，这类语言问题对文风也有一定的影响，要从思想和语言方面来解决文风问题。郭良夫在《汉语词汇规范问题》（1981）中指出，语言混乱现象较为严重，尤其在词汇方面，并举例讨论了关于生造词问题。他认为无论从哪个方面来看，这些词语都是违背语言和汉语构词规则的。金锡谟的《不要生造词语》（1985）认为，大部分生造词在意义上往往是不确定的，令人难以理解，这种与规范词在形式上相同、意义不同的词语给语言造成了混乱。侯敏的《关于新词和生造词的判定标准问题》（1988）认为，判定一个新出现的词语是新词还是生造词是语言规范工作中需要解决的一个问题。沈怀兴的《怎样辨识生造词》（1990）指出，生造词是言语交际中一种阻碍交流的语言混乱现象，防止和消灭生造词是语言规范化工作的重要内容之一。杨华的《浅议生造词语的判定和规范问题》（2002）从生造词的判定方法和规范观念入手，探讨了生造词的规范问题。曹保平和曾宪林在《语言文字规范化与“现代汉语”教学》（2003）中提到有关词语规范问题，新词与生造词的界限是什么，哪个词形需要规范，哪个词形又是不需要规范的，这不仅要考虑大多数人的用例，还要考虑词源的问题。金顺吉和鹿钦佞的《浅谈现代汉语新词的来源与规范》（2005）指出，为了达到交际的需要，往往要造一个新词，但是有些词并不科学，或是任意堆砌的语素，或是随便改变双音节合成词的顺序，这些生造词都需要予以规范。施春宏的《语言规范化的基本原则及策略》（2009）提到，根据习性原则，有些词语当初并不规范，但是用的人多了，用的时间长了，这些词也就变得规范了，包括生造词。周美辰的《探析新造词及其造词方式》（2010）从范围的界定、造词的方法和规范原则几个方面对新造词的特点进行了分析描写。

6. 文言词的规范

现代汉语书面语吸收了文言词，文言词在使用上要恰当、得体，如果不加以规范就会出现不少问题，有关文言词规范的研究主要有：方治鑑的《不能“效尤”》（1957）讨论了文言词“效尤”的用法，并举例说明“效尤”滥用的情况。朱伯石在《关于文言词语》（1962）中指出，文言词语是从文言文中遗留下来的，口语中并不常用，既要坚决反对已死的词语，也要保留有用的东西。周定一的《词汇规范常谈》（1985）谈到了文言词进入普通话所引起的词汇规范化问题，认为文言词的误用都是由于不合文言词语的用法规范所导致的。徐耀民的《使用文言词语要注意规范》（1991）指出，文言词语在使用中存在不少问题，如滥用、误用、文白夹杂等，并提出文言词作为现代汉语词汇的一部分，在使用上不能超出现代汉语规范。田之章的《语言文字必须规范》（1992）认为，语言文字虽然在应用上取得了很大的进步，但是使用不规范的问题仍然很普遍，例如滥用文言、方言等。

7. 字母词的规范

字母词全部或部分由字母构成，既有外文也有汉语拼音的缩写，“字母词的使用给人们的交际带来了方便，同时也带来新的问题。对字母词进行规范引导已经成为现代汉语规范化的一个重要方面。”（郭熙 2005）

字母词在 20 世纪 50 年代就出现在书面形式中，近三十年来，字母词大量出现，引起学界的关注。刘涌泉的《谈谈字母词》（1994）分别介绍了字母词的种类和形式，认为在词典收入字母词方面，词典编纂者应该严格筛选，规范性词典应该选择较为成熟的字母词。周晓林的《外文字母词应规范使用》（2003）认为，有些外文字母词既不合法，在意义表达上也不够明确，很容易造成交际上的误解，规范使用外文字母词分两种不同的情况：如果外文字母词在汉语中有对应的意译词，就不可再使用字母词，如果有些字母词在汉语中很难找到适合的意译，就要在外文字母词后加注汉语注释。石磊的《浅谈汉语中的英语字母词规范》（2008）认为，恰当使用外文词语能起到一定的修辞效果，但是字母词的滥用又是一种语言污染，因此应积极引导规范使用字母词，并提出了规范的措施。张虹的《关于作动词使用的外文字母词规范的思考》（2008）指出，外文字母词进入汉语时绝大多数是作名词来使用，随着语言的发展，作动词使用的字母词逐渐增多，对这一部分词应该加以规范。张立丹的《对汉语字母词的再界定》（2010）分析了汉语字母词的规范问题，认为汉语字母词是字母词中的一种，字母词的规范要遵循一定的规范原则，运用理据性和系统性相结合的处理方法，使汉语字母词更加规范。刘可的《论汉语拼音字母词的分类、存在原因及规范》（2010）认为汉语拼音字母词使用频率较高，但是在使用过程中还存在一些混乱的情况，缺少一定的标准，因此，从读音方面和使用方面提出了规范的标准。李海洋的《浅议字母词规范的原则及途径》（2011）从规范的原则和规范的途径角度出发，讨论字母词的规范问题。魏光灿的《汉语字母词现象的成因及其规范化》（2011）从语音不规范、词义不规范以及字母词滥用三个方面讨论了字母词的规范问题。连晓霞的《字母词的收录与规范——以〈现代汉语词典〉和〈辞海〉为例》（2012）对比了《现代汉语词典》和《辞海》的差异，以及二者新旧版本的变化，由此讨论了字母词收录的原则和规范问题。董琼瑜的《浅谈字母词的规范问题——以沈阳房地产业字母词为例》（2013）以沈阳房地产案名和主题广告语等系列文案中的字母词的使用情况为分析对象，结合字母词存在的问题提出了几点建议。江蓝生《汉语词语书写形式的革新——谈谈字母词的身份与规范》（2014）介绍了《现代汉语词典》（第6版）关于对字母词的规范处理，并对有关字母词的一些观点提出了不同意见，目的是倡导树立科学的语言文字规范观，并且科学地引导字母词有序且规范地使用。袁伟的《中国澳门特区中文平面媒体中字母词的规范研究》（2015）基于对澳门中文平面媒体中字母词使用的现状调查，分别从语言的工具性和文化性角度为澳门中文平面媒体中字母词的使用提出了规范建议：确立规范的工作原则，制定相应的法律法规，加强中文媒体的自身规范以及提高公众的语言规范意识。林奇香的《西文字母词本土化调查及规范问题研究》（2016）分别从共时和历时两个视角，从频度和通用度两个维度来调查字母词的本土化程度，针对字母词在使用中存在的规范性问题提出了规范化的建议。朱俊玄的《字母词的界定与规范》（2017）对现有的字母词词典进行了分析，从构词成分、词形和词长等角度对字母词进行了界定，并从字母词的汉化、词典收录、拼写以及读音等方面讨论了字母词的规范问题。

8. 缩略语的规范

缩略语规范化问题研究成果主要有：周龙如的《英语缩略语探讨》（1980）谈到了如何正确使用缩略语，认为较为切合实际的办法就是提出一些对缩略语在使用上的限制或者规定。钟嘉陵的《现代汉语缩略语的性质、构成及规范化问题》（1985）分析了现代汉语缩略语的性质、结构、语法功能、产生原因、构成方式及规范化方面的一些问题，认为缩略语的规范化要有明确的原则。姜树森的《关于汉语缩略词语规则的建议》（1990）指出，在缩略语的形成过程中，多数是从约定俗成的角度来考虑，而很少从统一、规范和逻辑等方面来看，因此语文标准化管理机构有必要带头执行某些规则。牛晓雁的《现代汉语缩略语研究及规范》（2004）探讨了现代汉语缩略语的使用规范，分别从汉语缩略语的使用因素、使用现状、规范原则和规范建议几个方面分析了缩略语的规范问题。赵霞的《缩略语的词化》（2005）认为缩略语规范要遵循区别性原则、范围性原则和约定俗成原则，这些原则在缩略语规范中起到了十分重要的作用。廖礼平的《当代我国新闻传媒中字母缩略语的使用与规范》（2006）对全国主要报刊数据库中的外文缩略语进行了统计分析，对其所具有的特点、类型，以及产生的原因和出现的问题，提出了规范地进行分析和研究的方法。韩旸的《缩略语的产生特点及其规范性》（2007）从形义、构造、产生、作用和传媒等角度，在语言认知能力、省力原则和经济原则的基础上来探讨中英缩略语产生的特点，由此提出规范缩略语的原则。曾庆娜的《试论缩略语的规范问题》（2008）从时间观念、空间观念、场合、行业间的区别以及应有的群体观念五个方面对缩略语使用中应注意的问题进行了讨论，目的是使缩略语在使用中更加规范化。王吉辉和焦妮娜的《汉语缩略语规范原则（草案）》（2009）认为，缩略语的规范可以根据从俗、从表义明确和从首音节等方面来进行规范，判断缩略语的使用是否合乎规范要依据层次性原则、共现原则和得体原则。余东衔的《试论汉语缩略语的构造特点和规范原则》（2011）从语言意义、韵律构词、认识语言学和语言接触、渗透等角度探究了汉语缩略语的形成原因，并对缩略语使用中存在的问题进行了规范。孙昕的《基于语料库的网络体育新闻缩略语研究》（2013）认为，缩略语在使用中存在与原型词语间对应关系混乱、生造缩略语、缩略失度以及书写标志不一致的问题，由此制定了缩略语规范的原则，并分别从外部和内部探讨了如何规范缩略语。张荻的《媒体使用外文缩略语规范状况研究》（2015）以近十年播音员和主持人的语料为研究对象，对这些词语的使用和规范情况进行跟踪调查，从而得出在媒体中使用外文缩略语应采用分类规范和动态规范的原则的结论，并提出规范的方法，分别是：形成规范共识，突出规范重点，完善规范标准，创造规范环境。

9. 外来词规范

“无论从语言学、词汇学的角度，还是从文化交融、发展的规律看，外来词的出现不可避免，是一种必然和必需，因而应该吸收外来词以丰富本民族的语言。”（张德鑫 1993）但由于缺少一定的规范，外来词在使用上也出现了无序化的现象，因此如何规范外来词就显得尤为重要。

赵怿伯的《关于汉语外来词的几个问题》（1958）在谈到对外来词的态度时，他认为反对滥用外来词并不是把语言中所有的外来词都排挤出去，有些是可以吸收的。丁乙的《从“国罗”和“北拉”看外来词拼写法的传统》（1963）总结出国语罗马字和拉丁化新文字在拼写音译外来词时并不采用汉字注音法，而采用字母转写法。李行健的《汉语规范化问题浅谈》（1979）认为民族共同语在发展中，一定要吸收外来语来充实自己，但是按照什么样的标准来吸收，在对词汇进行规范的时候要制定明确的标准。张德鑫在《第三次浪潮——外来词引进和规范刍议》（1993）中指出“第三次浪潮”中关于外来词使用混乱的情况要加以规范，对于外来语中关于术语、人名、地名等的翻译，应该制定出一套共同遵守的准则和规定。周定国的《谈汉语音译外来词规范化》（1994）认为，汉语外来词在译名上存在着许多问题，应该引起广泛的关注。杨华和蒋可心在《浅析新外来词及其规范问题》（1995）中指出关于外来词规范原则和标准的制定应该考虑到语言、历史、社会、文化和心理等因素。苏金智的《论当前汉语外来词规范的原则》（2002）认为，外来词的规范应该依据不同人群的语言使用特点以及不同层次的要求进行规范。高明恩的《仿拟型外来词与词汇规范问题》（2005）谈到仿拟词的产生给汉语词汇规范化工作带来了困难，由此提出规范的手段，即在文字使用上应该采用常用字，少用生僻字，并且刚性规定和柔性处理相结合，尊重学理与约定俗成相结合，调查研究与积极引导相结合。翟晓丽的《后殖民语境：外来词的规范及其翻译》（2009）通过分析外来词的滥用现象，力求从源头上解决外来词滥用的现象。王虎和张明辉的《外来词的规范与使用》（2012）指出，在使用外文字母词时要区分不同的情况，分别从外来词溯源、形式、影响及规范等四个方面出发来研究外来词的规范与使用。彭晓、焦林、黄守宇、敖菊的《当代汉语外来词的使用现状及其规范问题》（2016）认为外来词在使用中缺少规范，这样的现象会给汉语带来负面影响，不规范的使用会造成汉字拼盘化，滥用还会造成沟通障碍。

二、词汇规范面临的形势及存在的主要问题

以往的词汇规范工作取得了很大成绩，其成果集中反映在具有规范性质的

词典中，如从1979年开始正式出版、尔后多次修订增补的《现代汉语词典》是集现代汉语规范词汇大成的权威之作。但就当下语言生活而言，汉语词汇规范面临全新的形势，这既促进了汉语词汇的丰富发展，也给词汇规范带来不小的冲击。首先，既有的词汇规范观已经不适应新时期词汇的发展变化，例如，普通话词汇标准更多考虑的是北方方言，很少关注方言词汇的吸收，这种做法有悖于汉语现实和语用实际。其次，社会的快速发展带来了新事物新概念层出不穷，必然导致新词语等的生成更快更多，特别是新媒体的出现促使语言交际形式多样化。但当新的词汇现象（如新词语、字母词、方言词及网络语言词汇现象等）出现时，有时并非积极引导和接受，依旧以“匡谬正俗”方式进行规范。再次，海外华语社区间相互影响相互吸收现象越来越多，社区词已成为汉语词汇的重要组成部分，但汉语本土词汇与海外华语社区词的关系研究以及对社区词自身的研究还很不够。此外，以往以官方形式发布新词新语的方式合适与否，也值得深入讨论。

1. 新时期词汇规范化研究的成就

近四十年中，汉语词汇规范化的研究和实践大体围绕在异形词的规范、新词语的规范、外来词的规范、方言词的规范、文言词的规范等方面进行的。这一时期的词汇规范化研究一直都保持着较强的发展态势，发表了一批颇有影响的论著，且呈逐年增多的趋势。研究的深度和广度较此前也有所拓展。基于对已有研究成果的梳理和归纳，这一时期词汇规范化研究取得的成绩，主要表现在如下方面。

（1）规范理念有所转变

长期以来，由于受结构主义的影响，语言研究片面强调语言静态性，忽视了语言发展这一特征。这种不当的语言观导致了欠妥的规范观。自20世纪50年代以来，汉语规范化，包括词汇规范化一直存在着从严、正俗的倾向。如一些新词语一出现就被指责为生造词，词典收录字母词被视为“违法”等。进入20世纪80年代，许多新理论、新方法引入语言学界，社会语言学、文化语言学等的兴起，使人们把词汇规范问题的研究扩大到交际范围，把语言的动态性放到了重要的位置，从而出现了规范观的转变。羡闻翰的《有关现代汉语规范化的几个问题》（1979）提出一些与规范化相关的问题：语言规范化与语言发展的关系是什么？语言规范化对语言使用是不是“约束”？这些问题的提出引发了人们深层次的思考，经过近十年的讨论，人们的认识有所转变，以往静态的规范观开始发生动摇，进而转向动态的规范观。“对于已经制定的规范，我们也需要科学地去理解和贯彻它。这种辩证发展地看待规范问题，对词汇规范化研究及实践都有重要的意义。”（李行健 1984）

（2）规范原则更具合理性和层次性

在规范汉语词汇的过程中，人们注意到了词汇内部结构的复杂性，并结合词汇变化迅速的特点，有层次有针对性地对各种词汇类型提出了相应的规范原则。张志毅、张庆云《新时期新词语的趋势与选择》（1997）提出了“词竞众择，适者生存”的原则，认为人们根据交际表达的需要和语言使用的习惯与规律，将一些词语的使用形成一种趋势，进而呈现一种“适者生存”的状态。徐颂列（2000）的《词语规范的原则》在提出词汇规范原则时，还探讨了地域文化对词汇规范的影响。于根元的《新时期语言规范观念的讨论与研究》（2006）提出了交际值是衡量规范的主要原则。

（3）研究方法更具科学性

此前词汇规范化研究大多是单纯地从传统语言学角度进行的，而这一时期，新学科、新流派、新理论的出现，特别是语言学交叉学科的兴起，给词汇规范化研究带来了新的视角。尤其是社会语言学、语料库语言学等对词汇规范化研究的影响更大，人们更加注重词汇现象的社会调查和词频统计等，提升了词汇规范化研究的科学性及其结论的可信度。

（4）研究领域更加广泛

与以往研究相比，这一时期的词汇规范化研究不再单纯地局限于语言本体，而是同时涉及与词汇相关的很多领域，如法律、医学等学科的术语规范，广告、媒体等领域的用语规范等，这无疑拓宽了汉语词汇规范化研究的范围。

2. 新时期词汇规范化研究存在的问题

从上述可见，这一时期人们比以往更加重视词汇规范化的研究与实践，并进行了多方面的探讨，取得了很大的成绩，但也存在一些不足。

（1）普通话词汇标准依然模糊

词汇规范化不能不涉及普通话标准及推普等问题。20 世纪 50 年代后，对普通话这一概念基本有了统一的表述，即“以北京语音为标准音，以北方话为基础方言，以典范的现代白话文著作为语法规范”，在这一表述中，语音标准和语法依据都是比较清晰的，而词汇规范的标准却比较模糊。20 世纪 80 年代初，一些学者就提出这一问题。叶景烈在《普通话概念的表述质疑》（1984）一文中认为，“以北方话为基础方言，是就整个汉语来说的，包括语音、词汇、语法三个要素。它只是提出普通话的基础方言是北方话，并没有为词汇提出一个特殊的规范标准。词汇应与语法规范对立统一起来考虑”，他还建议把表述改为“以北方话为基础方言，以北京语音为标准音，以现代白话文著作的一般用例为词汇、语法规范”。这样“无论是方言还是外来词的规范问题，无论是文言词还是生造词的规范问题，都可以基本上得到解决”。问题的提出至今已近30年时间，在这方面虽然做了一些具体工作，如编辑出版了《普通话基础方言基本词汇集》等，但并未就此展开深入系统的研究，包括对北方话词汇的研究也不全面，致使至今普通话的词汇标准仍不清晰。这在一定程度上影响了词汇规范工作的进程。

（2）词汇规范化研究受重视不够

词汇规范化研究没有引起人们的普遍重视，人们更多地倾心于词汇本体研究。同本体研究相比，词汇规范化研究大都局限在表象上，深层次的问题讨论很少涉及，特别是对词汇与社会、词汇与交际、词汇与语用等问题的探讨十分薄弱，这也就难以把人们的认识引向深入，对问题做更广泛更有深度的思考。

（3）主观思考多于客观描写

研究结论得不到语言使用者的认可，也招致了人们对词汇规范工作的一些非议，使自身处于尴尬被动的境地。如新词语、字母词、方言词等在研究和发布过程中出现的一些问题，就说明了词汇规范化研究还有脱离语言生活实际的倾向，规范化工作的价值和信度也在无形中降低了，甚至产生了负面效应。

（4）研究特色不明显

某些研究机械地模仿结构主义等理论方法，忽略了汉语词汇自身的特点。以研究语音、语法规范的方法来研究词汇规范，不仅缺少原创精神和自身特色，更有陈旧浅陋之感。

三、字母词、海外华人社区词规范化问题研究

词汇规范化问题涉及面非常广，我们主要调查分析新时期汉语词汇发展的突出现象，例如，字母词的使用、海外华人社区词的渗透影响等。

1. 字母词的使用及其规范化研究

（1）《字母词常用词表》的研制

字母词的大量出现和使用是改革开放以来汉语书面使用系统最大的一个变化，近三十年来字母词数量从少变多，使用从专业领域进入通用领域，对汉语语言生活的影响越来越大，围绕字母词的争议也从未间断过。2009 年有人提出了“汉语危机论”，认为像“NBA”“WTO”“GDP”这些外文缩略词的使用会使得汉语在 300 年后消亡，提出要打一场“汉语保卫战”。（傅振国 2009）特别是 2012 年 7—8 月间，围绕《现代汉语词典》（第 6 版）收录的“NBA”等 239 个字母词，又引发了一场激烈的争论甚至涉及是否违法的问题，形成了字母词风波。为此，需要对字母词的使用和规范问题进行较为深入的探讨。我们利用中国传媒大学国家语言资源监测与研究有声媒体中心开发的字母词监测系统 CUCLems，采用计量的方法，以科学分类的词典群为基础，充分运用语言信息处理技术，以 1946—2016 年共 71 年《人民日报》语料作为研究范本，利用 Access 搭建汉语字母词使用动态数据库，研制出《字母词常用词表》。

《字母词常用词表》共收 400 个字母词，包括：一级常用字母词 50 个，二级常用字母词 150 个，三级常用字母词 200 个。样表如下：

一级常用字母词词表（50 个）

序号	词语	总频次	使用年数	年均频次	稳定度	生命力度	熟知度权重	使用度
1	GDP	24001	27	889	1067	1067	1	1067
2	QQ	2478	16	155	170	204	2	409
3	G20	4440	12	370	407	407	1	407
4	WTO	7445	22	338	372	372	1	372
5	APEC	6763	25	271	325	325	1	325
6	PM2.5	2509	11	228	251	301	1	301
7	APP	1782	8	223	223	267	1	267
8	3D 打印	1108	5	222	222	266	1	266
9	CCTV	2107	18	117	129	129	2	258
10	SARS	1629	14	116	128	128	2	256

续表

序号	词语	总频次	使用年数	年均频次	稳定度	生命力度	熟知度权重	使用度
11	A 股	2665	25	107	128	128	2	256
12	E（语素）	1260	5	252	252	252	1	252
13	3G	2382	18	132	146	116	2	233
14	NBA	4762	26	183	220	220	1	220
15	甲 A 联赛	2151	22	98	108	108	2	215

二级常用字母词词表（150 个）

序号	词语	总频次	使用年数	年均频次	稳定度	生命力度	熟知度权重	使用度
51	OK	398	30	13	16	16	5	80
52	PPP 项目	230	1	230	161	113	0.7	79
53	IBM	1854	30	62	74	74	1	74
54	维生素 A	308	30	10	12	12	6	74
55	NMD	620	7	89	89	89	0.8	71
56	PPP	909	14	65	71	86	0.8	69
57	ISO	1912	27	71	85	85	0.8	68
58	U 盘	143	14	10	11	11	6	67
59	P2P	693	11	63	69	83	0.8	67
60	PPI	730	12	61	67	80	0.8	64
61	CIPS	63	1	63	63	63	1	63
62	SDR	435	7	62	62	62	1	62
63	ICU	236	17	14	15	15	4	61
64	KTV	234	22	11	12	12	5	59
65	IC 卡	1268	24	53	58	58	1	58

三级常用字母词词表（200 个）

序号	词语	总频次	使用年数	年均频次	稳定度	生命力度	熟知度权重	使用度
201	BOT	302	23	13	14	14	1	14
202	EVD	72	5	14	14	14	1	14
203	M	43	3	14	14	14	1	14
204	GMP	298	25	12	14	14	1	14
205	4A 级景区	208	16	13	14	14	1	14
206	TV	129	20	6	7	7	2	14
207	HIV	305	26	12	14	14	1	14
208	DIY	102	16	6	7	7	2	14
209	X 染色体	51	16	3	4	4	4	14
210	MVP	191	15	13	14	14	1	14
211	PCT	191	15	13	14	14	1	14
212	AIG	126	9	14	14	14	1	14
213	LAMOST	112	8	14	14	14	1	14
214	OBD	42	6	7	7	7	2	14
215	LPG	203	16	13	14	14	1	14

（2）字母词规范化的建议

通过分析字母词的使用实态，为字母词的规范化提供了有益的思路。

① 从国际化、信息化的视角再认识字母词使用问题

要把字母词的使用问题放在目前网络化、信息化、国际一体化以及中国在不断塑造大国形象的大背景下来重新审视。网络时代信息通达，科技发展日新月异，每天世界上都会有一些新思想、新观念、新技术、新成果涌现出来。我国与国际社会联系日益密切，参与国际活动逐渐增多，中国人纷纷走出国门看天下，与外语打交道的机会显著增多。由于转译需要准确地理解原文，需要准确地用译文表达，可能一时无法将一些外文缩略词妥帖地翻译成汉语，但不能因此就拒绝它们，不妨先用字母形式表达，这样有利于及时沟通内外。

② 公布分级的字母词常用词表，帮助解决交流障碍

不管如何看待字母词，字母词的社会使用谁都无法禁绝，哪怕是用行政命令（李宇明 2013）。鉴于字母词在汉语中存在的事实，以及字母词使用的不稳定性，应在大规模调查的基础上，研制并由权威部门公布分级的字母词常用词表，并保持一定的修订频率。这样一来，第一，可以帮助百姓了解常用的字母词及一些“国际通用词”。第二，人们遇到不太熟悉的字母词也可以有地方去查找，解决阅读障碍。第三，便于媒体在使用时有一个参照的规范，不同级别的字母词可按不同的形式使用：最常用的可不加注释；一般的最好加注释；不常用的及表外的字母词，一定要用的，必须加注释。

③ 大众媒体使用字母词需谨慎，防止字母形式滥用

字母词虽然在汉语中被使用，但它毕竟不带有汉语基因，所以汉语中不应该也不可能无限制地接受大量缩略形式的字母词。大众媒体应该尊重国人的感受，在使用字母词上需谨慎，第一，能不用的尽量不用。在这方面《人民日报》作出榜样，仅举一个简单的例子：2015 年全年《人民日报》954 次用到“伊斯兰国”，但一次也没有使用“ISIS”或“IS”。而《北京青年报》1544 次用到“伊斯兰国”，140 次用到“IS”，21 次用到“ISIS”，显然“ISIS”“IS”是可以不用的。第二，除去少数大众已经非常熟悉的如 CT、GDP、PM2.5 之外，那些不得不用的最好同时给出汉语名称，不能“裸用”，以免造成交际障碍。第三，大众媒体、正式场合尽量避免中外文夹杂的表达方式，防止字母形式在汉语中的滥用。

2. 海外华人社区词的现状及其规范化研究

在全球化背景下，海外华人社区词也是现代汉语词汇规范需要研究探讨的重要内容之一。

以泰国华语报纸语料为例（为了称说的方便，可以称之为“泰式华文”[①]）。在泰国有较大影响的三份华文报纸，我们随机各选取一天的内容作为考察的对象，分别是：2009 年 12 月 1 日的《世界日报》、2010 年 5 月 8 日的《星暹日报》和 2011 年 3 月 5 日的《中华日报》（下文分别简作《世界》《星暹》《中华》）。这三份报纸都是繁体字版。需要说明的是，这三期报纸上都有一些文章直接或间接取自中国大陆的报刊，这方面的内容自然不在本文分析之列。有关

① 在不只涉及书面文字表达的情况下，则常称作“泰式华语 / 华文”。如果涉及的是更大的范围，便径用“华语”来统称华语和华文。

政治、王室、宗教方面的某些用词因具有特殊性和专用性，不予讨论（若其语义拓展到非专用领域，则作为考察对象）。纯粹用字的选择问题，如中国大陆用“意大利”，泰式华文用“义大利”，也不考虑。另外，此处讨论的泰式华文词语，未必就是泰国华语所独用的，甚至未必就是它首先使用的，而只是说，相对于普通话而言，它是社区性的、区域性的。

（1）基于普通话视角的泰式华文和普通话的用词差异与特征

第一，形异实同。

形异实同指的是，同一个概念，泰式华文和普通话采取不同的词形。形异实同的情况相当普遍，内部的情况也比较多样。例如：

警获讯迅速率员驰抵现场侦查，警抵达肇案地点只见到一大摊鲜血，四周溢满难闻血腥味。(《星暹》第14版)

词语“肇案”跟普通话的“肇事”相对应。两者的复合词构成方式基本一致。

人名、地名、事物名等专有名称的译名，由于大多采用音译的形式，因此差异更是显著，随处可见。如泰式华文中的“欧巴马（美国总统）、辛哈（印度总理）、阿玛丁加德（伊朗总统）、纽西兰、维吉尼亚、沙乌地、杜拜、卡翠娜飓风”，在普通话中分别说成“奥巴马、辛格、艾哈迈迪·内贾德、新西兰、弗吉尼亚、沙特、迪拜、卡特里娜飓风”。这类似于纯粹用字的选择问题，但往往又不是同音字的选择（受母语或母方言语音系统的制约）。泰式华文中的“阿拉伯联合大公国、国际原子能总署”和普通话中的“阿拉伯联合酋长国、国际原子能机构”则是不同的意译形式，所指相同。而泰式华文中称老挝为“寮国”，则是跟港台一样，沿用的是历史上的说法。

需要附带说明的是，形异实同还有一种比较特殊的情况，即普通话书面表达中曾作为异形词整理过的若干形式，目前在泰式华文和普通话书面表达中各用其一。如“爱滋病”与“艾滋病”、“身分证”与“身份证”，前面的形式用于泰式华文，而后面的形式是普通话书面表达中经过异形词规范后取用的形式。其实，异形词问题并非单纯的字形问题，而是跟特定系统中词语、语素的语义关系密切相关。海外华语异形词问题需要专门研究。

第二，形同实异。

形同实异指的是，同一个词语形式，在泰式华文和普通话中语义、用法、色彩等不甚相同。例如：

整体而言，亚洲各国皆逐渐从全球不景气中复苏，第3季都有大幅成长。

(《世界》A1 版)

两地形同实异的词语在语义上有比较强的联系。形同实异，同样彰显了词语及其语义生成的多能性和语言调节的系统性。在不同的交际系统中，某种词义的显现和使用呈现出不同的可能性，是受系统调节和制约的，因而呈现出不同的变异状态和交际价值。这体现了结构主义语言观的基本原则：系统决定关系，关系决定价值。每一个词语都是基于系统中的其他词语而具有特定的语义内容和具体的交际价值。语言在调节中变异，变异在系统中调节。

形异实同与形同实异是两种有联系又有区别的语言现象。形异实同中每一词只在一地或基本在一地使用。形同实异的两个词在两地均有使用，但意义或用法有别。前者更多地涉及词语生成过程中组词成分选择及其组合的不一致，后者更多地涉及词义生成与延伸的方向和路径、词语搭配的对象和性质的不一致。但无论哪种表现，基本构造成分（语素或语素组）及其构造方式是基本一致的。两者都是语言调节和语言变异的多能性的体现，它们实现于特定的交际系统和时空环境中。这是不同华语社区语言交际没有大的障碍的语言基础。

第三，表达形式的缺位和互补。

由于交际背景和交际时空的差异，两地在词语运用上必然会出现你有我无、我有你无的情况。如泰国是个君主立宪的国家，同时又以佛教为国教（94%的居民信仰佛教）。这样有关王室、宗教方面的特殊用词就比较多，在普通话中常无对应的词语。其他有关文化特征、特殊功用的词语也是如此。

撇开这些特殊的政治、宗教、文化等因素，仅就一般交际用语而言，也存在你有我无、我有你无的情况。例如：

内务部行政厅报称，不过本月十一日首批三十万张多功能公民证将能到民众之手，并将首先配发予一百处偏远地区民众。(《中华》第 7 版)

第四，用词的历史色彩差异。

相对于普通话，泰式华文中用词的历史色彩较重。这首先表现在字义或词义显得比普通话要古一些，即文言色彩明显。如“不靖（不安定）、川行（往来行驶）、彼等（他们）、俾（使）”等。

泰式华文历史色彩较重的更为显著的标志是，一些在普通话词汇系统中被看作历史词或准历史词（即在特定表达中偶或使用）的表达，在泰式华文中仍有比较普遍的使用。如“庶民（人民，群众）、冠盖（官吏，此包括名流）、矢言（即誓言）、墟日（集市）、京畿（首都）、苦主（被害人家属）”等。

中国内地已经废弃不用的计量单位用字，有的在泰式华文中仍在使用，如“呎（英尺）、吋（英寸）、哩（英里）”这类的英制单位。还有“矽”（即硅）这个普通话中废置不用的名称在泰式华文中也有使用。

第五，缩合形式使用程度的差异。

这里的“缩合”既可指一般意义上的简称性缩略，也可指带有临时性的简缩组合。

泰式华文的缩略形式随处可见，远比中国大陆普遍。例如，泰式华文中的“卫生部、财政部、商业部、内政部长、国防部长、交通部长、瑞士法郎、委员会、民意代表、高等法庭、销售额、营业收入、健康保险、资本市场”分别被简作“卫部、财部、商部、内长、防长、交长、瑞郎、委会、民代、高庭、售额、营收、健保、资市”。这些全称形式在普通话中都有高频使用，但其相应的简称形式在普通话中基本不用或较少使用。从构词的系统性着眼，这些词的缩略形式都是普通话系统所允许的。其中有的具有较强的系统性，一旦某个全称形式出现了简缩词，相关表达就会产生波及效应。如果有一日普通话中将“卫生部、交通部长”简缩为“卫部、交长”，那么就会大大增加其他的双音节“～部、～长”出现的可能性。这是语言调节系统性的表现。其实，更大的系统调节功能在于，一旦这样的简缩操作较少受高频使用的制约，那么，多字语（尤其是四字语）的简缩数量将会成倍增加。

虽然有的全称形式在泰式华文和普通话中相同，但在具体词语的缩略方式上，有时并不一样。如泰式华文中的“人行”（指中国人民银行），在普通话中一般说成源自“中央银行”的“央行”。除了介绍大陆银行的“人行”和“国家银行”的简称“国行”外，泰式华文中“银行”的缩略形式是“银”，如“商业银行、盘古银行”被简作“商银、盘银”。

（2）从泰式华文社区词到全球华语社区词

李宇明（2010）在其主编的《全球华语词典》前言中说：“（本词典）把华语看作‘以普通话为基础的全世界华人的共同语’。”如果将华语理解为“以普通话为基础的全世界华人使用的语言”，它同样会从方言的、古代的、社区的、其他民族的、外国的语言系统中吸收语言成分。基于此，华语社区词的概念就比较好理解了，就是“以普通话为基础的特定华人社区流通的词语”。如前所述，虽然只是对泰式华文中的社区词进行描写和解释，但这样的描写和解释的观念和路径正是以一般意义上的华语社区词为背景的。这种研究观念的调整和考察视野的拓展，将使语言调节和语言变异的研究进入到一个新的领域。

（3）华文社区词和普通话词语的互动关系

由于泰式华文词汇系统中的词语大多是来自普通话的词汇系统，因此这里主要就泰式华文社区词谈谈华文社区词向普通话词汇系统渗透、扩散的可能性和现实性，从而进一步认识词语生成的可能性、语言调节的系统性、语言变异的时空性以及词语规范化问题。

由于华语社区词采用的是普通话的成分及其基本结构关系，因此总体而言，它比方言词更容易进入普通话（当然，就具体词语而言，谁先谁后受到多种因素制约）。如果不考虑其“籍贯”和“工作单位”，社区词就跟通用词语没有本质上的差异。同样，一个特定社区的社区词也比方言词更容易为其他方言区吸收。至于是否进入或吸收，如何进入或吸收，则受到词语自身条件、特定交际系统、具体时空环境的制约。也就是说，不同的泰式华文社区词进入到普通话中的可能性是不同的。

第一，普通话中存在表达缺位的泰式华文社区词，可以（并非必然，更非立即）吸收到普通话中来补位，借以丰富和发展普通话的词汇系统。在上面举的例子中，像“公民证”等普通话中缺位的词语，若被普通话吸收是比较便捷的。

第二，前文所分析的“形异实同”中的“同”主要着眼于指概念内容的基本相同。然而，如果泰式华文社区词和普通话词语的概念内容虽然大体相同，但是在认知角度、语义细节、语用色彩上有差异的话（就此而言，概念内容也可以视为不同的了），就有互动的可能性。像泰式华文社区词“肇案”这样的词，它跟普通话词语“肇事”命名的角度不同，而且有特定的所指，因此若能被吸收进来，将使普通话在这方面的表达更细致。

第三，与普通话词语形同实异的泰式华文社区词，如果被引入普通话中，则牵涉到普通话既有的词语词义系统和搭配关系的调整，因此进入普通话同样非常困难。但词语搭配方面的差异有时可以丰富普通话词语的用法，如“开创—计划、交游—广阔”之类的搭配并非不可用于普通话中，其实这还是因为普通话中有此表达缺位。

第四，泰式华文中缩合表达很丰富，如果普通话中有其全称形式而其简缩表达缺位，且简缩表达不会引起歧义的，有很多是可以很方便地移用于普通话中的，如“～部、～长”类简缩词语。

第五，泰式华文社区词中历史色彩较浓的词语本来就存在于普通话形成的历史中，在特定场合（如叙述历史事件、显现典雅表达风格等）下完全有激活自身的空间。

（4）加强华语社区表达系统研究，积极建设和发展普通话

目前台湾“国语”与普通话之间、香港中文与普通话之间的比较已经有了很多研究成果，但其他华语社区的汉语使用状况与汉语通用语（普通话）的比较成果还比较少，而这又是一个富矿，值得深入挖掘。当前不同华语社区语言使用状况的研究更多地立足于词汇对比分析，这显然是很不充分的。华语社区的语言研究，不只是社区词问题，而是整个社区表达系统问题，如“社区语音、社区语法”，还有“社区语用、社区修辞、社区语体、社区文体”等。这些都是现代汉语研究的一个重要组成部分。这不但是分析内容的变化，而且必然带来研究观念、分析模式、调查方法、研究结论的调整和更新。石定栩、朱志瑜、邵敬敏《从“手机”看不同华语社区同义词群的竞争与选择》(2006）对港式中文与标准中文的比较中就包含了语法、语用方面的异同考察。目前有学者正倡导和开展全球华语语法研究，这将开辟“社区语法”研究新领域。当然，相对而言，不同华语社区接触、交流过程中，社区词层面互动起来更直接更鲜明，这主要的原因就是词语在语言系统中“零件”性特征比语音、语法显著，因而“离境”式的借用、传播、调整比较方便。社区词一旦通用开来，也就不再是社区词了，虽然它的“出身”是社区性的。

另外，泰式华文用词特征及其所体现的社区词性质的分析，对于普通话的使用和发展问题也不无启示。在大力推广普通话的同时，还要积极建设普通话。有学者指出:“建设普通话，要向古汉语学习，要向外语学习，要向民族语言学习，要向方言学习。要积极吸取这些方面有益的成分。总体是向人民群众学习，向生活学习。”“还要吸取普通话内部不同语体的有关营养。”（于根元 2009）此外还要向华语社区语言学习。总之，普通话要从非普通话的、非通用语的各个语言系统中学习，以丰富自己的表达系统，完善自己的表达功能。这体现了语言文字主体化和多样化的有机结合，“迎接、欢迎、研究、引导、促进这个大趋势，是正确、积极的态度”。（于根元、施春宏 1998）在国际华语交际互动频繁的背景下，学习境外华语中的有机成分，也是积极建设普通话、发展普通话的有效途径之一。

第二节　新时期语法规范化问题

一、语法规范化研究概况

语法规范是语言文字规范的重要组成部分，伴随着语法研究的不断深入，语法规范研究也在不断发展。中华人民共和国成立以来，语法规范化大体经历了四个研究阶段，第一阶段初始期（1949—1955），第二阶段形成期（1956—1965），第三阶段停滞期（1966—1977），第四阶段发展期（1978 至今）。

中华人民共和国成立之初的语法规范化是从语文规范化开始，语文规范化运动是由政府发起，并有专家指导的群众性运动。与此同时，语法规范化的问题也受到人们的普遍关注，这也为语法规范化工作进一步发展奠定了良好的基础。1950 年 11 月 22 日，毛泽东给当时的中央文化教育委员会秘书长胡乔木写了一封信，要他起草一个关于如何正确地写电报的文件。1951 年 2 月，中共中央下达了《关于纠正电报、报告、指示、决定等文字缺点的指示》，指出了滥用省略、句法不合、交代不明、眉目不清、篇幅冗长等五种常见的文字缺陷，并对此规定了纠正办法。1951 年 6 月 6 日《人民日报》发表题为《正确地使用祖国的语言，为语言的纯洁和健康而斗争！》的社论，同日开始连载吕叔湘、朱德熙的《语法修辞讲话》。政府对语言规范化的重视，引发了全社会强化语言规范的热潮，同时，也拉开了中华人民共和国语法规范化的序幕。

1. 语法规范标准的确立

要想确立明确的语法规范，必须以语言的发展规律作为准绳。林焘在《关于汉语规范化问题》（1955）中强调了在谈规范化之前的首要任务就是，根据历史发展来找寻汉语语法的规律。要想讲规范就要先确定规范的标准，根据我国的特殊情况，在汉语方言纷杂的情况下要确立全国统一的规范标准，首要工作就是要对汉民族通用语言的标准加以科学的界定。

1955 年 10 月，在北京召开了“现代汉语规范问题学术会议”和“全国文字改革会议”，这两个会议确定了普通话语音和词汇的标准。为语法规范标准的制定和规范化的推行奠定了坚实的基础。同时，也标志着中华人民共和国成立早期语法规范化工作的准备阶段基本结束，这一阶段唤起了人们正确使用语言的意识，也引起了人们的高度重视，从而开始了汉语语法规范化蓬勃发展的阶段。

1956 年 2 月，国务院发出《关于推广普通话的指示》，增补了语法规范的标准，明确提出汉语语法规范是“以典范的现代白话文著作为语法规范”。这里将语法规范化的标准聚焦在两个关键词上：一是“典范”，二是“现代白话文”。以“典范”作为标准，是因为写出这些作品的作者一般都具有较高的语言修养和较强的语用能力，所以语法的规范性要比一般人高一些。以“现代白话文”作为标准是有一定的针对性的，它排除了文言文、早期的白话文和方言，应该说，这一标准是比较明确的。至此，语法的规范正式确立起来。同年，《中国语文》杂志办起了“语文短评”专栏，专门刊登从报刊上收集到的有语病的句子并加以分析、评论和匡正。之后语文工作者还做了一些这方面的工作，来引导人们正确使用语言。

在这一阶段，一些学者的研究成果也对语法规范化工作起到了积极的指导作用，为规范化的推广提供了良好的理论基础。如王力的《论推广普通话》（1957）、《现代汉语规范问题》（1959）、《语言的规范化和语言的发展》（1959）。吕叔湘除了《语法修辞讲话》有力地推动了对语法规范问题的研究外，还发表了大量的文章来谈规范化的问题，如《谈谈现代汉语规范化工作》（1959）、《十年来的汉语研究》（1959）、《汉语规范化问题大可争鸣》（1961），此外，在《中国语文》上发表《汉语研究工作者的当前任务》（1961），指出了语言工作者的当前任务是“促进现代汉语的规范化”，文章从语音、词汇、语法等方面出发，提出了语言工作者今后应研究的重点。在这一阶段，还有不少学者在规范化方面作出了自己的努力，促进了语法规范化的发展，同时也给语言规范研究指明了方向。

2. 语法规范观及其理论研究

在很多语法规范化研究成果中，体现了学者们对于这一时期语法规范的态度及观点。

邓懿《迎接汉语规范化》（1955）认为，现代汉语规范问题学术会议上提出的促使民族共同语各部分符合一定的规范很有必要，并阐述了语法规范化对教学的重要意义，语法体系规范化关系着语法教材的编写，还分析了汉语语法中一些有争议的问题。尚健《怎么能把文章写通顺？》（1956）介绍了《语法和作文》一书的主要观点和内容，认为虚词在汉语中具有重要地位，有的文章表达不通顺往往是虚词滥用的结果。胡竹安《谈词序的变化》（1959）认为词序是汉语中一种重要的语法手段。在规范化的现代汉语中，联合词组中的并列成分词序变化、连接两个分句的连词在主语前或后、重叠式的形容词和数量词位置变化不会改变句子的含义，词序的改变可能导致结果和意义其中某一因素的改变或者全部改变。张寿康《谈谈中学语法教学体系问题》（1980）认为，学会语法能够清晰地表达，使表达更具逻辑性。由于不同语法学者对语言现象研究所采取的角度不同，所以形成了不同语法学派，但是这种研究中的分歧不应该出现在中小学教学中，应该制定符合中小学教学实际，并受大家广泛赞同的语法规范教材，以便应用到实际教学中。徐枢《语法研究和语言应用》（1987）认为语法研究对语言规范化具有重要作用，但是在近些年的语法研究中也出现了很多误区，部分语法文章过多使用公式、符号，一般读者根本无法理解，甚至连语法研究者也难以理解，这不利于语法规范化。杨秉一、杨应元《语文规范化、标准化探析》（1989）认为目前尚未建立完整的语法体系，许多根本性的问题尚未解决，应该进一步深入研究，形成共识，建立新的科学的语法体系。要加强中学、大学教学中的语法研究，编写一套适合教学的语法教材，并在教学中不断修改和完善。黄德玉《对语法规范问题的几点思考》（1989）认为语法规范化有着特殊的地方，语法规范化应该对语法规范提出统一的标准，就语法规范的定义而言，“典范、白话文”等过于模糊，相对于语音规范化而言，语法规范化过于模糊。语法的一些规范化也是在不断的发展和讨论中逐渐确立下来的。周一农《论汉语规范化的层次性》（1990）认为，在语法规范化过程中应该建立最低规范度或最高非规范度，用来配合人们的规范化学习。孙也平《病句和语言规范》（1990）认为，语言是不断发展变化的，对于新产生的语言现象应该给予关注，不能一味进行否定，当然也不能对不规范的用法任由其发展，对明确违反语言规范的用法应该坚决予以反对。文章对有些刊物和报纸中有病句的现象提出了批评，并认为这些现象阻碍了语言规范化的进程。黄伯荣《从“词”到“语”是20世纪80年代语法学发展的趋向》（1991）对将词素改为语素、词序改为语序、词组改为短语、词汇改为短语的原因进行了分析，并认为在语法规范化过程中，对术语的规范是首要前提。张天栋《编审书稿与汉语规范化》（1993）认为，在书稿中经常出现的语法不规范现象主要是结构不完整，搭配不得当，语序不正确，复句中经常出现的是意念上的联系缺乏、分句次序安排不当以及关联词语使用不当等问题。陈满华《对外汉语教学中的汉语规范问题》（1993）认为在对外汉语教学中急需标准的、规范化的教材，在教学中，有必要确定一些规范化的教学用句，避免产生歧义。焦桐《规范 简明 实用——关于教学语法问题的管见》（1993）认为《中学教学语法系统提要（试用）》增加了句群这一语法单位，以语素代替词素等都为语法知识推广和语法规范化作出了贡献，但是其中也有不足之处，在语法规范化方面，距离教学需要的标准还有一定差距，内容上不够清晰，实用性有待提高。谷宝田《语法规范化的再认识》（1994）认为在语言的实际使用中，还存在语法使用不规范的情况，这给交流带来了一定障碍。文章认为要做好语法规范化就要重视语法著作，对著作深入考察，确定符合标准的语法著作，语法规范化一方面要规范人们的用法，另一方面对错误的语法现象坚决予以批判。语法规范化有助于提高人们的思想交流效率，加强合作，促进发展。朱景松《汉语规范化的成功实践——重读〈语法修辞讲话〉》（1995）认为，《语法修辞讲话》对语言交际中的错误用例进行了批评，并对一些新用法、新形式提供了指导意见，文章认为语法研究者是语法规范化的中坚力量和主要建设者，应该对不规范的语法现象及时提出批评意见。邹韶华《试论语法规范的依据问题》（1996）认为语言形式和内容之间存在任意性，语法规则靠归纳而不是逻辑推理，看句子是否符合语法规范应该看是否被大多数人所接受。语法规范的最终依据是习性原则，可以从使用时间长短和使用频率高低的角度分析习性原则。吴立红《新时期语法规范理论及实践研究》（2003）认为语言规范问题一直是语言学界重点关注的问题之一。改革开放后，对语言规范问题的关注和研究更是达到了一个百花齐放的时期。文章总结了目前已有的研究成果，从理论和实践两个角度介绍了语法规范化的目的、原则、应采用的理论、目前的研究现状、面临的问题、未来的发展趋势等。在现有研究的基础上，以综述方式从理论和实践两个角度探讨新时期的汉语语法规范问题。周明强、付伊《信息时代报刊语言的语法特点与规范》（2004）指出，社会发展正处于一个信息化的时代，网络和电子产品已经深入到人们的生活当中，成为人们的生活必需品。但是，即使在网络媒体日益发达的现在，传统纸质媒体仍然保持着较为强劲的生命力，报刊仍然是人们日常生活中接收外界信息的主要途径之一，与网络媒体相比，纸质媒体语法具有规范性、系统性、完整性等特点，有益于读者提高自身语法规范性。赵一凡《半个世纪中两岸三地语法的发展与变异及其规范化对策》（2005）将自建国以来三地出现的若干语法现象归纳在一起进行横向共时比较研究，采用社会语言学理论，进行对比分析。针对语法变异新现象提出若干规范化建议，以期使人们能够更客观更理智地对待新语法现象。李琦《语法的规范化问题》（2007）指出，语法规范问题就是根据汉语内部的发展规律，确立并推广现代汉语在语法方面明确的、一致的标准。

要搞好语法规范工作，一是对语法规范对象要有一个全面的认识。二是解决语法规范化的根本途径就是加强语言本体研究。吕建军《回顾与思考建国以来的汉语语法规范研究》（2014）一文回顾了新中国成立以来的语法研究状况和语法规范化进程。对目前语法规范化问题进行了总结分析，认为加大语言本体研究力度，对语言的各个方面都进行深入细致的描写和研究，才是实现最终语法规范化的唯一途径。

3. 语法规范的个案研究

这一时期语法规范化研究不仅在宏观的规范观和理论研究方面有所建树，而且在对一些新的语法现象进行剖析方面也取得了一些成果，这种微观研究为理论建树提供了佐证和基础。

第一，“副＋名”结构。

20 世纪 50 年代的学者就注意到了“副＋名”的现象，王如霖的《“不科学”的“科学”究竟是什么词？》（1958）从不同的角度论述了“科学”的形容词性质。《语文知识》上的一篇《副词能修饰名词吗？》也谈到了“科学”“道德”的形容词性质。可以看出，当时的学者对于“副＋名”的那个“名”是形容词性的广泛认同。高名凯在《关于汉语的词类分别》（1953）中对“副＋名”作出了很好的解释，从新的角度分析了词类的概念，这样就可以把“副＋名”中的“名”解释为在形式上是名词性的，而具有的句法功能是形容词性的。

朱德熙在《说“的”》（1961）中认为严格的副词是不能修饰名词的。吕叔湘、朱德熙合著的《语法修辞讲话》（1961）也明确指出副词不能限制和修饰名词。

第二，虚词的滥用。

陆宗达在《关于汉语规范化的问题》（1956）中认为造成语法方面混乱现象的主要原因是北方话内部语法不一致以及跟别的方言语法的不同所引起的，并概括出了几种类型。虚词跟词尾的滥用就是其中的一种，比如“北京话‘拿’是动词，有时当‘用’讲，而‘把’是纯粹的虚词。这两个词在使用上是有明显区别的。可是在吴语里面，凡是北京话用‘把’的，则统统说‘拿’”。陆宗达认为这种现象损害了虚词的用法，应当加以规范。连词的乱用，如郑绍华《接连词的误用》（1955）。代词的乱用，如潘力的《第三人称代词要用得明确》（1959）。助词的乱用，如安汝磐的《注意“的、地、得”的正确使用》

（1960）、陈新的《避免“地”的误用》（1960）、陆俭明的《谈谈跟“的”字有关的几种语病》（1979）。介词的乱用，如李熙康的《谈谈乱用“在”的一些例子》（1956）、李因的《“把”字的误用》（1954）等。

第三，否定作用的模糊化。

裘荣棠在《“难免要犯错误”和“难免不犯错误”》（1980）中对“难免”和“难免不”做了统计，结果是“难免”要比“难免不”的使用频率高很多，并分析了产生这种现象的原因，最后得出结论：后者的可接受度要低于前者。吕叔湘在《现代汉语语法提纲》中将这种情况定义为“否定作用的模糊化”，他还列举了一些例子，“以免在教学工作中少受一些影响”“只有这样才能避免不使学生的思想发生混乱”“为了避免今后工作中不发生错误”。对于这种普遍存在的现象，吕叔湘在《语法三问》（1953）中提出解决办法：“倒不如老老实实承认有些熟语性的格式是不很逻辑的，劝人只把它当作熟语来学习，不去分析它，也不去推广它。这种‘既往不咎，来者可追’的态度也许比较切合实际。”从而规范了这一类的语法现象。

第四，语义对句法的影响。

语义也会对句法结构有一定的影响，吕叔湘在《语法三问》（1953）中举了一些例子，“这个礼堂能坐一千人”“一张稿纸写五百个字”“还有十分钟，至少只能讲一个人了”，单纯从句法结构上看，这里的动词“坐”“写”“讲”似乎有些讲不通，但吕叔湘是这样解释的：“这里的动词都等于‘供’加动词，这就构成一条规律，不算是不合逻辑。”也就是说从语义角度来分析的句法结构是符合规范的。文炼在《论语法学中“形式和意义相结合”的原则》（1960）中指出，“‘吃食堂’‘吃大灶’是否能构成动宾关系是从某种绝对的标准出发来理解语法的”，这种说法之所以成立，主要是具有受事宾语的语义类型的“食堂”和“大灶”在起作用，所以这种语言现象是合乎规范的。

此外，学者们还关注了一些其他的语法现象。例如，王力在《现代汉语规范问题》（1959）中提出了一系列关于语法规范化的问题，比如普通话里能不能用“咱们”代替“我们”？能不能由“我们”推出“您们”？陆宗达在《关于语法规范化的问题》（1956）中提到了语序的颠倒，指出方言中的某些语言现象在语义上和北方话是完全相同的，只是颠倒语序，提倡在标准语中把这些语言现象淘汰掉。

二、语法规范化研究的不足

结合半个多世纪的语法规范化工作，反思20世纪50年代至70年代语法规范化进程，可以看出，这一阶段的语法规范化理论和实践取得了很大的成绩，为汉语规范化作出了历史性贡献，但其中也有不尽如人意之处，出现了一些制约语言发展、影响语言使用的不和谐因素，在诸多方面常常受到语言使用者的挑战。

1.“匡谬正俗”的模式和方法致使语法规范批评多于引导

20世纪50年代至70年代，以“匡谬正俗”为主要途径和方法的语法规范实践取得了一定的成效，如在纠正书面语的语法错误、规范学校语法教学等方面，都起到了一定的作用。但在这种模式下，人们更多关注的是研究者们从原有和现有语言中归纳出的规则，强调语法及其规范的一体化，以单一的规则要求大众的语言使用，用过于严格的标准规范发展的、纷繁的语言事实，缺少实事求是的分析态度和因势利导的具体做法，通常以挑剔的目光看待语言中出现的一些新兴用法，排斥新兴的语法现象。应该承认，这是我们语法规范化工作的失误，这种失误，也常常使得语言工作者自己处于被动境地，规范化的作用和信度也在很大程度上降低，甚至产生负面效应。事实上，语言处在动态之中，它随着社会的发展和人们语用心态的变化而发展变化。“匡谬正俗”这一模式在局部问题上固然奏效较快，但作为规范工作主要的甚至单一的方法，却难以贯彻和持久。难以贯彻是因为“匡谬正俗”的根据，亦即规范的标准，常常引起争论。语言本身是发展的，而规范的标准往往是反映过去的既定事实，卡得太死就会阻碍语言的发展（吕冀平、戴昭铭1990）。

2.主观规定多于客观引导，规范标准落后于语言实践

20世纪50年代至70年代“匡谬正俗”模式下的语法规范常按照已有的规则作出硬性约束，或以自己的语言实践制定出“语言标准”，引起人们的反感和不满。语言是发展变化的，它本身是一个不自足的系统，会经常出现一些超越现有规则的语言形式，以满足不断发展着的人们交际的需要。同时，语言虽然是全民共同的交际工具，但毕竟存在于个人的使用之中，在长期的语言实践中，形成了自己的语言观和语用方式。在这种情形下，原有的规范标准和模式可能无法满足语言自身发展以及语言使用者的需要，因此，语言要在交际中规范，不能以个人主观意志为标准，那种不允许语言中存在多种形式和多种用法的观念既不合理也不可能。

3. 忽视语言的约定俗成和习非成是，用逻辑规则解释语法现象

20世纪50年代以来的语法规范工作常常混淆逻辑与语法，对有悖事理、不合逻辑的语言现象加以指责。例如,20世纪50年代有人批评“打扫卫生”“恢复疲劳”的说法是错误的，20世纪70年代有人指责“贵宾所到之处受到热烈欢迎”是病句，等等。事实上，有些语言现象不合乎逻辑事理，是人的语用习惯使然，而习惯又通常是出自获得某种效果的需要。很多语言事实表明，习惯成自然，不合规律的现象多了，也就成了规律。习非成是是语言发展的法则之一，例如，按照汉语构词规则，除少数动宾结构外，其他复合词是不允许扩展的，但近年来，像“考试”“学习”“同学”等非动宾结构的复合词也可以插入成分了，“考完了试”“学完了习”“同过一年学”等成为常见的语言现象。基于一种固化的规则，轻易对超过逻辑事理的语言现象以不合乎规范为由而加以排斥，是不可取的。语言符号的形成，是基于语言社团的约定俗成。各种语言中普遍存在的惯用法也说明了这个问题。很多语言现象并不合乎一般的逻辑事理，例如“考研究生”“晒太阳”“养病”“一锅饭吃三个人”都有悖于逻辑事理，但人们却普遍接受并使用，原因就是约定俗成的社会习惯。既然语言是一种社会习惯，我们就不能把不合乎逻辑事理的现象看成是错误的。

4. 学术研究重本体轻应用，影响了语言规范化理论的深入探讨

长期以来，受结构主义影响，我国语言学界忽视了语言动态发展的本质特征。对语言本质特征认识的偏差，产生了不当的语言观，不当的语言观导致了欠妥的规范观。对此，施春宏（1992）曾有过较深刻的分析:“我国的现代语言学研究起步较晚，长期以来受结构主义语言学研究的影响较深，印欧语的语言现象的描写和规则的建立深刻地影响了描写汉语现象和建立汉语规则。这种以静态的结构研究为主的方式深刻影响了人们的语言观和规范观，将静止作为语言的本质，将结构作为语言的主体，将静态的规则作为规范的标准。”此外，“我国的语言研究相对说来比较单调，对于活的语言、活生生的语言生活研究不够，语言学的交叉学科和边缘学科发展缓慢。这对现代汉语规范化从理论基础到思想方法到操作手段都有直接而深刻的影响，使规则本位在客观上有了存在的理论基础，具有某种必然性和合理性。”

5. 语言规范理念系统观念不强

系统观念包括语言系统观念和规范系统观念。语言系统观念既包括语言规范，也包括言语规范，因为语言和言语是语言系统的两个方面。从语言和言语的区分来看，语言规范是一种工具的规范，言语规范则是技能的规范。具体地说，语言规范是一种标准下的规范，即词典的规范、句型的规范，具有全民性和稳定性的特点，违背了这一特点，语言规范就要受到伤害。单靠语言规范状态（词典）下的一些词语，远远无法满足语言表述和交际需要。语言规范有它自身的缺陷，工具语言自身也还有许多不甚科学完善的地方，更重要的是，语言规范约束下的词语和句型都是有限的，比如，一本《现代汉语词典》仅收词五万六千余条，而言语的情况却千变万化，是任何一本大典都收不胜收的。这就要求在语言规范化的实践中，加强对其适应性和发展性的研究，以做好它与言语技能的衔接工作。不合语言规范固然会给交际带来麻烦，但生吞活剥、死搬硬套语言规范的某些条条框框也同样会闹出许多笑话。言语是人类的一种交际行为，所以言语规范就是一种行为规范。言语规范应包含三个层次：一是普通言语层，二是专业言语层，三是艺术言语层。语言规范和言语规范是一种既有区别，又有联系，既相互依存、相互转化，又相互制约、共同发展的密切关系。从规范形成的角度看，言语规范是第一性的，语言规范是第二性的，它是对言语规范的再抽象和再概括。言语规范先于语言规范。语言规范存在于言语规范之中，而又反作用于言语规范，它有积极的指导，也有消极的阻滞。如果没有言语规范，语言规范也便难以建立；如果没有语言规范，言语规范则可能是零碎杂乱的，很难为使用该语言的全体社会成员所接受。从个人言语能力习得的角度来看，语言规范是第一性的，因为语言先于人类个体而存在。这时候，抽象的语言规范已内化成为一种人类深层的语言格局和惯性。语言规范和言语规范各自分属两个不同的规范场，但这两个场不是截然孤立与封闭的，而是可以相互通融和转换的。语言规范奠定了言语规范的基础，而言语规范又能反过来促进语言的规范和发展。一定程度上可以说言语规范是语言规范的深化和归宿。

综上分析，无论从以往语法规范出现的失误和存在的问题来看，还是从社会发展、语言变化、人们语用观念的更新对语法规范的要求来看，在新的历史时期，重新思考语法规范化问题，确立新的规范观，势在必行。

三、新时期语法规范化的科学理念：以人为本，以“用”为据

语法规范是客观存在的，有语法规则就要有语法规范，否则语言就会丧失

其交际功能，也就没有存在的价值。因此，应该以积极主动的态度从事语法规范化工作。不过，这种规范，为真正体现其功能，避免少出、不出偏误，就必须以人为本，以“用”为据。

语言与人密切相关，语言是人的交际工具，语言的使用者是人。因此，语言规范，特别是语法规范，要以人的语言习惯为基础，密切联系语言社团实际，充分考虑语言使用者的接受认可程度，因势利导。理论应该服从并服务于实践，而不是相反。语法规范，不是单靠语言工作者搞出来的，而是从大众语言使用中归纳出来的。因此，语言工作者在进行语法规范化工作时应该把已出现并为人们普遍接受认可的新的用法加以整理和研究，总结规律，促进语言推陈出新，并对人们的语言实践有实际的指导作用。

事实上，人们在使用语言时很少事先去考虑规范，也不会处处刻意去适应标准。语法规范以人为本，以“用”为据，就必须尊重约定俗成的社会习惯和追求效果的语用心态。对有悖于原有规则的语言事实，不能轻易地以不规范为由而加以排斥。语言文字规范化的方式应该从“正俗”转向“从俗”，并以“从俗”为出发点，通过约定俗成的社会习惯形成语法规范。像以往那样由语言工作者制定标准，而不能形成大众的语言习惯，再好的规范也会束之高阁。

语言是全民的共同财富，一种用法用的人多了，影响力就大，就又能成为新的规则；以往是不规范的，现在可能被人们普遍接受了；现在看来是错误的，不久就又能成为常见的。这就是语言发展中的习非成是。既然如此，就要有通达宽容的心态，对新的语言现象和用法要冷静观察，认真分析，积极引导，绝不能轻易判断是非正误，更不能一概排斥。

语法规范化工作必须在动态的语言观指导下进行。语言是发展变化的，人们的语用心态是不断更新的，所以语法规范也不能一成不变。语法规范要用发展的眼光和超前意识来顺应语言发展和语用心态的变化，不能困于原有的规则，以静制动，以不变应万变，不能阻碍语言的创新，不能违背人的语用心态。可见，语言是动态的，规范也应该是动态的，原有的语法规则绝非金科玉律，亘古不变。“任何语言规范的标准，哪怕是再精当、周详的标准，跟丰富多变的语言事实相比，都有一定的滞后性。”因此，“对于诸多语言现象，实在应该多一份理解，多一份体谅，少安勿躁，宽大为怀。”（黄佑源 1996）

由于语法规范受制于约定俗成的社会习惯，也由于语法规范是一个动态发展的系统，所以，在语言规范化工作中，要时时处处关注语言事实，对新的现象、新的用法进行深入细致的调研。调研是语法规范的必要前提和基础，它可以为语法规范提供比较可靠的依据，而不是光凭语言工作者的语感和想象。人与人之间存在着各种差别，包括语感和想象。即使同一个人，在不同语境中，也可能有不同的语感和想象。

应当承认，在汉语规范化中，语法规范化是一个难点。一方面，它很难像语音、文字等那样制定某种规范标准，单一的标准，硬性的规定肯定行不通。另一方面，与词汇不同，它与社会发展关联不密切，其发展状态是稳中有变，新出现的个案用法能否成为普遍规律，还处在模糊状态，特别是语言工作者对语法规范的认识尚不一致，有的观念还未转变。可见，新的规范观的确立以及语法规范化的研究与实践，今后仍任重道远。

四、教育教材语法规范化问题研究

这里立足语法规范化研究的历史，主要讨论新时期教学、教材中的语法规范化问题，重点考察高考和高等教育中的语法教学与规范问题。

1. 高考语文病句问题

从 1952 年第一次全国统一高考开始，高考语文试卷的内容，除写作外，主要都是由文学和语言两大知识结构组成，两者在分值上的比重在不同时期有较大波动，目前有关文学方面的内容（文学知识和阅读理解）的分量要明显多于语言方面的内容。分析 1952 年至 2013 年间高考语文试卷中有关语言知识和能力方面的试题，并以病句试题为切入点，可以较为系统地探讨六十年来高考语文病句试题的各阶段基本特点、演变路径及命题背后所反映出的语言观、语言规范观的变化，语言生活和语文水平的状况，语法教学在中学语文教学中的地位等问题。由于 1966 年至 1976 年间全国高考停考，因此 1952 年至 1965 年、1977 年至 2013 年这两个时间段共 51 年的所有全国统考语文试卷。为了表述方便，下文通常以“高考年间”来称述这个历史时间段。

在高考年间，病句作为高考语文中的一个重要命题点经历了比较显著的起伏变化。从“考不考”到“考什么”，从“怎么考”到“考多少”，都在调整变化中。通过这种调整变化的考察，可以发现，它不仅涉及语文教育的问题，而且与当时的语言（学）观念、语言规范观和规范研究状况、大众语言生活状况以及语文水平甚至语言本体（主要是语法和词汇）研究的热点息息相关。

（1）高考语文病句试题的演变路径

图 1 展示了高考年间病句试题赋分情况在当年试卷总分中所占的比例变化（为方便统计，文理科试题赋分不同时以文科为准）。不难看出，病句类的试题总体上经历了一个从多到少、从波动较大到渐趋稳定的变化过程。根据历年病句类试题的数量和考点的变动情况，可以将高考大体分为四个发展阶段。

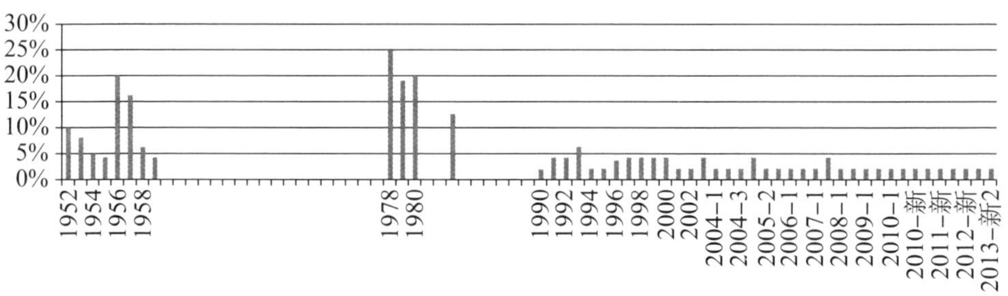

图 1　病句类题目占总分比例历年变化图[①]

第一，探索阶段（1952—1959）。

1952 年到 1959 年是高考语文病句试题命题的探索阶段，从命题形式来看，主要以用关联词语填空和在原文上修改病句两种题型为主，试题分值总体较高，但波动幅度大，受社会思潮影响大。从内容上说这一时期的病句试题一方面重视基础的语言文字知识，另一方面也展现出对病句类试题命题内容多样化的探索。建国初期，人们的语言文字水平普遍较低，党和国家迫切需要做好宣传教育工作，因此，无论是在教学还是考试中，基础的语言文字知识都被放在了极其重要的位置上。1951 年 6 月 6 日《人民日报》发表社论《正确地使用祖国的语言，为语言的纯洁和健康而斗争！》，同时《人民日报》开始连载吕叔湘、朱德熙的《语法修辞讲话》。1952 年 9 月教育部又提出学习苏联的语言、文学分科，虽然实行不久即因各种复杂的原因而终止，但学界对语言知识和语言规范教育的重视程度可见一斑。1952 年到 1955 年的高考语文试题便极好地体现这种“重语法，抓基础”的要求。全国统一高考的最初四年，相关题目涉及了大量选择关联词语填空的问题，题型单一，考点也比较容易，正是这种情况的反

① 横坐标中已将 1966—1976 年高考因“文革”而中断的十年去掉。其中，2004–1 表示 2004 全国卷（一），以此类推。2004 年以来，同一年的全国统一高考试题分出了全国卷（一）、（二）等多套试题，同一年份的不同试题，如 2004–1、2004–2，我们在横坐标上依次用不同的柱状图表示。下图皆同。此外，为了图表的清晰，图 1 至图 4 横坐标的标签以 2 为间隔，如 1956 与 1958 之间未标明之处为 1957。

映。1955 年 10 月 25 日现代汉语规范问题学术会议召开，罗常培、吕叔湘的主题报告《现代汉语规范问题》第一次系统探讨了语言规范工作的意义和一系列原则。后来的高考中，病句类题目的分值一下从往年的 4 至 10 分上升到 1956 年的 20 分（占到了整张试卷的 20%）和 1957 年的 16 分，考查的内容也呈现出某种程度的多样化，尤其是注重句法搭配和结构关系的考查，如 1956 年的“我决心改进自己的缺点”（动宾搭配不当），“绿茵茵的海水上卷起雪白的一阵阵浪花，船追逐浪花急驶着”（多层定语层次关系错误）等。然而，1958 年和 1959 年病句类题目的分值迅速回落，这可能跟《语法修辞讲话》等所体现出来的“匡谬正俗”观受到一定的质疑有关。但这段时期内容多样化的考查方式则被延续了下来，并在新时期（1978 年以后）逐步丰富起来。

第二，迟滞阶段（1960—1965）。

20 世纪 60 年代初期，在中学语文教育界，人们对文学教学与语法教学的关系做了新的梳理，认为语言知识只是起辅助性作用。1963 年修订的《全日制中学语文教学大纲（草案）》明确规定语言知识的教学是培养阅读能力和写作能力的辅助手段，语文教育的最终目的是使学生“具有现代语文的阅读能力和写作能力，具有初步阅读文言文的能力”。这种教育理念给高考语文试卷命题带来的直接影响就是，1960 年到 1965 年间的高考语文只考查了作文和文言文阅读，未见与病句相关的任何考查。如果说还有对语言文字能力的要求的话，也只是间接地表现为能在作文中进行正确的表达。这种命题模式持续了六年，直到 1966 年“文化大革命”开始，高考中断。

第三，徘徊阶段（1977—1989）。

徘徊阶段的病句试题除了采用与探索阶段相同的题型外，还出现了判断病句的考查方式，也即仅要求判断句子是否有语病而不要求作出修改，这种考查方式大多应用于病句本身难度比较大的情况。从命题和分值来看，1977 年到 1989 年之间的考查断断续续，赋分情况也很不稳定，呈现出与探索阶段相近的特点，特别是从 1984 年到 1989 年，病句再次被命题人“抛弃”，消失了长达六年之久。这是因为语言学界和语文教育界对语言知识的地位和作用展开了观点不尽相同的讨论。一方面是对语言规范和语法教学体系的新探讨。1978 年《中国语文》刚复刊即展开了对“贵宾所到之处，受到群众的热烈欢迎”是否为病句的广泛讨论，同年，《现代汉语词典》第一版出版。1981 年全国语法和语法教学讨论会在哈尔滨召开，1984 年《中学语文教学语法系统提要（试用）》公布。随后，初中《语文》课本的语法知识已经开始采用这个系统，随年级增长而逐步展开知识体系。这五年期间，正是高考语文不考病句的时期。另一方面，无论是在语言规范研究方面还是在中学语文教育方面，都出现了对既往教学内容和考查方式的反思。在规范研究方面，随着《语法修辞讲话》1979 年的再版，人们也开始重新审视过去的规范研究。《语法修辞讲话》再版序言里这样写道："这本书的缺点有'过'与'不及'两方面。'过'是说这里边有些论断过于拘泥，对读者施加不必要的限制。'不及'又有两点：一，只讲用词和造句，篇章段落完全没有触及。二，只从消极方面讲，如何如何不好，没有从积极方面讲，如何如何才好。这样见小不见大，见反不见正，很容易把读者引向谨小慎微，不求有功但求无过的路上去，然而大家知道，这样写文章是不可能写好的。"由此引发了人们对"何为病句""何为规范""教什么样的规范""考什么样的病句"等问题的进一步思考。同时，在语文教育方面，20 世纪 80 年代的中学语言知识教材由于过于追求语言知识的系统性、使用大量实用性较差的术语和定义而为教育专家所诟病，中学的语言规范教育不能等同于大学的语言学教育，"淡化语法"的呼声随即兴起。认识上的变动带来的是高考考查内容的徘徊。

第四，相对平稳阶段（1990 至今）。

1989 年全国高考开始正式实施标准化考试，语文知识基本上以"标准化试题"即选择题形式出现。这种命题方式的变化实际上对考试内容产生了影响，即那些便于"标准化"（选择）的内容容易成为高考的项目。随着标准化考试的全面推开，从 1990 年开始至今，高考语文病句命题便一直处于一个相对稳定的时期：病句通常以三分一题、每题四选一的选择题形式进行考查，在整张试卷中大多也只出现一道这样的试题，题干多要求选择没有语病的一项。如 2008 年的全国卷（一）：

下列各句中，没有语病的一句是（3 分）：

A. 葛振华大学毕业后回农村当起了村支书，他积极寻找本村经济的切入点，考虑问题与众不同，给村里带来一股清新的气息。

B. 荞麦具有降低毛细血管脆性、改善微循环、增加免疫力的作用，可用于高血压、高血脂、冠心病、中风发作等疾病的辅助治疗。

C. 王羽除了班里和学生会的工作外，还承担了广播站"音乐不断""英语角"栏目主持，居然没有影响学习成绩，真让人佩服。

D. 阅览室图书经常出现"开天窗"现象，我们可以从这一现象反映两个问题，一是阅读者素质有待提高，一是管理力度有待加强。

此题的正确选项为 A 项。显然，这种命题形式常常通过不同选项的设置来考查几种病句类型。

同时，有关关联词语的考查也逐渐退出高考语文试卷，从 2000 年到 2013 年这 14 年间的 27 份全国卷试题中仅见 2 次，也分别都以标准化试题的形式和其他病句一起充当正确表达的陪考项，与 20 世纪 50 年代初期的考查内容形成了鲜明的对比。

（2）高考语文病句试题的主要类型

病句生成的路径和可能性多种多样，因此，分类角度不同，对病句系统的认识便有同有异。如可以从用词、造句、谋篇的角度来分析病句，也可以从语法、修辞、语义、逻辑、事理的角度来分析病句。《语法修辞讲话》在病句理解和分析方面是两者的综合。此后，病句的分析和整理一直是语言研究和语文教育的一个重要方面，这方面质量较高、影响较大的论著有《中国语文》杂志社先后编辑出版的《语文短评选辑》《词语评改五百例》《词语评改千例》。以《词语评改千例》为例，其内容包括：用词、指代、虚词、词语搭配、句式、成分、语序、事理、修辞、数量、汉字、标点、常识、广告、杂例、文章评改、编校、争鸣。凡是语言文字表达中有问题的句子都可以称作病句，因此标点、汉字使用中的错误也常被病句修改类论著列入其中。

限于高考形式的制约和语文教育的重点要求，高考语文最主要的病句类型体现为四种：与搭配不当相关的病句、与关联词语相关的病句、与成分残缺相关的病句以及与歧义相关的病句。当然，有时病句的类型之间并没有截然的区别，这既是一个语言现象本身的问题，更是一个认知角度的问题。

第一，与搭配不当相关的病句。

高考语文病句类的考点总计出现了 252 次（选择题中每个陪考项分别记作一个考点），其中考查最为频繁的是“搭配不当”类的病句，共考查 96 次，占到了所有病句类试题的 38.11%。

搭配不当之所以能成为最重要的考点有两方面的原因。首先，从语言使用来看，语义上的搭配失误容易给人带来最直接的违和感，因此搭配是评价语言表达、语言知识水平的基本标准。1956 年对搭配不当类语病的第一次考查（“我决心努力改进自己的缺点”）考的即是这种最基本的语义搭配。其次，从语言内部来看，搭配不仅仅是词汇、语义问题，而是语法、语义、语用等因素综合作用的结果，很多语病都可以以搭配不当的形式出现，或从分类理解上划归为搭配不当。这从同一个与搭配相关的病句在不同病句分析论著中归属不同类型就可看出。高考语文病句试题中，此类题目也常常和其他类型的错误交叉在一起考查。这主要表现为三个方面：其一，句式杂糅可以造成结构上的搭配不当，例如“目前人造关节所用的材料不外金属和塑料两大类，由于人体内钾、钠、氯等化学物质能使金属材料腐蚀生锈、塑料老化的可能，所以选用的金属和塑料的化学性质必须高度稳定”（1978）既可以看作是“能使”和“可能”搭配不当，也可以看作是“能使金属材料腐蚀生锈、塑料老化”和“有使金属材料腐蚀生锈、塑料老化的可能”两个句式杂糅。其二，成分残缺也可以造成结构上的搭配不当，例如“为了全面推广利用菜籽饼或棉籽饼喂猪，加速发展养猪事业，这个县举办了三期饲养员技术培训班”（1997）中“推广”和“喂猪”搭配不当，缺少宾语“技术”。其三，平时所说的“偷换主语”也可以看作是一种结构上的搭配不当，例如“作者观察细致，一泓清潭、汩汩流水、朗朗歌声，都能激发他的灵感，都能从中找到抒情叙事的切入点”（2013 新课标 I）中先说“作者”又说“清潭、流水、歌声”，而其后的“激发”和“找到抒情叙事的切入点”显然不可能与同一主语搭配。

在 96 道搭配不当类题目中，又以动宾搭配不当和主谓搭配不当为主，分别占到了该小类的 37.50% 和 36.46%，除此之外，出现较多的还有定中搭配不当、状中搭配不当，介词结构搭配不当则出现了一例。需要特别指出的是“多对一 / 一对多”类搭配问题，这类病句经常在主语或宾语位置出现“好坏、与否、能否、能不能”等代表正反两面的词语。如“那些书摊的图书内容的好坏、环境卫生和经营作风等，都会直接或间接地对青少年产生影响”（1991）中以“好坏”对“影响”造成了语义和逻辑上的不搭配。这一考点始见于 1991 年，之后又在 1993 年、1996 年、1997 年、2005 年全国卷（一）和 2013 年新课标卷（II）中有所考查。

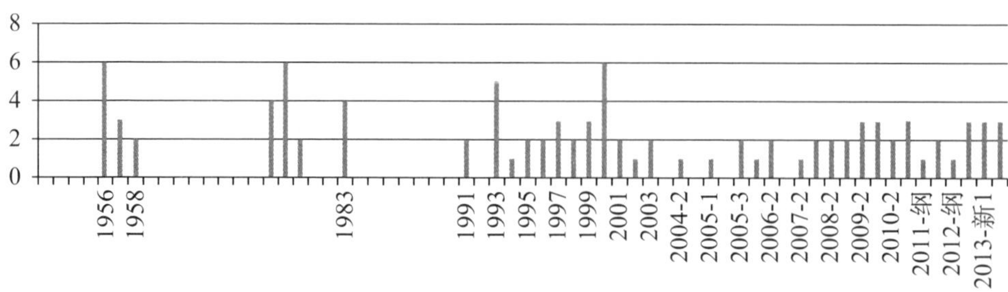

图 2　搭配不当类题目数量历年变化图

图 2 是搭配不当类题目的历年考查数量统计。不难看出，随着病句类题目数量的变化，搭配不当类题目在探索期和徘徊期或显或隐，但若出现时总体数量则较多。而在相对平稳阶段则基本上成了高考语文的保留节目，尤其是新世纪以来波动幅度就很小了。虽然搭配不当类题目考查的次数有所下降，但在当年病句考题中所占的比例却有增无减，甚至多次占到了 80%。另外，就试题内容来说，有一个现象值得关注，随着病句类试题难度的提升，单纯的搭配不当类病句在近年的考试中已鲜有耳闻，正如上文所述搭配不当常与句式杂糅和成分残缺等问题综合地表现出来，近年来这种在一句话中综合多种语病考查的试题有所增加。

第二，与关联词语相关的病句。

考查频次名列第二的是关联词语，共考查 79 次，占到了病句类试题的 31.35%。除去选择关联词语填空的试题无法判断错误类型，在所有以语病形式呈现出来的相关考查中，关联词语的误用又占到了首位（22.78%），如“我们永远不会忘记因为祖国而把自己的生命贡献出来的民族英雄们”（1956）应用“为了”却误用为“因为”，又如“‘英语广播讲座’之所以能给我很大的帮助，我认为把讲课和练习结合起来是它突出的优点”（1979）误用了关联词语“之所以”。这都是关联词语误用中反复出现的类型。

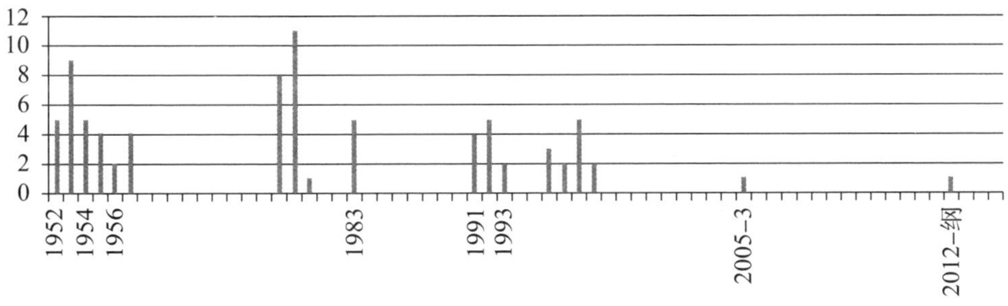

图 3　关联词语题目数量历年变化图

值得关注的是，如图 3 所示，高考年间对与关联词语相关病句的考查呈现出非常特殊的变动情况。在探索阶段，多次考查且分值较多。徘徊阶段虽断续出现但也呈现高分值分布。相对平稳阶段的前期也比较注重关联词语的考查，但在新世纪就难得一见了。这实际上与当时社会的语言文字应用水平有直接的关联。如在探索阶段，由于人们语言文字水平普遍偏低，关联词语这样关注语义和逻辑的考点是有效的区分点。随着语法知识的大普及和语文水平的提高，关联词语的考查已经难以满足高考这样的选拔性考试所需要的区分度，于是考查次数大大减少。1978、1979 两年的命题数量有明显回升是因为这两年开始考查语篇中的关联词语，实则也是加大了考查难度。

第三，与成分残缺相关的病句。

考查频次位列第三的是成分残缺，总计 36 题，占总题数的 14.29%。高考命题中出现了主语残缺、谓语残缺、宾语残缺、介词结构残缺和副词结构残缺（按考查次数由多到少排列），共计 5 类，其中主语残缺占到了这一类的 51.43%。

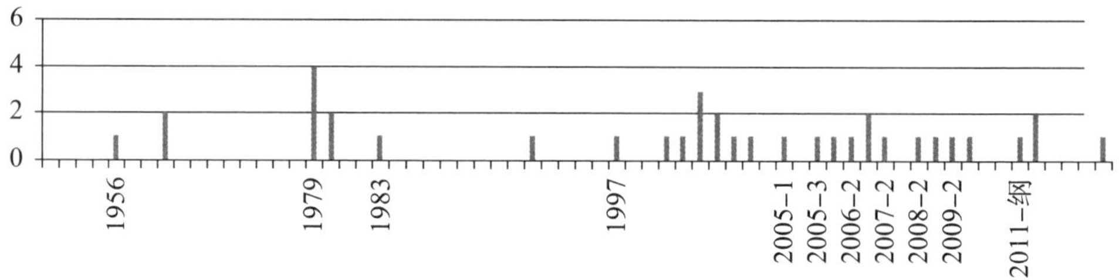

图 4　成分残缺类题目数量历年变化图

从图 4 来看，成分残缺类病句在探索时期和徘徊时期偶有出现，而在相对稳定时期则多有出现，但大多年份只出现在一个选择项中。这里面有个特殊情况，就是学界对句子完整性的认识影响了成分残缺的考查内容，这也跟学界对汉语语法特点的认识调整有关。如“对一切都应该采取分析的态度”（1959）当年被认为是主语残缺的病句，而从今天的语言观来看，则完全可以看成是祈使句中省略了主语“我们”。也就是说，人们对成分残缺的把握经历了一个从严到宽的变化过程。

第四，与歧义相关的病句。

这是一个颇有意味的考点。20 世纪 90 年代以来，病句的考查中增加了对歧义句的判断，歧义现象一时间成为高考语文的新宠。这种新考点自 1992 年首考后，断断续续考查了十数年，后又基本消失了。详见图 5。

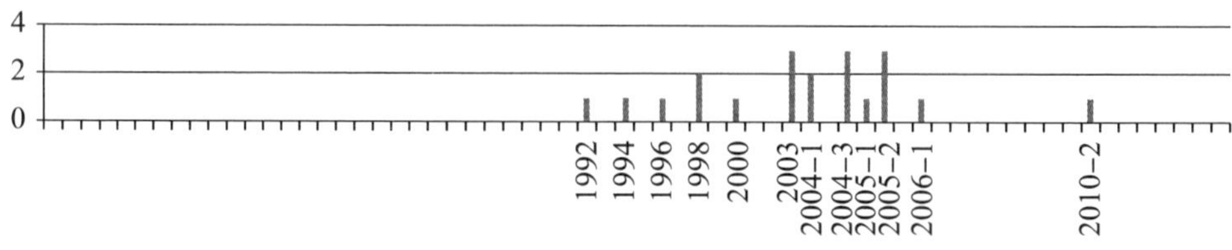

图 5　歧义题目数量历年变化图

概括起来，共考查了7类歧义，即：结构层次不明造成的歧义、语义关系不明造成的歧义、否定辖域歧义、代词指代不明造成的歧义、省略不明造成的歧义、一词兼类造成的歧义和一词多义造成的歧义（按考查次数由多到少排列）。常见的歧义类型都有所涉及。这充分显示了出题者“语言学”的学术研究型背景。有的学术型背景在试题中彰显得尤为鲜明。如代词指代不明造成的歧义“今天老师又在班会上表扬了自己，但是我觉得还需要继续努力”（2005全国卷二），表现出了生成语法约束理论的研究热点对命题内容的影响。[①] 又如一词多义造成的歧义“独联体国家看不上2002年世界杯足球赛”（2003），这来自一则新闻标题，题目中的“看不上”既可以理解为是“瞧不起”也可以看成是“没有条件看”的意思。这实际上也主要是语言学家眼中的离境式歧义。

（3）历年高考语文病句试题演变的影响因素

病句的生成往往是语言系统和语言交际中某些特殊现象的呈现，而对这些现象的理解和把握，对这些现象在中学语文教育中地位和作用的认识，并非易事。因此，高考语文病句考什么、怎么考，一直在摸索中前进，在变动中调整。这既是语言问题，又是教育问题。说它是语言问题，可从两方面来看。从语言的社会功能来看，它必然受到来自语言使用者和语言研究者两方面的影响，使用者在现实交际中高频出现的错误、研究者在学术研究中的价值取向、他们关心的热门话题以及研究最终的发展，也都会在病句试题中有所体现。从语言的内部系统来看，它必然要受到语言本身特点的影响，对特定的语言系统而言哪些问题是影响表达准确性的基础，哪些又是左右交际流畅性的核心，这些必然在本质上影响着高考语文病句的命题。说它是教育问题，是因为它所面向的对象是中学生，病句试题的设计与中学语文的教学内容以及教育理念存在着相辅相成的关系。教材上的内容以及一线教师教学心得和语文教育专家们的教育思想会反映到高考试卷上，高考试卷又会反过来影响教学的内容选择和人们的语文教育观。以下四个方面是影响高考语文病句试题命题的主要因素。

第一，大众语言生活和语言水平对病句试题的影响。

社会大众的现实语言生活和语言水平往往对高考语文病句命题有至关重要

---

① 此题若是日记中的语境，则没有问题。病句考察最大的问题即在这里：是否需要借助语境来分析？离境的病句分析对语言学习有多大帮助？“离境”（out-context）的规范化分析和“在境”（in-context）的规范化分析，其视角、依据和效度是不同的（参见付翠、施春宏2010）。

的影响。这主要体现在两个方面。一是真实的语言生活是命题内容和形式的来源。从命题内容来看，病句考查的语言点多是人们当下容易出错之处。如，早期关联词语误用的现象比较多，1957 年的考题中就出现了“他们介绍了先进的地质勘探方法和帮助我们解决了目前石油生产中的许多困难”这样一道试题。后期的日常表达中“多对一 / 一对多”和“歧义”等问题又突出出来，高考病句试题亦有所体现。从命题形式来看，病句的命题也多与当下语言生活中活跃的语言形式有关。20 世纪 80 年代以前的病句试题所涉内容多为政论语体、科技语体和基础的日常表达。80 年代以来的考查则大大减少了政论语体，增加了科技语体的比例，新增了部分文艺语体的内容，其中，2003 年病句试题还考查了新闻标题中的语病。二是大众的语言生活水平对病句命题具有显著的制约作用，这种作用在探索阶段和徘徊阶段表现得更为明显。新中国成立初期，人们的语言文字水平普遍较低，高考所涉语病多与关联词语、句法成分完整性以及简单的搭配问题相关。随着语文教育的普及，人们的语言文字水平显著提高，这样的考查已难以更好地体现应试者语文水平的差异，更复杂、更多样的考点应运而生。

第二，语言研究观念、内容及成果对病句试题的影响。

语言研究的观念和内容也影响着高考语文病句的命题方向。语言研究观念对病句试题的影响相对比较间接，主要体现为以“暂拟汉语教学语法系统”为核心的教学语法对中学语文教学的影响。20 世纪 50 年代到 80 年代初，语言研究尚属传统语言学的范畴，这一时期的研究观念以描写为主，不太注重解释，而且在语言规范观念上比较重视认识上的“一致性”，规范方式上主要是“匡谬正俗”。正如 1955 年召开的现代汉语规范问题学术会议指出的那样：“……要根据语言发展的规律，采取必要的步骤使得这全民族的语言在语音、语法、词汇方面减少它的分歧，增加它的统一性。”（郭沫若 1956）这种观念渗透在中学语文教学和社会语文生活中。在教学语法领域，人们为了编写中学《汉语》课本，从 1954 年开始着手拟定“暂拟汉语教学语法系统”。1956 年《语法和语法教学——介绍“暂拟汉语教学语法系统”》和中学《汉语》课本出版。随后，《汉语知识讲话》与《汉语知识》相继出版，共同构成了一套互相补充的教学语法系统，即“暂拟汉语教学语法系统”（简称“暂拟系统”）。在 1981 年全国语法和语法教学讨论会上再次修订了“暂拟系统”，这个系统在长达三十年的历史中直接地影响着中学语文语法教学。从高考病句试题的构拟和答案判定标准来看，基本上以此为本。

语言研究的热点和成果在高考病句试题中的反映虽有所滞后但也常常有所体现。对此，上文已通过歧义类考题做了说明。这里需要进一步指出的是，比较不同时期具体的病句试题就会发现，学界语言观、规范观的调整所带来的研究热点和成果的变化常常折射到高考病句试题中。正如前述“对一切都应该采取分析的态度”（1959）一题，当年被认为是主语残缺的病句，随着人们判定句法结构完整性认识上的调整，今天已经被视为合语法的主语省略句了。又如1983年有这样一道题：“不少在科学研究上有杰出成就的人，是在物质条件十分艰苦的情况下，经过顽强刻苦的努力才获得成功的”一句被作为正确选项，而陪考项则是“凡在科学研究上有杰出成就的人，都是在物质条件十分艰苦的情况下，经过顽强刻苦的努力才获得成功的”。实际上，第二句实是“一种小夸张，把接近全部或顶点夸张成全部或顶点”（于根元 1982）。现在看来，这两句话都是可接受的，甚至后一句还更好一些。此类表达虽然在中学语文教学中仍常作为病句出现，但在高考试题中很难一见了。这体现了人们对病句的判定标准也在由规则本位走向语用本位（施春宏 2005），逐步重视语言现象的交际价值在判断语言现象规范与否中的根本作用（于根元 1996）。随着学界对语言本体认识的不断加深，对语言规范理论和实践探讨的逐步调整，人们对病句的判定标准也逐步走向稳定，以上这些反映语言观和语言规范观变化的病句试题在探索阶段和徘徊阶段或有出现，但自 1990 年以来的相对平稳阶段则难得一见了。然而，在中学语文教学中，将它们视为病句的情况仍很普遍，这是值得深思和亟待解决的问题。

第三，语言系统中的特殊现象对病句试题的影响。

病句是对语文水平的考查，必然从根本上受到语言系统自身特点的影响，反映语言本身的特殊现象。其中最典型的例子就是高考病句试题中对搭配问题的考查。搭配不当之所以能成为出现频次最高的考点，正是由它在语言系统中的特殊地位决定的。语言表达中的一般性问题，从根本上看，往往都可以归结为搭配问题，因此它既是词汇问题又不是简单的词语搭配问题，既是语法问题又不是简单的成分组合问题，既是语义问题又不是简单的义位相配问题。再加上汉语没有严格意义上的形态，所以词与词搭配起来就没有完备的语法形式制约，似乎只要逻辑上、意义上说得过去就可以搭配，这样的搭配既自由又复杂，正是这种操作的“自由”导致了结果的“复杂”（林杏光 1994）。

关于搭配性质的探讨由来已久。如吕叔湘、朱德熙在《语法修辞讲话》（1952）中持“非语法说”，第一讲开篇就说“语法不是修辞学，它只管虚字的用法，一般有实在意义的词儿用得对不对……它是不管的”。邢公畹《词语搭配问题是不是语法问题》（1978）则持“阶段语法说”，认为“……使词语搭配问题逐渐转化为语法问题，搭配规律的发现就是语法深化的表现”。郭绍虞《汉语语法修辞新探》（1979）则认为搭配是语法问题。类似的还有王力《字句的逻辑性》（1981）的“逻辑说”、常敬宇《语义在词语搭配中的作用——兼谈词语搭配中的语义关系》（1990）的“语义说”等。这些认识往往都是基于单一角度来认识。20 世纪 90 年代初，开始有学者从多个角度综合地看待词语搭配的性质问题。如林杏光《词语搭配的性质与研究》（1990）的“词汇（语义）、语法说”。范晓《谈谈词语的搭配》（1992）从语法的三个平面（句法、语义、语用）看待搭配问题。王希杰《论词语搭配的规则和偏离》（1995）在区分语言规则和言语规则的基础上指出，“词语的搭配不仅不单纯是一个语法问题，也不仅仅是一个语言问题，它还牵涉到非语言因素：交际情景、社会文化、民族心理和个人心理”。这种搭配性质的探讨正折射了词语搭配问题所涉层面的多样性和复杂性。正因如此，搭配现象成了语言交际中最直观、最基本、最核心的表现形式，并进而成为历年高考病句中最稳定、最基础的考点。

第四，语文教育思潮对病句试题的影响。

在中学语文教育中语法教学和文学教学的关系一直是一个不易平衡的问题，时至今日，虽然高考试题对病句的赋分和命题方式已十分稳定，但语文教育界对相关问题的讨论还在不断延续着。1952 年到 1959 年的探索阶段重视语法教学的思潮盛行，无论是教学还是考试都比较看重语法，不仅提出中学语法课要从文学课中独立出来，还编写了中学《汉语》课本以及《汉语知识》和《汉语知识讲话》等大量语文知识普及性书籍，病句成了高考试卷中的重要考查内容。1960 年到 1965 年的迟滞阶段，随着新的中学语文大纲重新定义了语文教育的目的，淡化语法教学的思潮兴起，语法教学的地位降低，病句也就暂时退出了高考舞台。1977 年到 1989 年的徘徊阶段是重视语法教学的思潮和淡化语法教学的思潮两相抗衡的阶段，这一时期的病句试题很不稳定，时考时不考，时而分值高时而分值低。1990 年以来的相对稳定阶段两种思潮在高考试卷命题中取得了相对的平衡，病句试题日趋稳定。目前，中学语法教学已经相当式微，因此对病句理解和修改的说明已经成了教师不太好说明的任务。病句考试在一般考试中基本上带有点缀的性质了。这实际上又将老问题在新背景下凸显了出来：病句试题考什么？怎么考？

高考病句试题的命题看似是中学语文的教学问题，但经过以上分析，不难发现除了语言生活和社会语言文字水平的影响外，语言研究的观念和热点、语言规范化的观念和实践也在其中发挥着重要的作用。一方面，高考命题对语言学观念和研究成果的吸收和应用令人感到欣慰，另一方面，也不可避免地要反思为什么当下的中学语文教学与语法教学、语法研究渐行渐远。新课改实施后的一个基本价值取向就是强调培养学生的情感、态度、价值观，在对语文科学人文性的过度强调下，中学语文课只教“文（学）”不谈“语（言）”，几近成为一门文学鉴赏课和文学知识课。

语言教学尤其是语法教学到底教什么，怎么教？为什么语法教学在中学语文教学中留下了不好的影响？长期以来，语言教学 / 语法教学是更多针对语言知识、语法知识的教学，对语言 / 语法自身的美质何在、如何体现，关注得不够，对语言 / 语法教学自身的思维、认知功能一直没有得到正确的认识，简单地将语言当作服务于其他目的和任务的工具。就中学语言 / 语法教学而言，学习语言 / 语法从本质上看，应该主要不是学习语言结构方面的知识，而是利用语言 / 语法知识的说明，训练学生的思维能力，提高学生的认知水平，同时让学生发现语言之美，热爱语言生活，并积极参与和创造新的语言生活。只有这样，才能扭转匡谬正俗似的“改病句”在社会上所形成的刻板印象。语言教学 / 语法教学才不至于在中学语文教学中失去阵地。就此而言，病句教学只是一种手段，并非目的。高考试卷中有没有病句试题也不是根本，关键在于如何准确认识语言教学 / 语法教学在中学语文教学体系中的定位和作用。

2. 高校现代汉语教材语法规范问题

现代汉语教材是高校中文系基础课“现代汉语”使用的教科书，它承担着向中文及相关专业的学生传递汉语知识、语言学知识的任务，语法规范的内容自然必不可少。通过对现代汉语教材（共 101 本①）语法规范评议问题的全面梳理，为系统地考察高校现代汉语课程中语法知识系统的基本情况提供了基本资料。

① 这里所谓的“现代汉语教材”，并非只是指以“现代汉语”为名的教材，而是包括所有为现代汉语课而编写的现代汉语教材，也未必是正式出版的，如葛信益《现代汉语讲稿（语法、修辞、标点符号）》（1957）。

这里需要明确两个问题：一是现代汉语教材的范围。二是现代汉语语法规范评议的内容、范围。

第一个问题，现代汉语教材是指从20世纪50年代至今的高校“现代汉语”基础课所使用的教材。20世纪50年代“文学”与“汉语”分科，现代汉语课程因此而设立。一般语法著作在介绍现代汉语教材时是从20世纪50年代中期以后开始，所见最早的现代汉语教材是1956年由重庆人民出版社出版的杨欣安等编的《现代汉语》，至今已有六十余年。上述“现代汉语”基础课，与大学开设的汉语专题课程有别。高校的语法专题课程很多，被用作语法专题课的教材也纷繁多样，如刘世儒《现代汉语语法讲义》（1963）、吕叔湘《汉语语法分析问题》（1979）、朱德熙《语法讲义》（1982）等都曾作为部分高等院校中文系语法专题课教材。由于本文着重考察“现代汉语”基础课的教材，所以未将这些专著式教材列入其中。

第二个问题，选择教材中的语法评议为考察对象。因为即便是理论研究，落实到具体现象的规范化判断上，都以评议的形式出现。语法规范评议主要包括两方面内容：一是传统所说的语病，二是教材中重点关注的特殊语法现象，比如“副 + 名”，对相关语法现象只是说明其特点，并没有进行具体现象评析的不收，比如只说“把”字句中的动词不能为光杆动词，而没有列举具体误用实例进行评议，可以将它们看成知识介绍，不列入考察范围。

在相关现象评析的范围上，全面分析其中从词法到句群的各级语法现象。凡教材所评，都加以分析，以期了解全貌。

（1）现代汉语教材语法规范评议演变路径

从20世纪50年代开始，现代汉语教材语法规范评议经历了六十年的发展，其分析对象的类型和解释途径都有比较明显的变化。根据评议类型数量和现象评议背后的规范观，大体可以划分出四个阶段——匡谬阶段、承袭阶段、系统化阶段、改进阶段。

第一，匡谬阶段（20世纪50年代中期至20世纪60年代中期）。

20世纪50年代中期至20世纪60年代中期是现代汉语教材语法规范评议的匡谬阶段。首先，中华人民共和国成立以来，大学开设“现代汉语”课程，高校现代汉语教材应运而生。其次，中华人民共和国成立以来，广大干部群众的语言水平亟需提高，政府和语言工作者都非常重视语法规范化，因此，将语法规范作为教材的重要内容也是理所当然的。

这一时期语言评议有这样几个特点，一是注重基础语言文字知识，这与当时人们的语言水平总体较低有着密切关系。二是类型比较多样，但还没有系统化，相关理论研究还没有完全展开。三是在匡谬正俗的观念指导下，注重实用性。由于当时社会各项工作开展的迫切需要，操作性强、高效的语法规范标准更符合实际。四是对有些用例考察不够严谨。如：

一连游了好几次泳。（北京大学中国语言文学系汉语教研室编《现代汉语》，高等教育出版社，1958 年第一版，147 页）

上例被认为是不规范的，但在随后的教材中则认为该例是规范的。这些都说明，教材中语法规范评议处于初级阶段，还需要不断完善。

第二，承袭阶段（20 世纪 60 年代中期至 20 世纪 70 年代中期）。

1966 年，“文化大革命”开始，高考中断，与现代汉语规范化相关的研究和教学都受到了严重破坏，新编的教材非常少，目前所见只有 5 本，均为 1973 年到 1975 年之间出版。这个时期对语法规范问题的讨论基本上还是继承上一阶段的成果，仅有个别教材中有一些新出现的类型，包括副词运用不当、并列不当等。

第三，系统化阶段（20 世纪 70 年代中期至 20 世纪 90 年代末）。

“文化大革命”结束以后，政治环境得到改善，教育事业得到恢复和发展，汉语语法研究得到了前所未有的发展，在此大背景下，教学语法也进入了繁荣时期。这一时期出版了大量教材，比如黄伯荣、廖序东主编的《现代汉语》，张静主编的《新编现代汉语》，胡裕树主编的《现代汉语》，张志公主编的《现代汉语》，它们都对现代汉语教学产生了重要影响。

1981 年 7 月在哈尔滨召开了“全国语法和语法教学讨论会”，讨论通过了《“暂拟汉语教学语法系统”修订说明和修订要点》。1984 年春公布了《中学教学语法系统提要（试用）》，大学现代汉语教材的编写也随之有所改变。例如，“提要”增加了“句群”这一句法单位，因此在本时期，有不少教材明确提到了句群运用的相关问题。

这个阶段教材中的语法规范评议主要有以下特点：一、评议的内容范围扩大，更全面，系统性更强。新增评议类型涉及从词到句群等各个层面语言单位，为以后教材的评议提供了重要参考。二、对原有的误用类型进行了更为细致的划分，注重解释。本阶段是语法规范的复苏、发展繁盛阶段，虽然学者们开始对传统的“匡谬正俗”规范观进行了重新探讨，但是这些新观念并没有体现在教材中，而是在传统基础上进行丰富和完善。

第四，改进阶段（21 世纪初至今）。

1986 年 1 月召开的全国语言文字工作会议，将语言规范化和推广普通话作为第一任务，中国语言文字工作进入了新时期。从此，语言规范研究也广泛开展起来，学者们纷纷从理论上对以前“匡谬正俗”的静态语言观进行讨论，提出了一系列非常有价值的观点，基于动态观而形成的层次理论、中介语理论、潜显理论，进而发展而来的服务观、“交际值”标准以及理性原则、习性原则等规范观都进一步深化了对规范化的认识。在这种大背景下，作为语言规范化的重要内容，语法规范在研究和教学上也有了一定的转变，但由于长期以来“匡谬正俗”观念的影响、教材编写的模式化以及对教材的实用价值的考虑，新的观念长期游离于高校教材之外，即使新观念在教材中有所体现，但也不能动摇旧观念的主导地位。因此，教材中大部分语法现象的讨论还是延续传统的方法，是静态的，缺乏动态观察视角，因而新观念主要体现在小部分学界讨论比较多的现象上。此外，由于大众语言水平的提高、语法研究学术化倾向等因素的影响，改进阶段教材中主要的语法规范评议相对于系统化阶段有所减少。

（2）现代汉语教材中语法规范评议现象发展过程的类型分析

从 20 世纪 50 年代至今，现代汉语教材中语法评议的发展经历了匡谬、承袭、系统化、改进四个阶段，为了能够更为直观地感受各类语法评议的发展脉络，具体从词法评议、实词评议、虚词评议、特殊搭配评议、一般搭配评议、残缺缀余评议、语序评议、杂糅类评议、特殊句式评议、复句和句群评议、逻辑评议等方面加以描写。由于第二阶段教材只有 5 本，而且在类型和评议上基本沿袭第一阶段，将第一、二阶段放在一起讨论。

第一，词法评议的发展过程。

词法评议主要涉及词缀、合成词拆分、简缩生造词三类，如表 1：

表 1 词法评议

大类	小类	第一、二阶段		第三阶段		第四阶段		汇总	
		教材数量	比例(/17[①])%	教材数量	比例(/52)%	教材数量	比例(/32)%	教材总量	比例(/101)%
词法评议	词缀	7	100.0	52	100.0	32	100.0	101	100.0
	合成词拆分	9	52.9	20	38.5	7	21.9	36	35.6
	简缩生造词	8	47.1	17	32.7	9	28.1	34	33.7

在词法评议中，词缀问题是各教材都一定关注的现象，没有例外。内容上，第一、二阶段介绍的用例基本上奠定了教材词缀部分编写的基础，随后的教材只新增了“族、然”等少数用例。然而，第一、二阶段没有叠音词缀。北京师范大学中文系编写的《汉语讲义（初稿）》（1958）和北京大学中文系汉语教研室编的《现代汉语》（1962）也把“们、着、了、过”看作构词虚语素。到了第三阶段，“们、着、了、过”不再被看成是构词虚语素，不再与词缀放在一起介绍，而且有了多音词缀的概念。第四阶段，有了“类词缀”的概念，始见于邵敬敏的《现代汉语通论》（2001）：“阿、老”是典型的前缀，“子、儿、头”是典型的后缀。还有一些类似于前缀或后缀的成分，叫作类前缀或类后缀。意思是语义已经开始虚化，但是还没有达到真正的词缀那样的程度。

合成词拆分呈现直线下降态势，从第一、二阶段的 52.9% 下降到第四阶段的 21.9%，说明该问题受关注度越来越小。简缩生造词在四个阶段也逐渐减少。在内容评议上，二者经历了由完全否定到认真研究、不盲目下结论的变化过程。

第二，实词评议的发展过程。

① 数字 17 表示第一、二阶段共有 17 本教材。由于各阶段教材总数不同，我们采取计算比例的方法进行纵向比较。比例的计算方法为“某类型教材数 / 本阶段教材总数 *100%”。

表 2　实词评议

大类	小类	第一、二阶段		第三阶段		第四阶段		汇总	
		教材数量	比例（/17）%	教材数量	比例（/52）%	教材数量	比例（/32）%	教材总量	比例/101）%
实词评议	代词误用	10	58.8	39	75.0	14	43.8	63	62.4
	名词误用	11	64.7	31	59.6	13	40.6	55	54.5
	形容词误用	9	52.9	28	53.8	12	37.5	49	48.5
	动词误用	6	35.3	28	53.8	14	43.8	48	47.5
	副词误用	1	5.9	20	38.5	12	37.5	33	32.7
	量词误用	1	5.9	19	36.5	8	25.0	28	27.7
	数词误用	1	5.9	17	32.7	8	25.0	26	25.7

各类实词评议的比例大体经历了由分散到集中的过程。第一、二阶段各类型比例差别较大，其中名词误用、形容词误用、代词误用较多，量词误用、数词误用、副词误用各只有一本教材提及。而到了第三阶段，除了代词误用之外，各类型评议的比例差别开始缩小：名词误用的比例降低，其他词类误用的比例都有或多或少的上升，副词误用也占到了 38.5%，总体稳定在 30% 至 60% 之间。到了第四阶段，相对于上一阶段各类型的比例都有所降低，相互之间差别也进一步缩小，基本上集中在 20% 至 50% 之间。

在内容上，实词评议的发展特点主要表现在两个方面。一方面是类型的丰富化，在第三阶段，出现了指示代词误用、动词误用为形容词、动词误用为介词、名词重叠等类型。这与新时期语言研究范围的扩展有关。另一方面是已有类型的讨论反思。比如对于“您们”，就经历了由全盘否定到比较认同的转变。早期否定这种现象是由于受匡谬正俗的规范观影响，追求一致化。而后来逐渐接受也主要是根据“约定俗成”这一准则。

第三，虚词评议的发展过程。

表 3　虚词评议

大类	小类	第一、二阶段		第三阶段		第四阶段		汇总	
		教材数量	比例（/17）%	教材数量	比例（/52）%	教材数量	比例（/32）%	教材总量	比例（/101）%
虚词评议	介词误用	10	66.7	38	73.1	21	65.6	69	68.3
	助词误用	5	22.2	24	46.2	16	50.0	45	44.6
	连词误用	5	33.3	18	34.6	12	37.5	35	34.7
	语气词误用	2	22.2	6	11.5	3	9.4	11	10.9

关于虚词误用，从数量上看，介词误用所占比例最大，三个阶段均保持在70% 左右，这与介词数量多有很大关系。进一步分析，介词误用中的“对、对于、关于”之间的误用、“在……上 / 中 / 下”的误用在三个阶段都有比较多的用例，其他用例比较分散，数量也较少。助词误用的比例有明显上升的态势。关于连词误用的比例变化不大，而语气词误用的比例则越来越低，到第四阶段只有 9.4%。

在内容上，虚词误用的发展特点表现为三个方面：一是类型丰富化。关于介词误用，第三阶段的种类比第一、二阶段更多，比如介词“从”的滥用、“经过、通过”之间的错用。在助词方面，第一、二阶段主要关注助词“所”字多余与“着、了、过”误用的现象，而到了第三阶段则没有“所”字多余用例，取而代之的是结构助词“的、地、得”的误用用例。关于语气词误用，第一阶段主要讨论“啊”的音变误用用例，而关于“呢、吗”等一般语气词的讨论是从第三阶段开始的。二是对现象描写更为精细化。比如对“在……上”的讨论经历了“中间不能加动词”到“中间不能加动宾短语”的转变过程。三是由于长时间的运用，而对某些现象有了新的思考。比如第四阶段就有教材认为应该承认“V（双音）在了”的合法地位。

第四，特殊搭配评议的发展过程。

表 4　特殊搭配评议

大类	小类	第一、二阶段		第三阶段		第四阶段		汇总	
		教材数量	比例（/17）%	教材数量	比例（/52）%	教材数量	比例（/32）%	教材总量	比例（/101）%
特殊搭配评议	副 + 名	8	47.1	34	65.4	20	62.5	62	61.4
	数量短语 + 们	7	41.2	23	44.2	8	25.0	38	37.6
	倍数	6	35.3	24	46.2	8	25.0	38	37.6
	有 / 有没有 + 动词	1	5.9	1	1.9	6	18.8	8	7.9
	VV 看	1	5.9	2	3.8	3	9.4	6	5.9
	数量短语 + 以上、以下	0	0	1	1.9	4	12.5	5	5.0
	过去是、现在是、将来也是	0	0	2	3.8	1	3.1	3	3.0
	进行了并正在进行着	0	0	2	3.8	1	3.1	3	3.0
	作为……之用	0	0	1	1.9	1	3.1	2	2.0
	副词 + 形容词重叠式	0	0	1	1.9	1	3.1	2	2.0
	没有 + 动词 + 了	0	0	1	1.9	0	0	1	1.0

从数量上看，“副 + 名”“数量短语 + 们”“倍数”等相对较多，而类似于“作为……之用”这种现象则只有少部分教材偶尔提及。

特殊搭配评议比例变化相对较大，除了“副 + 名”以外，“数量短语 + 们”和“倍数”的用例比例在第四阶段明显下降，仅有 25.0%。“有 / 有没有 + 动词”有较明显增加，其余讨论都非常有限。

在内容上，对于一些特殊现象讨论的转变也表现出规范观念的转变。比如“副 + 名”，前三个阶段的解释基本上没有差别，都认为名词不能受副词修饰，个别类似于“很精神”“人不人，鬼不鬼”的用例当作特例处理。而到了第四阶段，有些教材[①]认为对于一些类似于“很女人”的“副 + 名”现象，不能盲目排斥，语言是发展变化的，应该深入分析其原因，并等待实践检验。在这种动态思想的指导下，一些以前认为不合规范或者认为不合逻辑，但符合大众使用习惯的用例都能够得到合理的解释。运用新的规范理论来评价原有疑难杂症以及新现象成为教材语法规范评议的发展趋势。

第五，一般搭配评议的发展过程。

表 5　一般搭配评议

大类	小类	第一、二阶段		第三阶段		第四阶段		汇总	
		教材数量	比例（/17）%	教材数量	比例（/52）%	教材数量	比例（/32）%	教材总量	比例（/101）%
一般搭配评议	动宾不当	12	70.6	45	86.5	26	81.3	83	82.2
	主谓不当	11	64.7	41	78.8	23	71.9	75	74.3
	定中不当	11	64.7	35	67.3	20	62.5	66	65.3
	主宾不当	8	47.1	28	53.8	20	62.5	56	55.4
	状中不当	9	52.9	32	61.5	13	40.6	54	53.5
	补语运用不当	3	17.6	26	50.0	15	46.9	44	43.6
	两面对一面	1	5.9	3	17.6	0	0	4	4.0

数量上，涉及动宾不当、主谓不当、定中不当、主宾不当、状中不当的教材都比较多，均在一半以上。

在变化趋势上，一般搭配不当评议比例变化并不大，相对于第一、二阶段，第四阶段各类别的比例差距相对缩小了一些，主要类型数据有所降低。

在内容上，一般搭配评议发展特点体现为：一、评议时分类逐渐精细化，更注重解释。在第一、二阶段，搭配不当基本上只划分出大类，比如主谓不当、动宾不当等，而内部不会再细分，而从第三阶段开始，分类更加精细。以主谓不当为例，这个时期一般教材都会将“主谓结构中有联合短语、暗换主语造成

① 袁彩云主编《实用现代汉语》，高等教育出版社 2006；唐健雄主编《现代汉语》，河北人民出版社 2007；周芸、邓瑶、周春林主编《现代汉语导论》，北京大学出版社 2011。

的搭配不当”等单独列出。二、对现象认识逐渐深入。在第一、二阶段，大多数搭配不当的用例都是由于语义上、习惯上不能搭配。而到了第三阶段，虽然语义、习惯上的搭配不当仍然占主体，但由词类误用、成分残缺等造成的搭配不当用例也正式列为讨论对象。如“暗换主语”此前一般归到主语残缺类，但从第三阶段开始也经常归到主谓搭配不当类中，换一个观察角度，成分残缺自然也是搭配不当用例，这充分说明认识的深化。三、对于一些现象评议的转变也表现出规范观念的转变。比如在境考查动宾结构“挣学问”的用例，对“贵宾所到之处……”相关现象的反思的用例，以及对“您们”等现象讨论的用例等。

第六，残缺缀余评议的发展过程。

表 6　残缺缀余评议

大类	小类	第一、二阶段		第三阶段		第四阶段		汇总	
		教材数量	比例（/17）%	教材数量	比例（/52）%	教材数量	比例（/32）%	教材总量	比例（/101）%
成分残缺	主语残缺	3	76.5	46	88.5	24	75.0	83	82.2
	谓语残缺	11	64.7	42	80.8	22	68.8	75	74.3
	宾语残缺	10	58.8	42	80.8	20	62.5	72	71.3
	定语残缺	6	35.3	22	42.3	4	43.8	42	41.6
	状语残缺	0	0	28	53.8	2	37.5	40	39.6
	补语残缺	0	0	7	13.5	5	15.6	12	11.9
成分缀余	定语缀余	5	29.4	27	51.9	15	46.9	47	46.5
	状语缀余	4	23.5	21	40.4	4	43.8	9	38.6
	主语缀余	5	29.4	18	34.6	4	43.8	37	36.6
	非主要成分缀余	7	41.2	22	42.3	8	25.0	37	36.6
	谓语缀余	4	23.5	20	38.5	2	37.5	36	35.6
	宾语缀余	0	0	15	28.8	9	28.1	24	23.8
	补语缀余	2	11.8	12	23.1	0	31.3	24	23.8

从数量上看，残缺用例中，主语残缺、谓语残缺、宾语残缺的比例最大，总比例均超过 70%，而且几个阶段之间差异较小，属于高度稳定的评议类型，补语残缺最少。缀余用例中，定语缀余稍多，但都没有达到 50.0%，其余的则相对均衡。

从发展趋势上看，残缺方面，主语残缺、谓语残缺、宾语残缺等主要类型均为先升后降，变化比较明显。状语残缺、补语残缺从无到有，随后状语残缺比例呈现下降的态势，而补语残缺比例则小幅上升。定语残缺的比例基本保持不变。缀余方面，主语缀余、状语缀余、补语缀余的比例都有不同程度的上升。宾语缀余从无到有，随后比例基本保持不变。谓语缀余、定语缀余、非主要成分缀余的比例先升后降，到第四阶段所占比例最少。

在内容上，从第一、二阶段到第三阶段主要体现出的特点是类型的丰富化、精细化，从单纯描写转为注重解释。在残缺问题上，第一、二阶段关注的主要是句法成分的残缺问题，状语残缺、补语残缺没有涉及，直到第三阶段才出现，这可能与这个时期介词讨论增多有很大关联。宾语缀余也出现于第三阶段。在对各类的分析说明中，第三阶段在原有类别的基础上做了更为细致的分类，比如张静（1980）就将宾语残缺细分为“不该省略而省略、用定语代替中心语”两类，同样，类型的细分意味着解释的深入，这也体现出重解释的特点。从第三阶段到第四阶段的特点主要是对原有现象的反思，但是基本上还是根据“约定俗成、符合习惯”等原则，并没有从现象产生原因等角度进一步分析，比如在讨论“贵宾所到之处，受到热烈的欢迎”时便采用这种策略。

第七，语序评议的发展过程。

表 7　语序评议

大类	小类	第一、二阶段		第三阶段		第四阶段		汇总	
		教材数量	比例（/17）%	教材数量	比例（/52）%	教材数量	比例（/32）%	教材总量	比例（/101）%
语序评议	定语位置不当	9	52.9	39	75.0	21	65.6	69	68.3
	状语位置不当	8	47.1	38	73.0	19	59.4	65	64.4
	主谓宾错置	0	0	7	13.5	3	9.4	10	9.9

续表

大类	小类	第一、二阶段		第三阶段		第四阶段		汇总	
		教材数量	比例（/17）%	教材数量	比例（/52）%	教材数量	比例（/32）%	教材总量	比例（/101）%
语序评议	补语位置不当	0	0	5	9.6	4	12.5	9	8.9
	特殊语序不当	1	5.9	2	3.8	0	0	3	3.0

在数量上，状语位置不当和定语位置不当占有绝对优势，其余成分的语序问题则少有关注。

在发展趋势上，状语位置不当和定语位置不当都经历了先增后减的发展过程，二者在第三阶段达到峰值，均在 70.0% 以上。而主谓宾错置和补语位置不当的相关用例则从无到有，比例变化也不大。

在内容上，主要表现为评议类型上的变化，主谓宾错置和补语位置不当等都是在第三阶段出现的，此后没有实质变化。可见对语序的关注经历了一个由简单到复杂的过程。

第八，杂糅类评议的发展过程。

表 8　杂糅类评议

大类	小类	第一、二阶段		第三阶段		第四阶段		汇总	
		教材数量	比例（/17）%	教材数量	比例（/52）%	教材数量	比例（/32）%	教材总量	比例（/101）%
杂糅类评议	句式混杂	6	35.3	32	61.5	23	71.9	61	60.4
	前后牵连	4	23.5	23	44.2	15	46.9	42	41.6

杂糅类评议，经历了由少到多然后趋于稳定的过程。在内容上并没有明显的变化，是教材编写过程中继承性体现最为明显的类型之一。

第九，特殊句式评议的发展过程。

表 9　特殊句式评议

大类	小类	第一、二阶段		第三阶段		第四阶段		汇总	
		教材数量	比例（/17）%	教材数量	比例（/52）%	教材数量	比例（/32）%	教材总量	比例（/101）%
特殊句式评议	把字句	5	29.4	19	36.5	17	53.1	41	40.6
	被字句	5	29.4	23	44.2	8	25.0	36	35.6

在数量上，“把”字句的讨论刚开始比较平稳，第四阶段开始明显增加，“被”字句经历了“少—多—少”的过程。

在内容上，“把”字句并无明显变化。“被”字句则经历了由简到繁的过程——由起初关注“滥用‘被字句’”到如今对“被字句”中否定词的位置讨论、“被字句”中主语定指与否的讨论等。这说明学界对相关研究的深入会影响教学语法相关内容的编写。

第十，复句和句群评议的发展过程。

表 10　复句和句群评议

大类	小类		第一、二阶段		第三阶段		第四阶段		汇总	
			教材数量	比例（/17）%	教材数量	比例（/52）%	教材数量	比例（/32）%	教材总量	比例（/101）%
复句评议	关联词误用	关联词错用	10	58.8	36	69.2	23	71.9	69	68.3
		关联词配合失措	7	41.2	32	61.5	22	68.8	61	60.4
		关联词滥用	10	58.8	31	59.6	19	59.4	60	59.4
		关联词缺失	9	52.9	24	46.2	20	62.5	53	52.3
		关联词位置不当	5	29.4	22	42.3	17	53.1	44	43.6

续表

大类	小类		第一、二阶段		第三阶段		第四阶段		汇总	
			教材数量	比例（/17）%	教材数量	比例（/52）%	教材数量	比例（/32）%	教材总量	比例（/101）%
复句评议	分句误用	分句次序错乱	1	5.9	26	50.0	15	46.9	42	41.6
		分句间联系不紧密	2	11.8	7	32.7	18	56.3	37	36.6
		分句层次混乱	1	5.9	2	23.1	10	31.3	23	22.8
		条件不充分，绝对推导	4	23.5	3	25.0	5	15.6	22	21.8
		缺少分句	0	0	7	13.5	1	3.1	8	7.9
		句式选择失误	3	17.6	1	1.9	0	0	4	4.0
句群评议			1	5.9	11	21.2	7	21.9	19	18.8

从数量上看，关联词误用的比例都比较大，整体上超过分句误用，而且小类之间的差别不大。分句误用中分句次序错乱、分句间联系不紧密、分句层次混乱、条件不充分，绝对推导相对较多。句群误用的比例相对较小。

在发展趋势上，关联词误用总体上都呈现增加的态势，只有关联词缺失这一项在第三阶段的比例有所下降，跌至46.2%，但到了第四阶段又增长到62.5%。关联词误用比例的持续增长可能与模式化教材编写有关，自20世纪八九十年代基本确定关联词误用类型以后，之后的教材编写都按照固定模式进行编写，因而造成比例的增长。在分句误用中，大部分类型都是从第三阶段才有比较多的用例，之前仅有极少数教材提到这些类型。随后，分句次序错乱、条件不充分，绝对推导、缺少分句的比例都有下降，而分句间联系不紧密和分句层次混乱的比例则有上升趋势。句式选择失误则逐渐消失，说明该类型无论在实际应用中还是在教学领域都失去讨论的价值。句群误用的比例一直在缓慢增长。

在内容上，复句问题讨论始于关联词误用，第二阶段开始有了与分句关系相关的讨论，第三阶段则比较全面，无论是关联词还是分句关系都得到了比较充分的阐释，此后类型和评议基本保持不变。

第十一，逻辑评议的发展过程。

表 11　逻辑评议

大类	小类	第一、二阶段		第三阶段		第四阶段		汇总	
		教材数量	比例（/17）%	教材数量	比例（/52）%	教材数量	比例（/32）%	教材总量	比例（/101）%
逻辑评议	主客体颠倒	7	41.2	32	61.5	15	46.9	54	53.5
	自相矛盾	4	23.5	25	48.1	14	43.8	43	42.6
	多重否定不当	2	11.8	16	30.8	8	25.0	26	25.7
	并列不当	2	11.8	18	34.6	5	15.6	25	24.8
	正反同义表达	2	11.8	14	26.9	6	18.8	22	21.8

在数量上，各类均比较少，其中主客体颠倒最多，自相矛盾、多重否定不当、并列不当、正反同义表达依次减少。

在发展趋势上，可以看出有关几个用例的评议都经历了先升后降的发展过程。这说明 20 世纪八九十年代是逻辑问题讨论的高峰时期，此后逐步稳定。

在内容上，变化主要体现在自相矛盾用例上，在第一、二阶段，自相矛盾用例主要是完全违背事理的用例，到了 20 世纪八九十年代，则主要是“基本上”与“全部”，“将”与“了”，“近十万多”等自相矛盾用例，可以明显看出后者评判难度有所提高。相对于前几个阶段，第四阶段逻辑问题在内容上基本保持不变，进入稳定期。

（3）现代汉语教材语法规范评议演变的影响因素

现代汉语教材中的语法规范评议，从性质上来说主要涉及这样几个方面：高校现代汉语教材，语法规范对象，编者对相关现象的评议。从以上的类型和评议中可以看出，高校现代汉语教材的语法评议与中学相关评议没有实质差别，故教材的差异在此处并没有什么特点，而且教材之间有比较明显的承袭现象，这些都是高校教材应该考虑和改进的方面。而对于语法规范评议的对象，从类型上讲是复杂多样的，“编哪些”自然成为必须面对的问题。语言是用来交际的，当一些高频出现的语言错误已经影响到人们正常交际时，就会被当作典型收入到教材中。语言具有系统性，其本身特点必然会对语言表达准确性的判定有重要影响。语法规范评议是语言规范研究的重要内容，它反映了语言研究者对相关现象的评价。因此，必然会受到评议者个人理论知识、当时学界理论背景、学术研究成果的影响。基于此，主要从以下五个方面来讨论现代汉语教材语法规范评议的影响因素。

第一，大众语言生活和语言水平对高校教材语法规范评议的影响。

教学语法是为了告诉学生什么样的语法现象是合乎规范的，什么样的语法现象是不合乎规范的，注重实用性，因而现代汉语教材中的语法规范对象很多来自日常交际用语，也就是说，大众语言生活和语言水平对教材中的语法规范评议有重要影响，这主要体现在以下两个方面。一是语言生活影响着教材中评议用例的选择。中华人民共和国成立初期，大家正在热情满满地投入到社会主义建设的过程中，语言规范问题严重影响了社会各项工作的开展。为了迅速改善当时的语言状况，在各级领导的大力推动下，社会各界掀起了语法学习的热潮。作为该时期语法规范化的代表，《语法修辞讲话》影响巨大。《语法修辞讲话》除了小部分展示正确用例外，用大部分篇幅来批判错误用例，而且选例均来自当时的实际用例，如《语法修辞讲话》序中所言：“我们的例句的来源，有一般书籍，有教科书，有报纸，有期刊，有文件，有文稿，有通信，有大、中、小学生的习作。”由此可以说《语法修辞讲话》是当时大众语言生活的缩影。该书在当时影响很大，许多高校现代汉语教材在编写过程中都或多或少地借鉴其编写体例或具体用例。进入 21 世纪后，多文化交流的迅速发展以及网络语言的兴盛都极大丰富了人们的日常表达用语，因而，在一些教材中看到不少新现象。比如，在说明类词缀时，2001 年邵敬敏主编的《现代汉语通论》，以及 2006 年袁彩云主编的《实用现代汉语》就将“× 热、× 坛、× 感、× 风、× 户”等一批近年在日常生活中比较常用的类词缀列为考察对象，又如以“有 + 动词”为代表的一类特殊搭配，它们从最初被认为不合法到如今得到承认，与它们在大众的语言交际实践有着密切的关系。二是大众语言水平对教材中的语法规范评议也有很明显的制约作用，对比匡谬、承袭阶段和系统化阶段可以明显说明这一点。上文提到，中华人民共和国成立初期，大众的语言水平很低，严重阻碍社会主义建设进程，在这种环境下，教材中的语法规范评议相对来说比较简单，类型也没有完全展开。评议的主要类型比例较高，如名词、动词、形容词的误用，简缩生造词，主要句法成分的残缺问题、搭配问题，一些很明显的特殊现象，比如“副 + 名”“数量短语 + 们”等，它们都是当时主要的关注对象，从后来的发展来看，这些基本上属于语法规范评议的典型、核心用例，而相对边缘一些的现象则关注较少。到了系统化阶段，随着大众语言水平的提高，相关类型也呈现出均衡的趋势，而到了繁荣发展阶段，传统核心评议用例的比例又有了比较明显的降低，说明大众语言水平的提高使许多类型失去了讨论价值。

第二，语言研究观念对教材语法规范评议的影响。

语言研究观念影响着教材中相关语法现象的评议。这主要体现在以“匡谬正俗”为核心的静态规范观对教材编写的影响，以及以“交际值”为核心的动态规范观对教材编写的影响。

20 世纪 50 年代到 20 世纪 80 年代中期，教学语法指导思想是“匡谬正俗”——纠正大众在语言使用中的错误，矫正语言使用陋习。该观念有其特定的历史价值。新中国成立初期，人民大众的语言水平和社会发展的需求产生了尖锐矛盾，尽快提高广大人民的语言水平成为关系党政机关正常工作、社会各项事务正常运行的重要任务，由于时间短，任务重，对于语法规范化本身的理论探索不可能完全展开，“匡谬正俗”成为既方便又高效的指导原则，因而得以迅速推广。此后，由于众所周知的政治和社会原因，该标准在语法教学领域一直处于指导地位，深刻地影响了现代汉语教材语法规范化内容的编写。纵观 20 世纪 50 年代至 20 世纪 90 年代的现代汉语教材，“匡谬正俗”的观念一直占主导地位。在此观念指导下，现代汉语语法规范化工作的确取得了非常大的成绩，广大人民群众的语言水平有了提高，教材语法规范化内容有了比较“可靠”的标准，相关工作得以顺利开展。但是其局限性也是显而易见的：在规范标准划定方面比较单一，过于武断；在规范观念上寻求规则化、一致化，具有明显的保守性；对于新生的语法现象采取否定、一刀切的态度，对于外来语法或方言语法采取坚决抵制的处理策略。

除此之外，受传统语言学观念和结构主义理论的影响，第一阶段语法规范评议主要以简单更正为主，不注重解释。这与当时的社会环境相符。从第三阶段开始，对于相关现象的解释越来越详细，这与不同理论的应用以及相关学术研究的广泛开展有关。

改革开放以后，语法规范研究进入了一个新的阶段。伴随着应用语言学研究的兴起，学者们开始注重语法规范化本身的理论探讨，对以往以“匡谬正俗”为核心的静态规范观进行反思，提出并发展了一系列语法规范化理论，这就是以交际值为中心的动态规范观。与静态规范观发源于实践工作不同，动态规范观是从理论探讨开始的。这种规范观主要提出以下观点：语言本质上是动态的、语言中有大量中介状态、语言具有层次性。此外，语言的潜显理论、规范服务观、预测观以及语法规范原则，如理性原则、习性原则、刚性原则、柔性原则等探讨也有非常大的启发性。

自20世纪80年代中期到20世纪90年代末，相关理论研究工作得到了巨大发展，而学术研究成果运用到教材中需要一个过程，尤其是在“匡谬正俗”观念在现代汉语教材编写中长时间占据主导地位，想要彻底转变这种根深蒂固的传统观念并不是一朝一夕的事。虽然八九十年代的语言规范研究成果显著，但是并未反映在教材当中，直到21世纪才开始在少数现象的讨论中有所体现。

第三，语言研究内容及成果对教材语法规范评议的影响。

教学语法的目的是“掌握一定的知识，便于了解什么是符合语法的，什么是不符合语法的，并正确地运用语言”（高更生、王红旗1996）。大学现代汉语教材会倾向于吸收学界看法比较一致的研究成果，比如上文提到“您们”经历了由“完全不规范”到“书面语中可接受”的转变。从20世纪80年代开始，陆续有张寿康（1981）、周世安（1982）、廖斯级（1982）、李庆义（1982）等一大批学者对“您们”进行了探讨，大部分观点都认为应该承认“您们”规范性地位。从第三阶段开始，教材中对于“您们”也开始承认其在书面语中的合法地位。再如“副+名”，从20世纪90年代开始，学者们对于“很绅士、很女人”这类非常规现象的关注开始增多，到了第四阶段，教材中也开始有了相关说明，并由此对动态规范观进行必要阐释。这体现了人们对病句的判定标准也在由规则本位走向语用本位（施春宏2005）。又如复句和关联词。如表10所示，起初重视关联词的评议，有关分句的评议主要是从第三阶段开始的，这是因为在第一阶段，学界对于复句的关注重点在关联词上，《〈暂拟汉语教学语法系统〉

简述》将复句分为“用关联词的”和“不用关联词的”，可见关联词是复句讨论的核心，而在分句关系上，“暂拟系统”则只粗略地分为“联合的”和“偏正的”两类，没有对分句关系给以足够重视。“文革”后，分句关系被划分为“并列、选择、承接、递进、转折、因果、假设、条件”八类，与之相应的分句关系规范研究也逐渐增多，因此教材中分句关系的讨论也增多了。这说明了语法研究对现代汉语教材编写具有重要的影响。

第四，语言系统的特点对教材语法规范评议的影响。

评议现象之所以会产生，就是因为它有别于特定语言系统的一般规律，造成了交际障碍或具有某种特殊性。因此，一种语言中有什么样的语法评议现象，一定与它所在语言系统的特点有着密切关系。

关于汉语的特点，学界讨论最多的就是汉语的意合特征。20 世纪 40 年代王力首先提出“意合”的概念，此后虽然有很多质疑的声音，但是对汉语意合特征的探索从最初的复句延展到词、短语、句子、语篇等各级语言单位上，取得了丰硕的成果。汉语的意合特征对于语法规范评议有非常重要的影响。

汉语缺乏形态变化，相互组合主要是依靠语义的配合，因而当语法规范评议中涉及许多词类运用失误的例子时，虽然它们在语法搭配上不能成立，但是在语义层面上一般是可以说得通的。又如对于关注最多的搭配问题，评议最多的都是语义、习惯上搭配不当的用例，这也是汉语意合特征的重要体现。汉语习惯采用省略、简缩等方式以达到简约达意的目的。简缩生造词，被动句滥用，关联词的错用、滥用，主要句法成分的缀余都是比较重要的类型。汉语灵活性的表现方式就是位移，汉语中有定语放在状语位置上的例子，比如“我脆脆地炸了一盘花生米”，也有状语放在定语位置上的例子，比如“吃大锅饭（用大锅吃饭）”，然而，这些现象并不具有普遍类推性，因而几个阶段的教材语法规范评议有许多定状混用的例子。

第五，语法本体研究的理论框架对教材语法规范评议的影响。

汉语语法学最早是借鉴西方传统语法学而产生的，传统语法学对现代汉语教材编写产生了深远的影响。直至今日，传统语法学的概念、术语、分析方法仍然保留在现代汉语教材中，可以说，现代汉语教材是在传统语法学的基础上发展起来的。

传统语法产生之初就是以教学为目的，以描写为主，明确区分词法、句法，开创了一套相对完整的以词和句子为中心的语法教学体系。传统语法是最早传入我国的语法理论，同时也是影响最大的理论之一。从《马氏文通》开始，传统语法在我国教学语法体系中都处于基础地位，高校现代汉语教材更为典型：在语法部分，基本上是按照词类（实词、虚词）、词组、单句、复句的类型进行教学，句法分析上，纵然中心词分析法因其局限饱受批评，但仍由于其在语法教学中的重要实用价值而被各类现代汉语教材广泛收录。语法规范评议作为语法教学中的反面例证，其体系安排自然也受到传统语法的影响。纵观六十年来现代汉语教材中的语法规范评议，大体上都是沿着词类误用、短语误用、句法成分及句法结构误用、复句误用、句群误用的路子来描写。而且在判断病句时，最常用的方法就是紧缩法，即先找出句子的主语、谓语、宾语，然后再加以分析，这种方法实际上就是从中心词分析法演变而来的。可以说，传统语法仍是现代汉语教材语法规范评议的基础。

结构主义语言学早在 20 世纪 30 年代就传入中国，但由于政治环境的影响，结构主义在五六十年代都没有光明正大地发展起来。自 20 世纪 70 年代末开始，结构主义理论终于迎来了蓬勃发展时期。不仅在本体研究中得到广泛应用，在教学语法中，结构主义提倡的词类划分标准、层次分析法、替换法等也得到广泛应用。在高校现代汉语语法规范评议上，相对于前两个阶段，该时期也有很大不同。结构主义最大的贡献就是将语言看成一个系统，通过梳理系统中的语言成分以及成分之间的关系来描写语言。语法规范对象也是成系统存在的，从上文的分析可以看出，在前两个阶段，病句研究都显得很零碎，没有形成体系。从 20 世纪 70 年代末开始，受结构主义系统观的影响，系统化成为该时期语法规范评议的主要特征。相对于前两个阶段实用主义倾向，此时教材中的语法评议似乎更加注重学理性，在编写相关内容时，编者们更倾向于全面、系统化。从统计数据上看，该时期大部分类型的系统性都在前两个阶段基础上有较大提升。从评议对象和评议内容上看，系统化主要体现在以下两个方面，一是新的病句类型显著增加，二是已有的病句类型有了更为精细化的描写。总的来看，系统化、精细化描写是这一阶段最为显著的特征，而这与结构主义观念的影响不无关系。到了 21 世纪，教材语法规范评议的编写仍然主要采用结构主义理论下系统化评议模式，但是由于受到大众语言水平提高的影响，其系统化程度已不及第三阶段。

20 世纪 80 年代以来，不仅结构主义广泛传播，认知语法、功能语法、转换生成语法等理论也被引进汉语语法学界，学术界呈现出百花齐放的景象。随着不同理论研究的兴起，学者们逐渐认识到语法有句法、语义、语用（也有人说“结构、语义、表达”）三个方面，这就是“三个平面”理论。这个理论注重结构、语义、语用三方面相结合，相对于传统语法，其在系统性、规则性、研究领域等方面都有极大提升。这一理论对语义、语用的关注大大深化了对汉语语法事实的探讨，语义特征分析法、语义指向分析法、配价分析等方法不断完善，篇章分析、焦点理论等也广泛开展。在“三个平面”理论的指导下，现代汉语教材中语法规范评议也有了新的探索，比如，前文提到，第三阶段在讨论搭配问题时很重要的一点变化就是不再只关注语义上、习惯上的搭配不当，还将类似于“不及物动词带宾语”这类语法关系不当用例列入考察范围。同时，这个时期还正式有了“句群”的概念，复句的分句关系和句群运用中的各种问题也逐步展开，这是从语用角度进行分析的典型用例。除此之外，这个时期对问题现象更加注重解释，一方面，是由于类型的细化必然会带来解释的深入，另一方面则是由于受“三个平面”理论的影响，语法研究逐步深入的结果。

现代汉语教材语法规范评议先经历了数量和类型上的增加，之后一直处于新观念渗透、系统调整阶段。影响现代汉语教材语法规范评议的因素包括语言生活和大众语言水平，语言研究观念及内容，语言系统特点，语法理论等多方面因素。虽然新的语言规范观也在影响着教材，但目前教材中的语法规范评议大部分仍是在吃老本，小到具体用例，大到执行规范的理念，处处都体现着守旧思想。高更生、王红旗（1996）在谈到大学讲语法规范化时强调：“大学则更进一步要求能从语法上讲清楚为什么有语病，应当怎样纠正和预防，对有些存在争议的语言现象进行探讨，辨析规范与不规范的界限。”现在的现代汉语教材在语法规范化的教育上还远未达到该标准。这反映出语法学界对教学语法研究不够深入，不能满足教材编写的需要。做好高校教学语法规范评议的编写工作，无疑还需要更多探索，特别是要着重处理好教材语法规范评议与以下方面的关系：与正面用例的关系，与语言生活、语言水平的关系，与语法本体研究的关系，与中小学教材语法规范评议的关系。

第三节　新时期语用规范化问题

一、语用规范化研究概况

与语音、文字、词汇、语法规范相比，语用规范涉及范围广，甚至难以穷尽其领域。以往的语言文字规范化工作也很少明确提出语用规范问题，不过也有一批与之相关的成果引导着人们语言使用的规范，如文风问题研究，特别是套话问题研究，另外还有标点符号、出版物上数字用法等的相关研究。

1. 套话研究概述

（1）套话的语法研究

秦晓杰的《套话及其对外语教学的启示》（2003）从语法的角度出发，分析了套话积极的一面，指出了套话句法结构的特点：句法结构简单且结构内的变量替换灵活。在谈到套话与语法的关系时，他认为语法特征决定了套话成为一种学习策略，学习者可以利用已学的语法知识来分析已知的套话，并归纳总结套话的深层结构和使用规则，继而创造出更多新的句子。由此可以看出，学习套话对语法系统的掌握有一定的帮助，而掌握了语法系统又可以很好地理解和使用套话。

在运用套语理论来解释文学作品语法形式的研究中，于根元《王蒙小说设计的套话》（1986）归纳总结了王蒙小说中设计的套话，并对这些套话规律作了分析，其中套话之三就是“类推”，如“为革命而……”，还可换成“为四化而……”“为开创新局面而……”等。孙立尧《释〈诗经〉套语模式“ABAC”》（2003）尝试用套语理论来解释《诗经》中的一些语言问题，文中分析了套语模式，并指出了套语模式的几种情形：纯粹语法模式、虚字模式和实字模式，其中，纯粹语法模式可以是“叠词＋名词”“叠词＋名词＋动词”“叠词＋动词＋名词”几种情形。葛立斌《〈周易〉爻辞的“套语系统”初探》（2006）通过对《周易》套语系统的分析，得出《周易》套语的几种形式，并总结出口述歌谣套语形式更多地体现在句法套语形式的运用上。在此基础上，葛立斌《〈诗经〉“引语式句法套语”探析》（2008）又做了进一步的研究，通过《诗经》文本而得出“引语式句法套语”的结论。毕枬《哈萨克魔法故事里的套语》（2010）在研究哈萨克魔法故事里的套语时认为同类的套语大同小异，并指出讲述者遵循着相同的思维定式，其表达的句式基本相同，是属于同一个话语形式。

套话在语法层面上，最大的特点就是模式固定、长句多。周筱娟《汉语客套语的语表语里和语值》（2007）以客套语为研究对象，对客套语的语表、语里和语值进行了研究。徐杨《套话浅析》（2010）在谈到套语特征时指出，套语的稳定性特征主要表现在套话的形式和结构关系的固定上。余锐《空谈误国 实干兴邦：论官话套话的危害及本质》（2013）指出官话套话的共通之处就是看似准确无误、面面俱到，但毫无温度，从另一个角度来说就是内容僵化、模式固定。杜碧玉在谈到汉语和英语立法语言的句式特点时指出，在句式选择方面，中英立法语言都倾向于选用长句和复句，在句法结构方面，汉语常用“的”字结构。

从语法角度给套话分类的研究有：刘戈（2000）在对回鹘文契约的内容结构和行文用语进行研究时发现，汉文契约中的证人套语和回鹘文契约中的证人套语相似，并且从语法的角度出发，对回鹘文契约中证人套语的句子结构进行了归纳，以此总结出了三种句型。要文静、刘陈艳（2012）根据阿尔顿伯格（Alternberg）以及卫乃兴的研究，将中国学生英语口笔语语料库（SWECCL）中的套语分为三种类型结构：完整分句（full clauses），分句成分（clause constiuents），不完全词组（incomplete phrases）。完整分句具有相对完整的主谓结构，又分为独立分句（Independent clauses）和从属分句（Dependent clauses）。独立分句如“I don’t know”，从属分句如“as you please”。

（2）套话的语义研究

如果说从语法的角度出发，套话是合情合理的，那么从语义的角度出发，套话的弱点就立刻显现出来了。套话的表现形式通常是长篇累牍，但却不具备实质上的意义，又或者是只需表达一个意思，却要反复地言说。陈章太、于根元在《语言美和精神文明建设》（1985）中指出，另一种套话，即说话人对词句的实际含义并无过多了解，只是一种无意识的习惯上的强加，这样说出来的话多数无真情实感，只是不分场合地胡乱使用。于根元在《王蒙小说设计的套话》（1986）中对王蒙小说中出现的套话进行了归纳总结，其中“套子三”——同义反复，就是从语义的角度分析出来的，并引用了王蒙杂文《痛苦三章》中的第一章《听同义反复万无一失的演说》作为例证。朱俊阳在《〈修辞学习〉20年来书评语言中的套语分析》（2004）中，从语义角度对书评语言中的范式进行了分析，划分并分析了几种套语类型，如以“新”为主要语义特征的套语、以“严”为主要语义特征的套语等。

（3）套话的语用研究

相对于语法、语义来说，语用领域的套话研究略显广泛些。

首先，基于言语行为理论的套话研究有：杜碧玉《中英法律颁布套语的语用分析和比较》（2011）从语用学的角度出发，以言语行为理论为依据，对中英两国法律颁布套语进行了研究，认为两国的颁布套语尽管在结构和语言表现形式上有些不同，但有着相似的语用功能。

其次，基于会话含义理论的套话研究有：谢军《英语套语及语用功能》（2001）认为套语在话语交际中具有两个特征，即规约性和复现性，此外，套语的使用对语境具有一定的提示作用，在套语的使用中遵守会话的礼貌原则和合作原则具有十分重要的意义。他认为，人们在交际中应该互相尊重，这就要考虑用什么样的手段来显示礼貌，而套语恰恰是能够体现礼貌原则的话语手段，熟练掌握并使用套语回答问题能达到交际的实际目的，但并不表示可以滥用礼貌用语，还要根据交际的需要来选择恰当的套语，遵守合作原则，这样才能使交际顺利进行。周震和丁文英《浅谈套语在语言交际中的语用功能》（2007）通过套语的定义及其研究历史，深入地分析了套语在语言习得中的交际作用，并在此基础上提出了在语言习得中使用套语时应遵循的语用原则。吕朦在《大学英语学习者日常礼貌套语语用失误调查研究》（2007）中，从礼貌原则的角度对礼貌用语语用失误的原因进行讨论，并分析了对大学英语教学的启示。徐杨《套话浅析》（2010）从会话含义理论角度探讨了套话的积极作用，他认为“用于应酬的客套话”是基于礼貌原则，如“您好”“再见”“您吃了吗”等。

再次，基于语言教学的套话研究有：孙宏羽、苗兴伟在《英语套语的语用功能及其对外汉语教学的启示》（2003）中指出，套话作为一种现成的程序化言语材料，在使用过程中，对于言语材料的选用与特定的语境有着密切的联系，所以语境化功能是套话语用功能中的一个重要方面。秦晓杰《套话及其对外语教学的启示》（2003）认为套话在实际的教学中起着积极的作用，根据套话定义总结出套话的三条特征，并指出，省力性是初学阶段的推动力，纵聚合的可变性和横组合的简单性辅助语法学习，语境的依赖性有助于提高语用意识。

（4）套话的其他角度研究

有关套话定义的研究成果有：刘春鹏《走出官话套话的怪圈圈》（2013），周震、丁文英《论套语在二语习得中的作用》（2006），谢军《英语套语及语用功能》（2001），要文静、刘陈艳《基于口语语料的中英大学生套语语用比较》

（2012），王慧《中国英语学习者的套语研究》（2007），范垚、张芹、张伟《套话理论运用于〈诗经〉研究得失之浅见》（2008），晏艳《两岸四地现行公文套语研究》（2012），吴结评《当代西方〈诗经〉学的新理论：套语理论》（2006）。

有关套话起源方面的研究成果有：夏海波《公文之大话、空话、套话三题》（2010），韩云花《套语之现代属性》（2013）等。

2. 标点符号规范化问题研究概况

现代汉语的标点符号产生于清末至“五四”时期，它是在继承了我国传统句读特点的基础上，吸收借鉴西方标点的用法和规范而形成的。从 20 世纪初至今，标点符号规范化经历了一个较为复杂的、从被忽视到逐渐引起各界重视的过程，可以将其分为三个阶段。

第一个阶段是 20 世纪初新文化运动兴起至中华人民共和国成立前。1920 年，当时的中国政府曾公布过标点符号使用方案，但此时限于时代科技背景，且标点符号属于刚引进不久的“洋事物”，所以未能全面推广标点符号，也就更谈不上规范化了。因此在这一阶段，关于标点符号规范化的相关文献处于相对真空的状态。

第二阶段是 20 世纪 50 年代初至 20 世纪 80 年代末，这一时期讨论的主要是标点符号具体用法、教学方法、古籍标点等内容，如：可则《标点符号练习》（1951），鸣幹《用顿号还是用逗号——学习标点符号的一点体会》（1952），井田制《对使用标点符号的意见》（1966），时计方《略谈标点符号》（1960），李谱英《标点符号用法问答》（1975），陈元胜《要注意标点格式》（1978），邱少华《关于〈战国策〉新标点本的一些问题》（1979），黄加浩《新版〈资治通鉴〉标点浅议》（1980），张占宇《不可忽略标点符号的教学与训练》（1981），杨伯峻《建议古籍标点恢复使用破折号》（1982），向荣《档案编纂中的标点工作》（1983），谭厚福《语态修辞与标点符号——关于标点符号修辞的商榷》（1984），王国璋《标点符号与句法结构》（1985），凌远征《标点符号推行小史》（1986），曾尧熙《标点和修辞教学》（1987），亢霞生《标点符号用法要统一体例》（1988），詹言《标点、注释和体例》（1989），等等。

第三阶段是 20 世纪 90 年代至今，标点符号规范已经引起了各界充分重视，关于标点符号规范化的讨论与研究也逐渐变得多种多样，形成一种百花齐放的发展态势，这一时期的代表性文献主要有：

苏培成《标点符号的规范化问题》（1990）将标点符号的规范化主要概括

为四个方面：种类和名称、形式、位置、用法。纪玉香《评〈标点符号的多种实用价值〉》（1991）评价了《标点符号的多种实用价值》一书，肯定了标点符号类图书的价值。高敦璐《正确使用标点符号》（1992）指出了现在大部分的报纸都存在标点符号使用不规范的问题，并不是标点符号使用方法难掌握，而是因为很多作者、编者在思想上不够重视、不够认真。白金声、何玉茹《标点符号教学谈》（1993）认为教学生学好常用的标点符号作用有二：一是在作文时正确运用标点符号，能准确地表达思想感情；二是在阅读时，根据标点符号理解文章意思，能正确接受信息。曹石珠《再论标点符号超常用法形成的原因》（1994）一文从散文体和诗歌两个侧面对标点符号超常用法的成因进行了探讨，认为追求书面语言的经济是促使标点符号超常用法形成的重要原因。连庆昭《标点符号运用的规范化和灵活性》（1995）认为在运用标点符号的过程中，在坚持规范化原则的同时不能忽略灵活性原则。赵兴元《标点使用中的混乱应引起编辑注意》（1998）指出目前许多出版物存在着标点符号使用不规范现象，相关出版社编辑应该端正态度，增强责任意识。孟建安《注释与参考文献内的标点符号问题》（1999）以高校人文社科类学报为研究对象，在指出并总结了当前高校文科学报中注释与参考文献的标点符号使用问题和原因后，提出了几点高校文科学报标点运用的原则。周忠玲《正确使用标点符号，提高报纸编校质量》（2000）强调了提高对标点符号作用、性质认识的重要性。王一禾《符号小，学问大——写在〈标点符号学习与应用〉重印之际》（2001）回顾了《标点符号学习与应用》一书的主要内容，指出修订、重印标点符号类书籍的重要性。倪向阳《引文尾引号与标点搭配浅议》（2003）认为引号与其他标点连用时的使用方法是标点符号使用的难点之一。宁方民《大学生运用标点符号的现状及思考》（2004）对大学生标点使用情况进行了调查分析，认为造成大学生标点使用不规范的原因除了大学生本身语言文字水平较差外，还有报刊书籍标点使用不规范、相关规范标准不完善等。曾常红《〈标点符号用法〉的不足》（2005）根据标点符号的实际使用情况，探讨了《标点符号用法》的指导作用，并指出《标点符号用法》的不足，为将来进一步修订和完善《标点符号用法》提供了参考。郭攀《二十世纪以来汉语标点符号研究》（2006）将 20 世纪以来标点符号研究分为三个时期：中外标点嫁接期、整合性新式标点初创期、新式标点初步定型期。杨惠芳《新版〈鲁迅全集〉标点问题和改进编辑工作的建议》（2007）对 2005 年人民文学出版社出版的《鲁迅全集》存在的标点体例混乱问题进行了分析，指出旧时期标点符号用法不规范统一是问题产生的主要原因之一，而力争让读者能够看到鲁迅在不同时期写定和审定的文本原貌是解决办法之一。丁俊苗《不足与需要：论标点符号的语法功能》（2008）认为由于目前标点符号语法尚未建立完备的系统体系，难以满足语文现代化与中文信息处理的要求。因此，在现阶段应积极加强标点符号语法功能的研究，构建以语法为原则的、体系较为完备的标点符号系统。张苗、刘美岩《标点符号在语篇音系层和语境层上的衔接功能研究》（2009）从语言本体角度入手，借鉴语篇衔接理论的研究成果，从标点符号的基本功能出发，研究标点符号在语篇音系层和语境层上的衔接作用，是对语篇衔接理论有益的补充。曾红梅《谈谈标点符号用法的规范化——关于贯彻执行新国标 GB/T 15834—2011 的探讨》（2013）指出在新修订的《标点符号用法》中，圆点句号和二字线连接号被取消，丛书名宜用引号，间隔号占半个汉字位置等多处值得注意的地方。杜永道《新版〈标点符号用法〉中应注意的几个细节》（2014）主要介绍了标点符号连用、叠用和引文独立成段时引号的使用方法。杨洎缘《2011 版〈国家标准・标点符号用法〉的符合性考察及修改建议》（2015）指出虽然新版《标点符号用法》第一次从语言学的视角来描述各标点符号的功能，但是在新旧版交替的过渡期仍然有较多问题，如新旧用法参考标准不一致、语料本身标点错误、冒号争议问题仍未妥善解决等。相关的文献还有韩延展《新闻标题中标点符号的特殊用法研究》（2016）、邵珊珊《公安讯问笔录中的标点符号使用问题及规范建议》（2017）、张志平《标点符号教学策略的探究》（2017）等。

关于标点符号的研究，从最初的寥寥无几到如今的遍地开花，都让人感到无比欣喜。但是，标点符号规范化这项任务还有许多困难。例如，目前关于标点符号使用的研究已经开始逐渐涉及语言本体部分，这是学术研究的新大陆，但同时无疑大大增加了研究的难度；在汉语作为第二语言教学过程中，如何更好地让学习者掌握汉语标点符号这方面的相关研究还十分薄弱；目前阶段标点符号规范化推广力度不够。这些问题都需要研究解决。

3. 出版物上数字用法规范化问题研究概况

在出版物中，数字用法的混乱现象一直都存在。20 世纪 80 年代以前数字的用法并没有受到大家的关注。1987 年，我国发布《关于出版物上数字用法的试行规定》之后，社会各界对数字的用法越来越重视，此后对出版物上数字用法标准进行过两次修订，从总体来看，不同时期所发布的规定逐渐趋于严密、精细与完善。

1987年1月1日，为使出版物涉及数字时使用汉字和阿拉伯数字体例统一，国家语言文字工作委员会、国家标准局、国家出版局、国家计量局、国务院办公厅秘书局、中宣部新闻局、中宣部出版局联合发布《关于出版物上数字用法的试行规定》。《关于出版物上数字用法的试行规定》的发布引起了社会各界的重视，各报纸杂志纷纷以此作为数字用法的依据，对文稿中的数字用法的要求作出明确规定。尽管如此，还有一部分具有代表性的报章杂志没有对《关于出版物上数字用法的试行规定》的实施采取必要的措施，数字用法的混乱现象亟待解决。为此，各界表示要严格遵守《关于出版物上数字用法的试行规定》，并对数字的规范使用提出自己宝贵的意见。陈厚仙在《认真消除数字用法上的混乱现象》（1989）中明确指出，既然数字用法已有章可循，就要严格遵守。刘泽先《关于数字用法的几点意见》（1989）对《关于出版物上数字用法的试行规定》中不完善的地方提出修改意见。

1993年国家技术监督局建议将《关于出版物上数字用法的试行规定》制定为国家标准。1995年，为了使汉字数字和阿拉伯数字在使用中有比较科学、明确的分工，中文出版物上的数字用法更加趋于统一规范，由王均、厉兵牵头起草完成《出版物上数字用法的规定》，此规定于1995年12月13日由国家技术监督局批准为国家标准，1996年6月1日起实施。《出版物上数字用法的规定》发布之后，起草者厉兵曾先后三次谈《出版物上数字用法的规定》。1996年，在《关于〈出版物上数字用法的规定〉的几个问题》中，厉兵介绍了数字用法规定的发展历程，将《出版物上数字用法的规定》对《关于出版物上数字用法的试行规定》所修改的具体内容进行清晰的说明。2000年8月，他对《出版物上数字用法的规定》的出台目的、制定原则作出明确解答。同年11月在《再谈〈出版物上数字用法的规定〉》中总结了《关于出版物上数字用法的试行规定》和《出版物上数字用法的规定》实行以来的数字使用状况，针对大家提出的某些尖锐的意见给出了合理的解释，并明确“语言文字的规范是全社会的事，应当倾听各界人士的意见和建议，特别是建设性意见”。

在《出版物上数字用法的规定》的执行过程中，大家发现该规定存在很多问题，有些地方与其他现行国家标准不相符，有些地方在实行过程中让人无所适从，为此，学界围绕《出版物上数字用法的规定》的使用展开了多角度的讨论。

（1）科技出版物中数字用法的讨论

陈浩元、朱莱茵的《刍议科技出版物上数字用法的一般规则》（1996）以规定中的内容和其他国家标准的有关内容为依据，结合科技界在使用数字时常出现的问题对数字用法的一般规则逐条作出详细的介绍。陈林华的《科技期刊数字用法规范化存在问题浅析》（1998）主要从年份日期的书写、10 以下数字的用法以及分数、约数、概数的表示法等六个方面指出并分析了科技期刊在实施数字用法规范的过程中所显露出的问题。唐汉民、胡春柳《应注意科技期刊数字用法的规范化——广西高校自然科学学报实施有关国家标准的情况调查研究》（1999）对广西各高校自然科学学报实施有关国家标准的情况进行调查研究。调查发现，实施情况与国家标准之间仍然具有很大差距，并列举了学报中各种数字用法与国家标准不相符的例子，分析探讨其产生的原因，提出相应的合理化的改正意见，推动了广西高校自然科学学报出版工作的标准化。田静的《科技期刊数字用法常见编校问题》（2000）发现在科技期刊编校中，数字的使用容易出现阿拉伯数字与汉字混用等问题，同时提出了三点注意事项，一定程度上促进了科技期刊的标准化与规范化。王鑫、李维的《科技期刊数字用法规范化问题的调查分析》（2005）调查了 2004 年出版的 120 种学术类科技期刊，其中有 98 种存在数字用法不规范的情况。高慧芳在《关于科技期刊论文中数字用法的规范化问题》（2006）中将应该使用阿拉伯数字的场合和应该使用汉语数字的场合进行了清晰的说明，并将两者的具体用法作统一介绍供论文作者及科技期刊编辑参考。王正《科技写作中的数字用法》（2009）提出，秘书写作应该掌握一些科技写作中的数字用法，作者考察《出版物上数字用法的规定》与其他标准之后认为数字在参数范围的表示、数字的规约等方面的使用存在一些问题，以科技写作为例，分别举例描述阿拉伯数字和汉字小写数字的使用场合，对秘书写作有一定的帮助。

（2）医学出版物中数字用法的讨论

王慧瑾《医学论文中数字用法常见问题分析》（1996）指出医学论文中引言、临床资料、结果与讨论中常见的数字用法问题，并对这些问题进行分析与修改。王甲东、黄绮生在《医学科普杂志中数字用法错误分析》（1998）中统计了《大家健康》《健康世界》等五种医学科普杂志的 1997 年第一期中全部文章的数字使用情况，对其中的错误用法进行分析，在多位整数的分节、习惯代号以及百分号的书写方面提出自己的建议，呼吁医学科普刊物中数字用法应更加合乎国家标准。江泽琴、王开祥等在《医学论文撰稿中数字的规范用法》（2009）中强调，数字用法的正确性与规范性是衡量论文质量的重要内容。作者在编辑加工稿件的过程中发现很多人对数字的用法并不重视，以至于文稿中存在诸多问题。为了提高论文的质量，作者将医学论文中常见的数字用法做了介绍，充分考虑到了论文数字体例的统一。

（3）其他类出版物中数字用法的讨论

毛国芳在《刑事裁判文书中数字的规范使用》（2000）中依据《出版物上数字用法的规定》和《法院刑事诉讼文书样式》中的要求，对汉字数字和阿拉伯数字应该在什么情况下使用作出说明，并列举出了容易混淆的中文数字用法。郑经杰的《公文中数字的正确用法》（2005）一文对汉语数字、阿拉伯数字的使用规定进行了梳理，使公文中数字的使用方法更加清晰。张仙忠在《谈谈年鉴数字的规范表述》（2005）中，结合作者的工作经验，对规范年鉴数字表述发表了自己的看法。颜丽娟在《例谈语文课标教材中数字用法的不规范现象》（2008）中比较分析人教版、苏教版、北师大版三套中小学语文教材，发现每一套教材中都存在数字用法不规范的现象。

2011 年 7 月 29 日国家质量监督检验检疫总局、中国国家标准化管理委员会联合发布《出版物上数字用法》（GB/T 15835—2011），代替《出版物上数字用法的规定》（GB/T 15835—1995），并于 2011 年 11 月 1 日开始实施。新国标修订了很多原规定中不尽如人意的地方。

曹敏在《新版〈出版物上数字用法〉标准解析》（2011）中对比了新旧标准中的内容，将新版的变化全面地描述出来，并对选用何种数字、选用数字时的特殊情况、使用阿拉伯数字和汉字数字的具体规定作出详细表述，使人们对新的数字用法标准有了进一步的了解，有效地避免了一些数字使用错误的情况。栾照钧、栾瑞光《〈数字用法〉新国标要点图解》（2012）一文对其中的操作要点以及与原规定的不同进行了详细的梳理总结，并将这些要点分析以图表的格式加以体现，把操作要点以及主要的修订情况更加形象地表现出来。

尽管有关数字用法的规定已经修订过两次，但人们认为还有需要进一步完善之处。陈浩元、张铁明等的《科技出版物应正确执行 GB/T 15835—2011〈出版物上数字用法〉》（2013）在新标准的基础上结合科技出版物的实践，介绍了科技出版物应当使用阿拉伯数字和汉字数字的情形及其表示形式的条款，作者明确指出凡是可以使用阿拉伯数字并且用法很得体的地方都要使用阿拉伯数字。

除此之外，作者还对新国标中一些明显的差错作了辨析，比如新标准中对“计量”的定义，将“计量”与“计数”“计算”等概念混淆等。

二、语用规范之套话研究

在语用方面，文风问题是近些年来引人关注的话题，而文风问题中表现最为突出的是套话。改进文风也是当前新闻媒体的主要任务，在文风建设方面应大力提倡“短、实、新”，反对“假、长、空”。学术研究应该服务于社会发展，因此套话的研究适应了社会政治、经济、文化等进步的需要。

1. 套话的基本特征

关于套话的定义，很多学者都用不同的表述给以阐述。于根元认为：“所谓的套话，是指不区别语境而使用的句子形式、结构、意义相对固定的成套的话。”（陈章太、于根元 1985）孔德兴（2000）认为：“所谓套话，是指那些经因袭模仿而形成固定格局的、为人们所熟知的话。”傅茂生（2000）提到：“古人早就说过，写文章‘惟陈言之务去’，‘陈言’者，即那些别人已经说了无数遍的陈词滥调，也就是套话。”秦晓杰在《套话及其对外语教学的启示》（2003）中指出：“套话又称习用语言或常规用语。”他还在文中引用了库尔马斯（Coulmas）的观点，即套话的概念有广义和狭义之分，广义的套话包括具有冻结结构的表达方式和仪式用语，狭义的套话指的是常规的套话，也称语用套话，其中包括日常交际行为中频繁出现的固定表达方式。于光远（2004）指出：“套话是流行语言的公式化，也就是有现成格式的语言。”全宪章（2009）提出：“套话，顾名思义是套用现成的模式写成的公式化的语言。”几位专家的观点基本上一致。《现代汉语词典》（第 6 版）将“套话”解释为“特指套用现成的结论或格式而没有实际内容的话”，与专家们的看法也是一致的。

套话的语言特征主要表现在：

（1）固定性

套话的固定性指的是模式上的固定，包括固定的词语、固定的搭配、固定的句型。套话的固定模式除了表现在对公文写作规范的仿效外，对一些并非正规的公文和报告也大篇幅地使用了固定模式，以至于这样的话语经常出现在会议发言、各种讲话中。套话比较突出的特点就是修饰中心语的形容词和副词较多，在结构上多为定中结构和状中结构，如“重要讲话”“充分肯定”等。

（2）高频性

套话的高频性指话语使用的频率较高，包括高频词语、高频格式。根据人民网报刊检索显示，从2000年1月1日至2015年1月1日，“重大”出现了71339次，“极为”出现了6572次，“深入”出现了68992次，“全面”出现了92048次，“高度”出现了56751次。从这些词语的出现次数可以看出套话使用频率之高。

（3）冗余性

套话的冗余性指的主要是表达内容之外的话语，一般是多余的话。套话之所以不受欢迎，主要原因在于其内容往往废话连篇，极度虚耗时间。《人民日报》曾报道过一则这样的典型例子：在某次有关群众工作的小型会议上，主持人再三叮嘱即将发言的干部，在发言过程中要结合自身感受来讲一些鲜活生动的例子，但整场会下来，千篇一律、如出一辙，连篇累牍的套话空话仍旧充斥着整场会议（陈琰2012）。

（4）弱化性

当话语以套话的形式出现时，语义常呈现出弱化的趋势。在官话套话的征集中，“高度重视”首当入选，其中“高度”作为副词的程度被减弱，这时的套话更像是大话。此外，由于套话的反复出现，已变成老生常谈的话语，不易引起人们的关注和重视，在这个过程中，话语的真正含义已被忽略。在使用套话时，语义除了发生了弱化，还存在一定的语义模糊性，如“相关部门”，所指模糊，不能传递真正的话语意义，而此时的套话更像是空话。根据语义的弱化程度，当套话语义弱化到一定程度时会发生质变，这时的套话甚至会演变成假话。

2. 套话的成因

（1）与语言习惯有关

语言习惯的强加是套话形成的主要原因。从人类行为和人类文化的角度来看，语言习惯更偏重于是一种社会现象。美国著名的语言学家萨丕尔（1964）曾说过：“语言是长期相沿的社会习惯的产物。”作为一种与社会密切相关的语言现象，语言习惯与套话的生成有密切的关系，因此，对语言习惯的考虑是研究套话现象不可忽视的一个方面。语言习惯具有社会约定性、稳定性的特点，直接影响着话语生成和理解的过程，对于套话的组织规则和生成规律也有一定的影响。

对一些经常发表讲话的人而言，“拿来主义”既省事又省心，他们既听惯了同时也说惯了官话套话，这样用现成的套话模式来应付各种场面已是得心应手的事情，因此，他们不愿再去“标新立异”，寻找新的表达方式。这样一来，旧的习惯在人们思想中根深蒂固，而且还缺乏接受新习惯的意识，因此不易创新。

（2）与使用频率有关

在话语表达中，一种表达之所以成为套话，与使用频率有很大的关系。套话是在使用过程中形成和沉淀下来的语言表达方式，这种具有反复、频繁、大规模使用等特点的套话屡见不鲜。语言的使用是一种储存和提取的过程，套话是以整体的形式在大脑中储存的，人们在提取这些语言时不是通过一定的语法规则来生成话语，而是作为现成的材料来直接使用。美国语言学会前会长琼·拜比（Joan Bybee）认为，心理词汇在大脑中的表征和提取形式主要由其词频决定，高频的规则复杂词形在心理词汇中具有整词表征的特性（李红、缪道蓉2009）

（3）与交际需要有关

根据套话的概念可知，套话的使用是在长期的交际中进行的。从韩礼德的功能主义语言观出发，套话可以被看成是由一些意义相关的成分组织起来，储存在记忆中并可以在交际过程中复现的现成的语言材料。根据交际需要，在不同场合，以一种固定的表达方式出现。人们在日常交际过程中，会遵循礼貌原则，从而使用一些礼貌用语，如“你好”“谢谢”“对不起”。因此，为了保证交际的顺利进行，在适当的场合说适当的话，套话就应运而生。

（4）与知识储备有关

套话背后隐藏的往往是固定的思维模式以及僵化的作风，形成这种现象主要是由于一些人缺乏学习的自觉性和实地考察的坚韧性，缺乏认真钻研与独立思考精神。人要不断接受新事物，理解新内容，就要不断补充新知识，如果缺乏这种自觉性，只是满足已知内容，就很容易让套话脱口而出。知识储备量的不足也直接导致了创新能力的下降，从而导致套话的产生。齐忠亮（2014）在谈论外交发言人的外交表达时指出：“身板伟岸、体量很大却内功不强、内涵不足，这一现实很容易让我们在自卑与自负之间、软弱与强悍之间摇摆不定、进退失据。”语言是国家软实力的重要体现，因此，修炼好内功显得尤为重要。

（5）与历史遗留有关

套话是一种具有隐性的、潜在规则的话语系统，套话现象不是个别现象，而是普遍现象。说真话、实话存在一定的风险，而套话具有规避风险的特点。

套话的产生和存在也与中国从古至今所奉行的中庸之道的处世哲学有关，在战国时期就有许多人为了明哲保身，避免祸从口出，而不愿意说实话、说真话，只能说一些不痛不痒的套话，久而久之，人们就会对套话这种表达方式形成依赖，从而导致套话现象长盛不衰。因此，历史因素也是套话形成的原因之一。

（6）与心理因素有关

套话的使用主体是人，人具有主观能动性，也就是心理因素影响着人们使用语言的方式。首先，从省力角度来看，预先准备好的套话能够让使用者在语言使用过程中表达流畅，不会出现语涩等现象，这样能够让使用者在交际过程中建立心理优势，发挥积极的心理作用。其次，从趋同角度来看，套话的使用主体往往试图与听话者在思想、价值观念、情感、认知等方面保持一致，最大限度地来迎合听话者。因此，套话的形成在很大程度上与心理因素有关。

3. 套话的使用机制

（1）会话原则

在现实的语言运用中，人们常常出于某种原因，不严格地遵守合作原则及其相关准则，从而产生会话含义。

套话在一定程度上会违背会话原则，当它违背质的准则中不要说自知是虚假的话这一内容时，就会产生会话含义，产生假话、大话、空话。假话指不真实的话，骗人的话。这种现象经常出现，如：“（三聚氰胺）也不是一个毒性很高的物质，所以即使婴幼儿服用了三聚氰胺含量较低的奶粉，家长们也不用过于担心。”大话空话即没有意义的话，说不说都对现在或者未来没有任何影响。这种说假话、讲大话、放空炮的现象都是采用冠冕堂皇的话语来敷衍塞责。

当套话违背方式准则中说话要简要这一内容时，就会产生套话的冗余性，其特点是废话连篇，讲话大而空。

（2）模因

模因是套话的建构机制，套话是模因的表现形式，因此从模因的角度来看套话的使用具有重要意义和价值。套话的性质决定了其具有生成性和高频性，而模因的最大特点就是复制和模仿，套话的性质和模因的特点奠定了套话在使用过程中得以复制和传播的基础。

第一，套话的复制。套话的使用基本上遵循储存和提取的模式进行。套话的使用机制是以整体的形式储存在大脑中，并根据实际需要进行提取的过程。这一过程最大的特点就是所提取的语言材料均可以直接使用。

第二，套话的模仿。模仿也是套话使用的一种方法。在套话的结构分析中可知，套话中使用修饰语的情况较为普遍，并且单从修饰语的角度来看，修饰语在词语选择上较为单一。一种套话通过模仿的方式可以生成更多的套话。

4. 避免套话的对策

在语言学视角下分析避免套话的对策，关键是从语言观入手，要树立正确的语言规范观以及培养语言创新意识。

（1）树立正确的语言规范观

套话的产生往往是因为一些人思想懈怠、责任心及事业心不足，表现在：一方面常常贪图省事，套话连篇；另一方面常常不去实地调查研究，决策水平以及执行能力欠佳，在既找不到问题症结所在，也提不出可行的解决办法的情况下，只能用说套话的方式来草草了事。因此，要想树立正确的语言观就要从转变思想开始。首先，要提高思想水平。2012 年 12 月 4 日中共中央政治局召开会议，出台了改进工作作风、密切联系群众的八项规定，其中要求“提高会议实效，开短会、讲短话，力戒空话、套话”。其次，要用积极的态度去面对工作，树立强烈的事业心和责任感，用全部精力深入基层、深入群众、深入实际，做到重实际、说实话、办实事、求实效。

（2）增加知识储备，培养创新意识

套话在形式上一板一眼，在内容上干瘪且空洞无物，这种没有个性的语言往往是由于说话人自身缺乏文化修养，学习不够，思想陈旧，文字功底较差，缺乏创新的勇气导致的。在这种情况下就要增加知识储备、增强学习能力以及培养创新意识。所谓创新，要有新思想、新情况、新问题、新内容、新思路、新举措，最重要的是要有新语言，新的语言材料和新的语言形式。语言上的创新最重要的是要冲破思想保守的窠臼，转变落后的语言规范观。

第五章　新时期语言文字规范的社会应用与服务

规范即服务，语言文字规范的最终目的是要服务社会应用。本章从服务国家、服务民众、服务学术的视角出发，建设了语言文字规范服务网站，为社会时时提供语言文字规范的多种参考，具体内容包括：展示我国现行语言文字规范标准，提供语言文字规范标准的解读及相关课程学习材料，搭建语言能力测试平台。

第一节　汉语能力标准与测评体系研究

语言文字规范的社会服务范围非常广阔，下面主要研究汉语能力标准与测评体系的相关社会服务问题，相关研究如下。

一、语言能力标准研究的历史与现状

对语言能力进行定义时主要有两种传统方式，其一是借助特质或成分来定义，其二是借助行为或表现来定义。第一种情况最典型的就是“技能 / 成分”说，它把语言定义为几种特质的组合。第二种情况常常出现在语言能力标准或能力量表中，它根据语言学习者的行为表现来定义其语言水平。在这种框架下，语言能力由一组特定的行为表现来诠释，典型的有美国外语教学委员会（American Council on the Testing of Foreign Language，ACTFL）制定的 ACTFL 大纲和欧共体的欧洲语言共同参考框架（CEFR）。应用语言学领域把这种量表叫作语言能力标准。

1. 国外语言能力标准研究的历史与发展

能力标准的出现是应用语言学领域的一件大事，涉及语言教学、学习和测验的统一评价标准。在应用语言学领域，研究者对制定语言能力量表的想法由来已久，但这种朦胧的想法一开始都是出于开发测验或者教学大纲的需要，在

形式和功用上与真正的能力标准有一定距离。经过将近半个世纪的发展，国外的语言能力量表终于得以完善，出现了以欧洲语言共同参考框架为代表的真正意义上的能力标准。

（1）语言能力标准的雏形—— FSI 量表的产生

国外的语言能力标准起源于语言能力量表和类似于等级大纲的规范性文件。最早可以追溯到 20 世纪 50 年代，由美国外交学院（Foreign Service Institute，FSI）制定的 FSI 量表。FSI 量表制定的初衷是为了开发一个口语测验来选拔外交人员。1958 年，美国外交人员服务局在六等级量表的基础上增加了一个分量表。修订后的 FSI 量表逐渐得到各方信任，到 1960 年，包括国防语言学院、中央情报局以及维和特种部队等多个要害部门都使用 FSI 量表。1968 年，在越南战争中，这些部门一起讨论和制定出了一个具备标准程序的口语测验量表，这个量表就是联邦政府语言协调会（Interagency Language Roundtable，ILR）能力量表。无论是 FSI 量表还是 ILR 量表，主要用途都是为了测试，特别是口语测试，这种表现性测试需要一个统一量表来规范测验的操作和评分，这种需要催生了语言能力量表。到了 20 世纪 70 年代，FSI 量表被各州和许多大学用作双语教师资格考试，并逐渐开始走入美国教育领域，成为一种类似于语言评价标准的规范性量表。

（2）语言能力量表的发展—— ACTFL 大纲的出现

20 世纪七八十年代外语教学进入了一个新时期，功能—意念法开始占据外语教学领域，语言测试越来越重视真实的测试环境。这种变化在很大程度上归因于两个大纲的出现：1976 年，大卫·亚瑟·威尔金斯（David Arthur Wilkins）出版了《功能意念大纲》（Notional syllabuses）；1978 年，约翰·门比（John Munby）又推出了《交际大纲设计》（Communicative syllabus design）。这两个大纲对英美的英语教学与测试产生了重要影响。在这样的大背景下，在美国诞生了一个非常重要的语言能力量表—— ACTFL 大纲。ACTFL 大纲是美国教育测验服务中心（Educational Testing Service，ETS）和美国外语教学委员会（American Council for the Teaching of Foreign Language，ACTFL）在 ILR 量表的基础上修订而成的。

ACTFL 大纲的出现在四个方面产生了影响。第一是在语言测试领域，以大纲为依托开发了三项语言测验，即口语面试（Oral Proficiency Interview，OPI）、写作能力测验（Written Proficiency Test，WPT）和综合表现测验（Integrated

Performance Assessment，IPA）；第二是在语言教学领域，包括课程设计和教学方法，其中课程设计又涉及口语、写作、听力和阅读四项分技能的教学模式，包括口语和写作的交流、表达模式以及听力和阅读的交流、理解模式；第三是在外语学习领域，1998 年美国外语教学委员会在 ACTFL 大纲的基础上颁布了“年轻学习者能力大纲”，将水平等级和交际模式结合起来，这个新的能力大纲后来发展成为《美国 21 世纪外语学习目标》，对美国学生高中毕业时应达到什么样的外语水平作出了具体描述与要求；第四是在政府政策领域，比如，美国外语教学标准和美国外语教师资格标准都是在 ACTEL 大纲基础上制定的。

（3）欧洲语言能力标准——欧洲语言共同参考框架（CEFR）

欧洲语言共同参考框架（Common European Framework of Reference for Languages，CEFR）是全欧洲的一个共同参考基础，它可用于制定现代外语教学大纲和考试大纲，也可用于设计外语能力评估体系，同时还可作为编写教材的指南。CEFR 的主体由两部分构成，第一部分是能力描述，第二部分是参考框架。能力描述是详尽的，关于学习者能做什么的描写，即“Can-do”描述，包括三项内容：共同语言能力量表、语言的使用与学习者能力的关系、语言学习者的能力。参考框架是对教学、学习和测试的指导，包括任务式教学、多元文化背景下的学习模式和语言测试的基本方法。CEFR 把学习者的能力水平分为三等六级，并对每个等级都做了详细的“能做”描述。

除了以上具有代表性的语言能力标准外，澳大利亚的 ISLPR 量表（International Second Language Proficiency Ratings）、加拿大的 CLB 量表（the Canadian Language Benchmarks）、日本的英语能力描述语（The EIKEN Can-do List）等都是各国制定的语言能力标准。

2. 国内的语言能力标准研究

对外汉语教学界很早就有了制定语言能力标准的意识。1987 年，中国对外汉语教学学会成立了一个七人小组，着手研究制定等级标准。1988 年，《汉语水平等级标准和等级大纲（试行）》出版。按照这个小组的规划，该大纲由五部分组成，它们是：《汉语水平等级标准》《词汇等级大纲》《语法等级大纲》《功能、意念等级大纲》和《文化等级大纲》（汉语水平等级标准研究小组，1988）。《汉语水平等级标准和等级大纲（试行）》把汉语水平分成 1 到 5 五个等级，而词汇（包括汉字）、语法、功能和文化，均分成四级（甲、乙、丙、丁）。《汉语水平等级标准和等级大纲（试行）》出版时，汉语水平等级标准共有三级，缺

四、五级；词汇和语法均只有甲、乙、丙三级，缺丁级。词汇和汉字的大纲于1992年补齐，汉语水平等级标准和语法大纲于1996年补齐。《汉语水平等级标准和等级大纲（试行）》的研究制定标志着我国对外汉语教学工作者已经有了明确的“标准”意识，并且迈出了实质性的一步，填补了汉语作为第二语言教学领域的一项空白，对规范我国的对外汉语教学起到了很好的作用，对课程设置、教材编写、成绩测试和水平测试均有很高的参考价值。至今，仍有很多教材和考试以《汉语水平等级标准和等级大纲（试行）》为依据。

2007年，国家汉办发布《国际汉语能力标准》，作为海外汉语学习与教学的标准。《国际汉语能力标准》由五个水平等级组成，每个水平等级都有三个层面，第一个层面是汉语能力总体描述，第二个层面是汉语口头和书面交际能力描述，第三个层面是汉语口头和书面理解与表达能力描述，分为“语言能力描述”和“任务举例”两个部分。《国际汉语能力标准》的制定符合汉语国际教育的需求，但遗憾的是它并没有解决20世纪80年代制定的《汉语水平等级标准和等级大纲（试行）》所存在的问题。

由北京语言大学张凯、王佶旻牵头的教育部人文社科重点研究基地重大项目“汉语作为第二语言的能力标准”已经顺利结项。该项目的主要成果包括汉语作为第二语言的能力量表、描述语数据库、字词大纲和配套的测验体系。

英语测试界的语言能力量表。由上海交大杨惠中教授牵头的国家社科基金项目“全国统一语言能力量表研究”是我国英语测试界对语言能力标准研究的标志性成果。目前已经完成了英语口语能力描述与等级划分，建立起全国统一的英语口语能力等级量表。

公民语言能力的有关标准。现有的公民语言能力相关标准主要有:《普通话水平测试实施纲要》（含《普通话水平测试大纲》《普通话水平测试等级标准（试行）》）、《汉字应用水平等级及测试大纲》（GF 2002—2006）和《国家职业汉语能力测试大纲》。普通话水平测试（PSC）是唯一载入《中华人民共和国国家通用语言文字法》的一项语言测试，《普通话水平测试实施纲要》由国家语委制定、颁布和组织编写，是普通话水平测试的基本学术依据，集中反映了普通话水平测试理论和实践的成果。《汉字应用水平等级及测试大纲》由国家语委组织研制、编写和发布，是汉字应用水平测试（HZC）最基本的学术依据。国家职业汉语能力测试（ZHC）是由中国劳动和社会保障部职业技能鉴定中心（OSTA）组织国内语言学、语言教学、心理学和教育测量学等方面的专家开发研制的。ZHC 是测查应试者在职业活动中汉语能力的国家级职业核心能力测试。职业汉语能力是指人们在职业活动中运用汉语进行交际和沟通的能力，是人们从事各种职业所必备的基本能力，直接影响到每个从业人员的工作成效。职业汉语能力包括逻辑思维能力。ZHC 不同于其他语文考试，它着重测查语言能力而非对语文知识的记忆。

二、语言测验研究的历史与现状

语言测验和测验理论的发展分为三个时期：前科学或传统时期（traditional），心理测量——结构主义或现代时期（modern/psychometrics-structure），心理语言学——社会语言学或后现代时期（postmodern/psycholinguistic-sociolinguistic）。语言测验成为一门相对独立的学科是在第二个时期，这个时期的标志是分立式测验的出现与推广。当代语言测验关注语言的现实性和认知规律，出现了任务式测验、综合式测验、档案式测验等多种形式的测验，重点是测量人的语言交际能力。这种测验方法使得语言测验研究与语言能力标准研究密不可分。实际上，语言测验对于制定和研究语言能力标准具有特别重要的意义，能力标准本身不具有实在的测量意义，只有通过与标准配套的测验，标准才能获得实施与推广的工具与平台。

在语言测验的发展历史中，托福（TOEFL）是被最早开发也是当前最具影响力的测验。它主要用于测试非英语母语应试者在校园环境中理解和使用英语的能力。托福开发之初为分立式测验，21 世纪初由于受到英国雅思考试的冲击而改成偏向综合式的测验，但是无论采用哪种方式，对于每个分数段的考生所具备的语言能力托福考试都没有做明确描述。雅思考试比托福考试更注重语言表现，但也没能和语言能力标准对应，因此无法了解达到 120 分的托福考生和达到 9 分的雅思考生使用英语可以完成的交际任务分别是什么，也无法实现二者语言能力的比较。在汉语作为第二语言的测试中，最具影响力的是汉语水平考试（HSK），另外还有实用汉语水平认定考试（C.TEST）、商务汉语考试（BCT）、少儿汉语考试（YCT）、中国少数民族汉语水平等级考试（MHK）等，但这些考试之间没有建立真正的关联，没有统一的标准作为指导。汉语语言测验领域还包括针对某一特定语言能力的母语者开发的测验，比如普通话水平测试，它重点考查应试者普通话的标准程度和熟练程度，能力标准划分为三级六等。再比如职业汉语能力测试（ZHC），重点考查的是被试的语言交际能力，这种语言能力划分是按被试考试分数划分三个等级。还有比如汉字应用水平测试，考查的是被试的汉字能力，同样按照三个等级划分能力标准，但其不仅依靠考试分数来划分，还要考虑如掌握汉字数量、阅读和书写等综合因素。

以上这些测验存在两个共同的问题。第一，都以散在的方式存在，没有统一的能力标准加以指导和规范，因此相互之间不具有可比性。第二，没有详细的描述性的分数解释，无法对达到某一分数段的应试者的能力水平作出“能做”描述，因此社会和考试使用单位无法清楚地知道某一水平等级的应试者的能力表现。

测验领域另一项变革是诞生了基于计算机的测验形式（computer-based test，CBT）。基于计算机的测验，优点在于测验不受时间和地域限制。题目存在测验服务机构的服务器上，通过网络可以传到任何地方。被试随时可以在计算机终端上接受测验，而不必像传统笔试那样，所有被试都要在指定时间到指定地点去。根据测验题目呈现的方式，CBT 可以分为四种方式：线性（linear）、随机（random）、自适应（adaptive）、模拟（simulation）。线性计算机测验实际上就是把纸笔测验的内容在计算机上呈现出来，并且不改变题目的先后顺序。随机计算机测验是在线性的基础上，随机呈现试题，但这种随机不是根据被试的水平进行的，因此和自适应计算机测验本质上是不同的。自适应计算机测验是测验方式的一次变革，它的最大优点是能做到量体裁衣，针对被试的不同水平给出不同难度的题目。计算机模拟测验与自适应测验的性质基本一致，它的特点是采用人机互动的方式，使测验更具人性化。目前，由于题库建设、选题策略等问题，大规模标准化测验还很少使用计算机自适应测验，而大多采用了计算机线性测验。

三、汉语作为第二语言的能力标准与测评体系

汉语能力标准与测评体系研究已经完成了汉语作为第二语言的能力标准与测评体系。包括：

a. 能力标准的总体框架。

b. 较大规模的问卷调查、汉语能力测验，以及后期的数据统计分析，样本量近 2000 人次。

c. 能力等级划分：三等六级，初等（起步级、初阶级）、中等（入门级、良好级）和高等（熟练级、优秀级）。

d. 等级概述：每个等级的区别性特征。

e. 描述语数据库：含听、说、读、写四个子库，近 500 条描述语。使用项目反应理论 RASCH 模型，以及结构方程模型和多维标度法，对每一条描述语的难度和能力维度进行了数据拟合检验与参数估计，得出了描述语的难度值和维度归属，建立了描述语数据库的参数模型和数学指标。

f. 字词大纲：在《汉语水平汉字与词汇等级大纲》的基础上，按照本标准的能力等级界定，重新制定了词汇等级大纲，共涉及 15000 词。

g. 测验与常模：根据本标准的能力等级和等级描述，编制了汉语能力测验，分初级、中级和高级三个版本，在不同水平的留学生群体中实施了测验。为使测验具有更强的解释力，在测试群体中抽取了接近正态分布的标准样组，初步建立汉语作为第二语言的学习者能力常模。

四、专业服务网站中的测试板块

网络版的测试注重即考即评，从评分的角度考虑，测评体系暂由听力和阅读两部分组成。另外，语言能力标准与语言文字规范标准是两个概念，网站建设中的语言能力标准主要用途是作为分数解释和自我评价的依据，因此它的定位是测评体系的支撑内容而不是主体内容。

测评体系分为初、中、高三个水平等级，每个水平等级均由听力和阅读两部分组成。因此我们将提供三个子题库，分别为汉语作为第二语言的能力测验（初级）、汉语作为第二语言的能力测验（中级）、汉语作为第二语言的能力测验（高级），每个子库含听力和阅读两个分测验。除题库外，还有答案库、计分程序和分数解释（can-do 描述）。整个数据库结构与一般的网考类似。

语言能力标准文本以资源库的形式呈现，提供与测验对应的听力能力和阅读能力标准。在每一种技能中，都从三个层面进行描述。

第一个层面是能力概说，以概括的语言对每一水平等级进行描述，描述的主要任务是找出每一水平等级的区别性特征。

第二个层面是“能做”描述，通过语言任务的形式对不同水平等级的学习者能够做什么进行详细描述。“能做”描述也要从不同的子能力维度展开，以典型的作业任务为描述的依据，而非随意描述。

第三个层面是量化指标，主要从字、词掌握数量，阅读、听力和写作的速度等方面来区分不同水平的使用者。

简言之，语言能力标准文本库包括语言能力与水平等级划分说明、每个等级的能力概述，每个等级的能力描述，包含若干条描述语。

从网站建设的实际需求出发，主要分为汉语作为第二语言的测验系统和能力标准文本两个板块。

五、配套的汉语能力测验

在汉语作为第二语言的能力标准的框架体系下，研发配套的语言能力测验。本测验分为初级、中级和高级三个水平等级，分别对应于标准中的初级、中级和高级。测验由听、说、读、写四部分组成，分别对应于能力标准中的听、说、读、写四项语言技能。学校、教师和学习者可以根据能力标准中对于特定能力水平等级的描述选择其中一个等级的测验来进行测试，测验可以用于学生自评、教师和学校评价学生的语言水平以及教学评估。其中，初级考试客观卷 120 题，口语卷 42 题，写作卷 20 题，共计 182 题。中级考试客观卷 130 题，口语卷 5 题，写作卷 6 题，共计 141 题。高级考试客观卷 140 题，口语卷 3 题，写作卷 1 题，共计 144 题。三套卷子总计 467 题。所有考试均包括试卷、听力录音、口语录音、标准答案四个文件。

第二节　百年语言文字规范标准资源库建设

一、新时期语言文字规范标准应用与社会服务的新形势和现状

新时期语言文字规范标准应用与社会服务面临前所未有的新形势和新问题，同时也对语言文字规范标准应用与社会服务提出了新的需求。

首先，信息化时代的到来对语言文字规范标准应用提出了新问题。无论是大数据还是云存储，海量数据的处理、传输和共享，都需要制定新的语言文字规范刚性标准，离开这些规范标准，信息化是不可能实现的。

其次，语言资源的多元化为语言文字研究提供了丰富的资源，同时也为语言文字规范化带来新的挑战。语言文字资源的梳理，繁简字的使用以及方言与普通话的关系，使新时期的语言文字规范标准的实施和应用面临诸多现实问题。

此外，汉语走出国门，走向世界，以及汉语国际传播对语言文字规范化和

标准的应用带来新的需求。海外汉语教育采用何种语言文字标准，如何协调华语区语言变异与语言标准的关系等问题都是新时期语言文字规范应用必须面对的新问题。

新时期，国家制定、出台了一系列语言文字规范标准和法规，这些规范标准和法规为语言文字规范标准的推广和应用奠定了良好的基础。但是，语言文字规范标准的应用和社会服务却相对滞后，不能满足社会各个领域的语言应用、语言文字规范服务的需求。比如，在语言教育领域，缺少针对汉语母语教育、少数民族国家通用语教育以及海外汉语国际教育的语言文字规范标准，缺少基于这些标准的公民语言能力评测标准和评测方法，为社会公众服务的语言文字规范标准的信息资源还不够丰富。因此，需要为社会提供一个开放的信息平台，以满足社会公众对语言文字规范标准应用和服务的需求。

二、新时期语言文字规范标准应用与社会服务的研究思路与内容

语言文字规范标准的制定与实施，目的是服务社会，促进社会发展。通过总结百年语言文字规范历史经验和教训，研制不同类型语言文字标准以及公民语言能力测试，为社会提供语言文字规范标准信息服务等措施，来解决新形势下语言文字规范标准应用与服务面临的新问题。

1. 研究思路

一是收集、梳理自民国以来百年语言文字标准和规范文献资料，系统总结百年语言文字规范标准制定和实施的历史经验和教训，为新时期语言文字规范标准的应用与社会服务提供历史借鉴；二是依据国家语言文字规范标准，研发公民语言能力、外国人汉语能力标准体系，通过网络虚拟空间开发面向公众的语言能力测试，为新形势下汉语国际化以及国家汉语国际传播战略服务；三是通过网络平台和现代信息技术，为社会提供语言文字规范标准的信息服务，以解决新形势下语言文字规范标准应用与服务面临的新问题。

2. 研究内容

第一，百年语言文字规范标准资源库建设。资源库建设主要包括：民国时期的语言文字规范标准资源库建设、中华人民共和国语言文字规范标准资源库建设。

第二，语言文字规范标准在语言教育和语言能力测试中的应用研究。针对我国母语教育、少数民族语言教育以及国际汉语教育的不同对象，制定不同的

语言文字规范标准和语言能力标准。开发基于上述规范标准的“公民国家通用语言能力诊断式评价”。

第三，语言文字规范标准社会服务与网站建设。网站提供以下服务：语言文字规范公民课程、公共讲座；语言文字规范培训；公民国家通用语言能力测试服务；语言文字规范标准网络信息服务平台。

通过上述研究，探讨更为有效的方法和途径，如公民课程、语言培训等活动，为公民有效的人际交流和对外交流提供服务，以满足语言文字在社会生活的应用需求。利用互联网这一虚拟空间为公民现实语言生活提供更为灵活、便利的语言文字规范化服务，引导社会语言生活和谐健康发展，为实现和谐语言社会的建设、促进文化繁荣发展作出贡献。

三、具体做法及取得的研究成果

1. 民国时期的语言文字规范标准资源库建设

民国时期文献目录表 xlsx1 及正文 407 条旨在收集整理民国时期语言文字规范标准文献。文献来源以民国时期语言、教育类报刊为主，包括《教育公报》（民国时期）、《官话注音字母报》《国语周刊》《国语月刊》《国语旬刊》《国立编译馆馆刊》等，通过全国报刊索引民国清末库、国图特色库（民国图书）和大成老旧刊等涉及民国时期文献的大型数据库进行全文检索和索引编目。文献内容主要涉及民国时期语言文字规范化的组织机构、公文程式、语言文字、名词术语等。民国时期文献目录表 xlsx2 及正文 376 条旨在收集整理民国时期语言文字规范化研究文献，文献来源以民国时期报刊为主导，以研究著作为补充。报刊方面，除上文提及的民国时期语言、教育类报刊外，还涉及民国时期各地方的通俗白话报刊，通过对数个涉及民国时期文献的大型数据库进行全文检索和索引编目。研究著作方面，以现当代语言规划研究经典著作，如《国语运动史纲》《国语学大纲》、倪海曙系列著作、文字改革出版社系列丛书等为主体进行索引编目。

民国文献内容庞杂、头绪繁多，报刊作为民国时期社会文化的重要载体，是近现代中国研究的重要依据之一。当前学界关于民国报刊的关注和研究多集中于文学与文化领域，社会语言学视角的搜集整理和研究相对缺乏，研究为“百年语言文字规范标准资源库建设”提供的民国时期文献目录表 xlsx1、xlsx2 及正文在一定程度上填补了这一学术空白，初步梳理了民国时期语言文字规范化标准文献和研究文献搜集整理的基本途径和主要内容。从文献分布领域上看，民国时期语言文字规范化文献既有集中于语言、教育专门报刊的，也有散见于其他各类报刊的；从文献分布时间上看，大致可以分为两个时段：(1) 北洋政府时期（读音统一会时期、中国国语研究会时期、国语统一筹备会时期）；(2) 国民政府时期（国语统一筹备委员会时期，国语推行委员会时期）。从文献分布线索上看，会议和机构是民国文献的搜集和整理的主要线索之一。一则党会是民国时期政治经济、社会文化发展的重要形式之一，语言规划（或者说语文运动）自然也不例外；二则某党或某会早期或为民间组织，发展至某一阶段则有可能演变为官方机构，因此一些党会的议案则有可能成为官方的规范标准。如果某党会一直以民间身份存在，则有可能成为研究文献的资料来源。

民国时期语言文字规范化文献的搜集整理是系统研究近代以来恢宏浩大的语文革新运动乃至现代中国形成建制的基本理论依据，近年来该领域的分析研究越来越多地为国内国际学术界所关注。民国时期语言文字规范化文献搜集整理和系统研究在民国至 20 世纪 50 年代前期逐渐拥有丰富的文献积累和多元的研究视角，21 世纪前后至今，该项研究又以语言学、历史学、政治学和民族学等多学科交叉的姿态重新回归学术研究的视野。民国时期文献目录表 xlsx1、xlsx2 及正文，按照历史编年，自 1912 年始至 1949 年止，分功能领域搜集整理语言文字规范化标准文献和研究文献共计 783 条，利用大数据资料支撑（全国报刊索引清末民国全文数据库、国家图书馆民国特色库、大成老旧刊、中国社会科学院图书馆、北京大学图书馆和中国科学院图书馆等），搜集整理近代中国语言政策、语文运动文献，为建立近代中国语言政策、语文运动文献资源库提供文献储备并为国家和地方语言政策制定提供理论借鉴和资料支持。

2. 中华人民共和国语言文字规范标准资源库建设

中华人民共和国成立之初，为适应扫除文盲、发展教育科技文化事业、开展大规模工业建设的迫切需要，开展了整理和简化汉字、推广普通话、制定和推行《汉语拼音方案》、促进现代汉语规范化等一系列工作；新世纪以来，为适应世界进入信息化时代的新形势，新时期语言文字工作的核心任务是促进语言文字的规范化、标准化、信息化，使语言文字在社会主义现代化建设的新时期更好地发挥作用。

语言立法在语言文字工作中发挥了重要的作用。语言立法是语言政策的最高体现，语言文字法律法规是语言政策中相对稳定且更具有权威性的一部分。

目前中国的语言文字立法，除体现在专门性法律法规中，还主要分布在其他基本法、部门法以及各层级的法律法规文件中，其中以非专门性的法律法规居多。除法律法规外，一些规范性文件中所表述的内容也是我国语言文字政策的重要组成部分。

本研究收录了 1949 年至 2017 年发布的有关语言文字工作的法律法规、标准、相关文件共计 237 条，其中 20 世纪 90 年代以后发布的收录较多，按照法律法规的颁布部门，现行的语言文字法律法规可以分为以下四种：

第一，由全国人民代表大会和全国人大常委会制定的宪法、法律。

《中华人民共和国宪法》是中国的根本法，是一切法律法规制定的准则。与语言文字相关的有“各民族都有使用和发展自己的语言文字的自由”“国家推广全国通用的普通话”等表述，并从机关执行职务、诉讼、审理、司法和法律文书等方面对语言文字的使用作出了规定，成为我国语言文字法律法规和政策制定的核心参照对象。

《中华人民共和国国家通用语言文字法》是语言文字的专门法，于 2000 年颁布。此外还有 9 部内容涉及语言文字的法律，其主要内容涵盖了司法翻译，司法文书、法律文书的用字用语规定，在会议、选举、执行代表职务等行政领域的语言使用规定，以及在教育教学、身份证登记、著作权等领域的用字用语规定。

第二，由国务院制定的行政法规和规范性文件。

国务院所颁布的有关语言文字方面的行政法规共计 35 条，这些行政法规通常是对法律更具体、更细致的规定，如《国务院关于公布汉字简化方案的决议》《扫除文盲工作条例》《地名管理条例》《国务院批转国家语言文字工作委员会〈关于废止《第二次汉字简化方案（草案）》和纠正社会用字混乱现象请示〉的通知》等，中国国务院所颁布的语言文字相关的行政法规，对语文政策的制定及语文工作的开展具有重要的指导意义。

第三，国务院各部门的规章和规范性文件。

规章是国家行政机关根据法律和行政法规制定的关于行政管理的规则、章程。规范性文件是在法律法规之外的具有约束和规范人们行为性质的非立法性文件。国务院各部门所制定的规章、规范性文件涉及语言文字的共计 129 条，如国家工商行政管理总局发布的《广告语言文字管理暂行规定》，教育部颁布的《〈教师资格条例〉实施办法》，国家语委联合铁道部、中国地名委员会、交通部等颁布的《关于地名用字的若干规定》，国家语委联合广电部颁布的《关于广播、电影、电视正确使用语言文字的若干规定》，国家语委联合国家教委、广电部发布的《普通话异读词审音表》等。

第四，地方性的规章和规范性文件。

地方性法规通常是各行政区域根据自身地域的具体情况和实际需要而制定的，地方性法规的适用范围是其制定主体所管辖的区域范围。涉及语言文字内容的地方性规章和规范性文件共计 62 条，按照所管辖区域范围，语言文字的地方性法规可分为省级地方性法规，如《北京市公共场所用字管理暂行规定》《北京市实施〈中华人民共和国国家通用语言文字法〉若干规定》《福建省实施〈中华人民共和国国家通用语言文字法〉办法》《福建省推广普通话规定》等，以及较大市级地方性法规，如《深圳市语言文字使用管理暂行规定》《沈阳市社会用字管理规定》《太原市社会用字管理办法》《武汉市社会用字管理办法》等。

信息革命给人类社会带来了迅猛而全新的变化，作为人类信息传播载体的语言在这些变化中最先感知，面对日益国际化、多样化的社会，语言生态和语言政策成为当代国家处理国内和国际事务的一个重要方面。采取怎样的语言政策面对当代的语言问题和语言局势，已成为当代中国不可回避的重要问题。百年语言文字规范化文献的搜集整理和系统研究，立足当代国际国内多系统、多层面的复杂语言环境和语言生态，以古今交替、中西沟通的民国时期语言文字文献为历史断面，总结分析近代以来中国语言文字规范化发展的历史规律和发展前景，为开创具有中国特点和风格的语言规划和语言政策研究学科提供历史借鉴和史料支撑。

第三节　语言文字规范网站建设

网络是普及语言文字规范标准的重要平台，也是汇集学术资源，凝聚学术共同体的重要手段。通过在线文献平台的建设，本研究面向公众提供当前重要的语言文字规范标准，并进行教育和宣介；面向学者梳理百年语言文字规范标准，提供学术资源和科研支持；面向各级机关实现语言文字规范标准的及时查阅和调取，辅助政策制定。

一、网站的基本结构

目前“百年语言文字规范标准文献数字化系统”网站的设计和开发工作已经完成，并开放在线试运行。

网站的主要功能是实时提供语言文字规范的参考；提供关于语言文字规范标准的解读及相关课程学习材料；集中展示和提供我国现行语言文字规范标准；针对语言教育（母语教育、少数民族的汉语教育、国际汉语教育等）的语言文字规范标准，搭建对应的语言能力测试平台；使用互联网手段对语言文字规范标准工作进行社会宣介。

网站共分为“文献数字化检索”“现行规范查询”“在线学习测试”和“在线规范讲堂”四个板块进行建设。

二、“文献数字化检索”板块

1. 功能描述

网站将所收集到的语言文字规范标准参照图书馆编目方法，按照类别、时间、相关性、关键词、责任人等多个维度进行组织，从多个维度建立索引，以便对所收集到的文献实现主题、类别、关键词及其关联内容等全面的信息检索，以满足对规范标准查阅、引用的各种需求。

其中，规范标准的多维关联的逻辑组织结构设计是关键问题，网站根据具体的规范标准内容并结合查询需求，确定合适的数据描述模型。

规范标准文献的组织结构如下：

作者、作者单位、发表年份、卷号、时间备注、语言类型、子课题、文献类型、期刊 / 出版社、关键字、其他信息。如《新式标点符号议案》一文的标注信息如下：

文献标题：新式标点符号议案（国语统一筹备会提出），作者：国语统一筹备会，作者单位：国语统一筹备会，发表年份：1920，卷号：1920，3（8）. 1–13，时间备注：民国九年，语言类型：中文，子课题：五，文献类型：议案，期刊 / 出版社：浙江教育月刊，关键字：新式标点符号，其他信息：无。

目前本板块试运行阶段开放清末以来文献共 8338 篇，清末至民国语言规划文献 1022 篇，无原文的文献信息 1154 篇，数据库可供用户在线免费检索。

2. 使用方法

用户访问本系统，进入首页中间左起第一个板块“文献数字化检索”，即可进入检索界面，使用方式与图书馆检索相似，即可以通过作者、作者单位、发表年份等方式对文献进行查询。对于有原文附件的文档，可以在线打开进行阅读，也可以在阅读页面将文件另存至本地硬盘。

三、“现行规范查询”板块

1. 功能描述

网站选取了我国当前社会生活中最具实用性的语言文字规范标准 40 篇，按领域进行标注、入库集中展示和宣传介绍，并提供原文文档下载服务，服务语言文字规范标准的宣传与普及。

现行语言文字规范标准的元数据标注体系与规范文献相同，可以实现当代规范标准与历史规范标准文献的通查、通阅。也可以仅在本板块中快速获取现行语言文字规范。

2. 使用方法

用户访问本网站，进入首页中间左起第二个板块“现行规范查询”，即可进入检索界面，使用方式与文献数字化检索板块相同。

四、“在线学习测试”板块

1. 功能描述

平台采取动态方式，将与语言文字规范标准关联的学习材料、课程内容、应用案例以多媒体形式集成，以提供学习、应用服务。同时，设计开发相应的语言能力测试方式，设计提供用户进行自我测查的接口，测查内容将与学习内容在数据库部分相关联，可以根据测查数据提供对应的学习参考，并进行能力量级评定。

测试系统包括 3 部分：

能力量表：表现为一种表格结构，将语言能力分为若干等级，每一个等级对应若干描述，测试者可以检索每一个量级的能力描述，然后根据描述选择对应的测试内容。

试题库：分级分类组织试题，根据用户需求提供对应级别的试题，支持在线答题，并给出答题分数。

能力评定：根据能力量表的描述及答题的结果，给出测试者能力描述。

网站根据语言测试领域学术成果和北京语言大学语言测试经验研制并应用了语言能力标准及其配套的测评体系。相关研究成果以《汉语能力标准的描述任务难度研究》为题，发表在 2013 年 7 月的《世界汉语教学》上。

网站已集成汉语能力标准测试初级试卷。初级考试客观卷 120 题，口语卷 42 题，写作卷 20 题，共计 182 题。考试包括试卷、听力录音、口语录音、标准答案四个文件。客观题已实现自动批阅和打分，主观题已实现人工登录后台，进行在线打分和意见反馈的功能。

网站还为在线考试模块开发了课后练习、强化训练、模拟考试、考试记录、习题收藏五个扩展功能。参加考试的用户可以进行多样化的练习和错题勘察。这些在线考试扩展功能都大大增强了网站在线测试板块的扩展性，也为日后根据考试数据开展语言习得研究和语言测试研究提供了基础数据。

2. 使用方法

用户访问本网站，进入首页中间左起第三个板块“在线学习测试”。用户需先进行注册和登录（均免费）。然后进入“我的考场”，即可进行多种考试和联系操作。

用户可以在正式考试之前进行模拟考试和强化训练。这两部分的考题均从后台题库中自动抽取。网站管理员可以在后台对现有考试进行试题编辑和添加。练习模式与正式考试相同。用户可以在试题的右上角点击心形的收藏按钮。改题将进入“改错复习”部分的“习题收藏”中，供用户进行复习和强化练习。试题右上角的标记功能则可以提示用户，这道题没做或者存疑，在检查试卷时不至于遗漏。

在所有试题中，听力考试用户点击播放录音后，播放按钮即消失，确保用户只能按要求听一遍。口语考试需用户自行上传口语录音。综合阅读部分均为选择题，用户可在线勾选答案。写作题则要求用户按照要求在文本框中输入作文内容。

每次考试的时间和结果都会出现在“考试记录”和“成绩单”中，供后台评估人员和用户自己进行查询和研究。

五、“在线规范讲堂”板块

1. 功能描述

在线规范讲堂，通过在线微课程形式向大众宣介语言文字规范标准，倡导和谐语言生活。微课程涵盖对语言文字规范标准的介绍、对语言生活中热点问题的学术解析等。以人民群众喜闻乐见的方式普及规范标准知识，提高社会对语言文字规范标准事业的认知度。

网站陆续将北京语言大学“语言政策与语言规划沙龙”的部分讲座录像和本研究慕课团队录制的新时期语言文字规范问题研究成果微课上传至本模块。本模块本着开放原则，在版权方允许的情况下，开放集成所有与语言规划研究、语言文字政策相关的视频，以期逐渐建立起面向学者的学术沙龙讲座系列资源、面向公众的规范标准宣讲系列资源和面向机关与学术管理机构的课题成果宣介视频资源。

2. 使用方法

用户访问本网站，进入首页中间左起第四个板块“在线规范讲堂”。用户需先进行注册和登录（均免费）。登录后可以选择观看自己感兴趣的视频节目。

第六章　语言文字规范学术蓝本

第一节　现代汉字分级字表

一、说明

《现代汉字分级字表》是对《通用规范汉字表》一级字表的再分级，其目的是为了更好地服务于基础教育和对外汉语教学的实际需求。全表共分 3 个等级，分别适用于语文基础教育低年级段、中年级段和高年级段的教学。三个等级的划分，将会形成一个合理的分布，既能客观反映汉字系统内部的分布规律，又可以充分体现汉字规范和汉字教学的层次性。

1. 收字范围

本字表只收录《通用规范汉字表》一级字表的 3500 个规范字，不包括对应的繁体字、异体字。

2. 分级依据

本字表主要依据国家语委现代汉语平衡语料库（7 千万字）和北京语言大学 DCC 动态流通语料库（3.5 亿字）（鉴于两个量差比较大，北京语言大学 DCC 动态流通语料库按 25% 比例提取）中的出现频率和汉字教学的需要，并参照《通用规范汉字表》制定的分级原则进行调整确定。

3. 分级结果

一级字表内部进一步划分 3 个等级：

A 级：1000 字。为最常用字。适用于语文基础教育低年级段教学。

B 级：1500 字。为次常用字。适用于语文基础教育中年级段教学。

C 级：1000 字。为较常用字。适用于语文基础教育高年级段教学。

4. 汉字排序

字表中的汉字按降频序排列，即按使用频率由高到低排序。

二、分级字表

1. 现代汉字 A 级字表

序号	汉字	序号	汉字	序号	汉字	序号	汉字	序号	汉字
1155	的	0277	他	0300	主	1455	面	0996	其
0001	一	0330	出	1241	法	1650	前	0335	加
1479	是	0717	时	0163	方	0132	化	0142	从
0388	在	1273	学	0212	可	0034	与	0488	合
0017	了	0777	作	0353	动	1276	定	0581	好
0010	人	0231	业	0482	后	0058	之	1302	建
0390	有	0341	对	2157	理	0019	力	0242	电
0091	不	0273	们	0327	民	0037	小	1789	起
1081	国	0483	行	0030	下	0770	体	1617	将
0113	中	2099	家	0146	分	0127	长	0418	当
0032	大	0401	成	0522	产	1038	事	2039	资
1131	和	1350	经	0969	者	1549	种	0293	外
0165	为	2728	就	0148	公	2681	等	1121	制
0036	上	0026	工	0379	过	0367	场	1376	政
0837	这	0112	日	0477	自	1552	重	0890	社
0444	年	0024	于	2044	部	2131	展	0737	员
0045	个	0507	多	0064	子	0532	关	0116	内
0761	我	0283	用	0392	而	0174	心	1268	性
0366	地	0301	市	2341	得	0656	报	1087	明
0263	生	2146	能	0076	开	0704	还	0578	如
0486	会	2994	新	1285	实	1164	所	0951	表
0707	来	1717	说	2021	高	1801	都	1503	品
1441	要	0066	也	0427	同	0150	月	2723	然
1063	到	0605	进	0485	全	0161	文	0094	区
0182	以	0949	现	2398	着	0377	机	0117	水
0339	发	0210	本	0078	天	0721	里	0271	代

续表

序号	汉字	序号	汉字	序号	汉字	序号	汉字	序号	汉字
0227	北	0505	名	2074	海	1584	很	1765	统
0204	去	2438	情	1166	金	1654	总	0519	交
2614	最	0784	位	0782	你	0360	老	0466	件
0022	三	0411	此	1849	样	0057	义	0310	头
2145	通	0011	入	0531	并	0003	二	2257	常
1622	度	2322	第	0048	么	0384	西	0467	任
1642	美	1205	京	2542	期	0021	又	0693	更
2179	教	0198	正	0004	十	2802	强	0446	先
0430	因	0836	应	0180	队	1754	结	1496	界
1127	物	0297	务	1570	信	0549	安	0604	形
1069	些	0245	由	0121	手	0582	她	2918	路
0847	间	0222	平	0480	向	0225	东	0567	导
1539	看	1938	特	0206	世	2677	程	0110	少
0763	利	0325	司	0081	无	2981	解	0349	式
1469	点	1672	活	0655	把	0615	技	1157	质
2745	道	1139	使	2193	基	0952	规	1174	受
0521	次	0560	设	0144	今	0168	计	0122	气
0867	没	1562	保	0211	术	1338	组	1225	育
2520	提	0100	车	0055	门	2189	据	0556	论
2996	意	0105	比	0246	只	0558	农	0611	运
0323	记	2616	量	2118	被	2999	数	0294	处
0774	但	0080	元	3123	管	2391	商	0038	口
0061	已	0528	问	0052	及	1868	原	1122	知
0236	目	0506	各	3233	题	1079	果	0053	广
2867	想	0825	系	0302	立	0171	认	2123	调
0697	两	1551	科	1678	济	1734	院	0573	收
0564	那	1430	相	0035	万	0490	企	0908	改

续表

序号	汉字	序号	汉字	序号	汉字	序号	汉字	序号	汉字
1758	给	2185	接	0371	共	0881	究	0491	众
0398	达	2544	联	1500	思	3172	赛	0209	节
0314	它	1446	研	0029	才	0425	团	0287	乐
2875	感	1035	或	0262	四	0382	再	0321	必
0786	身	1940	造	1190	服	1232	单	0413	师
0181	办	1264	治	3240	影	1651	首	3153	精
0060	己	0410	至	1300	该	0023	干	0440	则
1204	变	1367	持	2432	深	0760	告	0892	识
0690	求	2354	领	0154	风	1011	直	2024	准
1373	城	0438	回	1424	标	1431	查	1474	省
0196	打	0586	观	0909	张	0378	权	1711	神
0911	际	0816	条	2361	象	0643	投	0981	拉
0188	书	0067	女	2155	球	1370	项	1545	选
0014	几	1133	委	2694	集	0320	议	0508	争
1885	党	1726	费	0767	每	1636	闻	1847	校
1296	话	1223	放	0509	色	0417	光	2214	营
0751	别	2324	做	0625	走	0494	创	0218	布
0523	决	0791	近	0129	什	0877	完	0675	克
0083	专	1389	指	0442	网	0072	马	3095	需
0469	价	0139	反	1832	真	0945	环	0075	王
1468	战	0118	见	0455	传	2147	难	1850	根
0552	军	0012	儿	2541	斯	0088	五	3272	德
0472	华	1845	格	0907	局	0194	示	0947	青
3204	增	0342	台	1646	类	3333	整	2591	确
0039	山	2080	流	1077	具	2071	消	0538	江
1422	南	0594	级	0710	步	1407	带	2174	推
0885	证	0997	取	1294	视	1336	线	0654	声

续表

序号	汉字	序号	汉字	序号	汉字	序号	汉字	序号	汉字
1876	较	1029	构	2726	装	2132	剧	2127	谈
0554	许	0876	快	1172	采	0407	划	1052	态
1282	空	1329	始	2488	续	2152	验	3005	满
1211	府	0665	花	0901	即	2405	断	0671	严
1186	股	1693	举	0533	米	0461	优	1827	获
0317	让	3008	源	0248	史	2766	游	2055	益
1059	转	0700	医	2105	容	0316	写	0658	却
0286	尔	3061	境	2192	职	1252	注	0170	户
1064	非	0095	历	1160	往	0136	仅	0399	列
1973	息	0687	极	1200	备	0948	责	1553	复
0358	考	1583	律	0298	包	0781	低	0548	字
2027	病	0771	何	0593	约	1006	英	1956	值
0783	住	0682	村	1119	图	2263	眼	1948	称
3167	演	2034	效	1138	供	1088	易	0383	协
2054	料	0651	志	2394	望	0130	片	1244	河
2107	案	0389	百	1556	便	0595	纪	1631	亲
2410	清	0688	李	2514	越	0826	言	0589	红
1192	周	0275	白	0373	亚	1632	音	0535	州
1290	房	0086	艺	3035	群	0192	未	0107	切
0708	连	1363	型	0337	边	1485	显	1853	速
1018	林	0028	士	1509	响	0237	且	2395	率
1168	命	0977	势	0202	功	1555	段	2392	族
1334	参	0830	况	0391	存	0265	失	2476	随
1634	施	0176	引	1703	客	1987	爱	0887	评
1403	革	0731	足	1707	语	1488	星	0739	听
0089	支	1809	热	0093	太	0070	习	2911	照
1342	织	1945	积	0649	护	0027	土	1775	素

续表

序号	汉字	序号	汉字	序号	汉字	序号	汉字	序号	汉字
0622	批	0719	助	0503	负	0913	阿	1321	降
0322	讯	0160	六	2201	黄	2309	银	0517	刘
2961	像	0902	层	0187	双	0756	财	0566	尽
1323	限	0307	半	1589	食	1463	轻	1884	紧
1964	候	2270	晚	1730	孩	2747	曾	0712	坚
0576	防	1879	致	0065	卫	0588	买	0828	状
2659	销	1585	须	1399	某	1212	底	1560	修
0608	远	2168	排	0069	飞	1117	购	0429	吃
1641	养	3453	警	2508	款	0889	初	1279	审
1010	范	1395	按	1177	念	1618	奖	0946	武
0216	石	2781	富	1281	官	1546	适	0140	介
2492	维	2227	检	2683	策	2800	属	2626	景
0178	巴	1286	试	1108	罗	3174	察	0041	千
2041	站	1423	药	1858	配	0228	占	1695	宣
0243	号	0574	阶	0471	份	1355	春	2009	留
3348	器	0208	古	2517	超	0079	夫	2153	继
3121	算	0097	友	0640	均	2234	副	2097	害
1694	觉	0720	县	1344	终	2148	预	1315	承
0674	劳	0400	死	2108	请	0009	八	0249	央
0550	讲	1928	钱	0728	围	1340	细	2184	培
2557	落	1140	例	2741	普	0894	诉	0253	叫
1308	居	1700	突	1867	破	1418	故	0436	岁
0164	火	0044	亿	0195	击	0621	找	0914	陈
2035	离	0419	早	2332	售	0525	充	1774	班
1732	除	0006	厂	1733	险	1883	监	1543	怎
3078	模	1143	版	0726	园	2692	牌	2655	黑
0544	兴	1153	依	0572	阳	0256	另	1969	健

续表

序号	汉字
2235	票
0363	执
1932	铁
0221	龙
2023	席
1102	呢
1645	送
2046	旅
1036	画
0733	男
2164	域
2749	港
1670	测
0441	刚
2738	善
0795	余
2757	温
2931	置
1866	础
1439	树
2112	读
0884	良
1248	油
0015	九
0681	材
2458	密
0109	止

序号	汉字
0814	角
1502	虽
0135	仍
1697	室
1602	独
0282	令
0125	升
1673	派
2001	脑
0796	希
0849	判
2362	够
1952	笑
1548	香
2870	楼
1980	般
0319	训
0703	否
2337	假
0963	担
2375	减
0479	血
1680	洲
0285	印
2679	税
2523	喜
0073	乡

序号	汉字
3304	额
2701	奥
1848	核
0861	汽
1640	差
0345	母
1309	届
0166	斗
2389	章
1580	待
2385	康
3379	激
0468	伤
0561	访
2043	竞
3084	歌
1337	练
1489	昨
1624	庭
0119	午
1208	店
3033	福
0306	兰
1151	货
0106	互
0385	压
1762	绝

序号	汉字
0677	苏
1383	括
1594	胜
0007	七
3116	舞
1408	草
1053	欧
0481	似
1983	拿
0226	卡
0860	沙
1607	贸
0988	招
2198	著
2353	彩
0082	云
2187	控
0311	汉
0123	毛
2373	馆
1261	波
3094	愿
0587	欢
0584	戏
2277	略
0292	犯
0734	困

序号	汉字
0431	吸
1042	卖
1981	航
0934	纳
0768	兵
1159	征
0280	乎
2669	短
1609	急
1471	临
2120	课
0244	田
1396	挥
2932	罪
2559	朝
3256	镇
2333	停
0424	曲
1224	刻
1348	绍
1563	促
2920	跟
1400	甚
0214	左
1683	津
1032	述
0999	苦

续表

序号	汉字	序号	汉字	序号	汉字	序号	汉字	序号	汉字
2498	绿	2122	谁	0888	补	2813	登	2162	措
0087	木	0074	丰	1362	毒	0646	抗	1559	顺
0217	右	1263	泽	0101	巨	0652	块	2481	婚
2025	座	0432	吗	1960	倒	2345	船	1495	贵
1806	换	1971	射	0478	伊	2232	救	0897	词
2702	街	1274	宝	1675	染	0315	讨	2861	献
0326	尼	2822	编	2566	植	0992	择	1093	固
1679	洋	1209	夜	0583	妈	1467	背	0937	纷
2316	移	1515	哪	0797	坐	0359	托	2682	筑
2954	简	0515	庆	1078	味	2936	错	1020	杯
0810	免	0689	杨	3199	播	3392	藏	1075	尚
2069	酒	0312	宁	1024	析	0757	针	1026	松
1050	奇	2622	遇	3334	融	1487	映	0368	扬
0047	久	1721	既	1621	亮	1761	络	3135	鲜
0747	吧	2521	博	0840	序	3136	疑	0699	丽
1871	烈	0834	疗	1851	索	0765	秀	1950	透
1025	板	1304	录	1874	顾	1194	鱼	0487	杀
1870	逐	0364	扩	0568	异	2188	探	2207	菜
3118	稳	0336	皮	1798	损	1099	呼	1787	载
1356	帮	3490	露	1951	笔	1092	典	2355	脚
1935	缺	0498	杂	0800	含	1230	券	0324	永
0511	冲	1061	轮	1528	钟	2890	输	0609	违
2343	盘	0240	申	1041	雨	2832	摄	0393	页
0141	父	0633	抓	1869	套	0499	危	0288	句
1132	季	3259	靠	2177	授	0520	衣	2359	脸
1444	威	2965	微	1577	追	0970	拍	2496	综
2751	湖	1720	退	2558	韩	2687	答	2390	竞

续表

序号	汉字	序号	汉字	序号	汉字	序号	汉字	序号	汉字
1366	封	0454	伟	2891	督	1810	恐	2764	湾
0838	冷	0823	饭	2486	绩	0546	守	2628	践
0184	予	1415	荣	1062	软	3278	熟	2808	媒
0238	叶	0822	迎	0309	汇	1877	顿	0916	附
2284	唱	0912	陆	2648	幅	0694	束	0616	坏
2473	弹	0232	旧	2546	散	2445	惊	0134	币
0120	牛	1862	夏	1419	胡	2256	堂	1647	迷
0924	努	1510	哈	1701	穿	0269	付	0579	妇
3049	静	0409	毕	2251	辆	3268	篇	0570	孙
0766	私	2953	签	1269	怕	0900	灵	0873	怀
1564	俄	0537	污	1841	桥	0762	乱	2062	烟
2735	童	0190	玉	3038	障	1955	借	2631	跑

2. 现代汉字 B 级字表

序号	汉字	序号	汉字	序号	汉字	序号	汉字	序号	汉字
1852	哥	1714	误	0792	彻	0962	坦	2907	盟
2633	遗	0871	沉	0820	岛	2331	您	1523	骨
2417	渐	2351	悉	0318	礼	2734	痛	1051	奋
1722	屋	2265	野	2610	掌	0571	阵	2070	涉
2538	握	0234	归	1882	虑	1275	宗	2510	塔
2871	概	1788	赶	2788	遍	3292	潮	2596	雄
0938	纸	2837	鼓	0832	库	2285	患	2710	释
2249	雪	1378	赵	0974	拥	0090	厅	2795	谢
0530	羊	2670	智	2842	搞	0356	吉	0563	寻
2854	幕	0630	攻	1743	架	0191	刊	3317	操
0718	吴	0458	休	3151	端	0543	忙	0054	亡
1002	若	2247	盛	2360	脱	0565	迅	2466	谓
1113	败	0334	召	0169	订	1185	朋	2863	禁

续表

序号	汉字
0637	抢
0443	肉
2884	雷
1829	恶
0464	延
1529	钢
1710	祖
0351	刑
2111	诸
1135	佳
0886	启
1351	贯
1327	姓
3471	爆
1558	贷
1326	姐
1982	途
0971	顶
0445	朱
1288	诗
2134	弱
0514	庄
0632	折
0098	尤
0043	川
2532	裁
3419	繁

序号	汉字
1949	秘
0513	冰
0518	齐
3445	翻
1046	码
3234	暴
1067	肯
0475	伙
3169	慢
1574	侵
1944	租
2400	盖
2717	鲁
2428	液
2170	掉
2098	宽
1550	秋
0754	岗
3065	聚
0534	灯
1387	挑
2915	跳
0729	呀
3295	澳
2084	浪
1045	矿
2321	符

序号	汉字
3085	遭
2786	窗
1595	胞
3089	酸
0732	邮
1178	贫
1915	啊
2144	娘
2081	润
0295	冬
2273	距
1921	峰
1189	肥
2567	森
1299	询
1954	债
2998	粮
1889	晓
1449	厚
3385	避
0966	抽
1105	岸
1656	炸
2885	零
1206	享
2859	蒙
3194	趣

序号	汉字
0983	幸
1705	冠
0883	灾
0239	甲
0102	牙
0396	夺
2282	累
0193	末
1027	枪
1250	沿
2327	偿
1746	勇
1633	帝
2516	趋
0865	泛
0459	伍
1671	洗
1664	洪
0944	玩
2200	勒
2260	晨
1976	徐
0702	励
1941	乘
1278	宜
1579	盾
0831	床

序号	汉字
2470	敢
0527	闭
2221	梦
2943	键
2589	硬
0614	坛
0778	伯
1942	敌
3341	餐
0347	丝
1519	罚
1291	诚
0854	弟
1345	驻
2334	偏
1922	圆
0423	虫
0789	佛
2827	瑞
0369	耳
2226	梅
0931	纯
1156	迫
0274	仪
1163	径
2217	萨
1171	爸

续表

序号	汉字
1824	莫
1967	倍
1872	殊
1460	残
0343	矛
2892	频
1056	妻
2580	惠
1623	迹
0332	奶
2838	摆
3188	缩
2551	董
2037	唐
3354	镜
3152	旗
2379	麻
2253	虚
2893	龄
0492	爷
1365	挂
1221	净
2376	毫
0470	伦
2436	梁
2894	鉴
1773	珠

序号	汉字
3025	塞
2864	楚
0108	瓦
2420	混
1411	茶
1771	泰
1039	刺
3290	潜
0601	麦
2909	暗
1472	览
3342	嘴
3355	赞
0878	宋
2852	蓝
2060	烧
2900	睡
2980	触
3363	衡
2606	辉
3336	醒
1197	忽
0730	吨
1216	剂
1231	卷
2045	旁
0785	伴

序号	汉字
1786	振
2028	疾
2506	替
1031	杰
0114	贝
0005	丁
1962	俱
1568	俗
3265	箱
3003	煤
1271	怪
0050	凡
2026	症
0536	汗
3054	墙
1330	姆
2818	缓
0155	丹
0147	乏
1201	饰
3229	震
2267	啦
1909	恩
1521	贴
2654	赔
2276	跃
0975	抵

序号	汉字
0235	旦
1698	宫
0627	贡
1959	倾
2913	跨
0798	谷
2450	惯
1229	郑
2697	储
0769	估
0844	忘
2479	隆
2053	粉
0290	册
2639	喝
1936	氧
1838	档
0085	扎
2477	蛋
2895	睛
1071	虎
0157	乌
2102	宾
1676	洛
2600	雅
0223	灭
2530	援

序号	汉字
2841	摇
3352	默
1572	泉
1220	废
0824	饮
2743	尊
2302	圈
1147	侧
1588	逃
1358	珍
1084	昌
3024	誉
2609	赏
0926	劲
2930	署
0879	宏
3279	摩
2459	谋
1663	洁
0510	壮
2219	械
2480	隐
1005	苗
0179	孔
2664	锋
1783	捕
0137	斤

续表

序号	汉字	序号	汉字	序号	汉字	序号	汉字	序号	汉字
1802	哲	0451	迁	3164	漫	1324	妹	0151	氏
2594	殖	2056	兼	2906	暖	3263	稿	2821	骗
0575	阴	0928	鸡	2574	棉	0600	弄	2660	锁
0915	阻	0868	沟	2952	筹	1341	驶	3131	貌
1165	舍	0829	亩	0340	圣	0346	幼	2268	曼
0870	沈	2889	辑	1335	艰	1091	迪	0696	豆
0842	弃	2288	唯	1508	咱	1094	忠	2365	猪
3376	燃	1686	恢	2086	涨	0841	辛	1332	驾
3213	横	0989	坡	2599	暂	0905	尾	0205	甘
3059	截	2974	鹏	0545	宇	1049	奔	0959	拔
1669	洞	1682	浓	2330	偷	2553	敬	3384	壁
1258	泥	0296	鸟	0957	拓	0348	邦	2325	袋
1486	冒	0716	呈	1975	徒	2109	朗	3141	豪
2848	勤	0516	亦	1267	怖	0775	伸	2603	悲
1148	凭	1712	祝	0540	池	1629	咨	2623	喊
3144	腐	2761	滑	0978	抱	0404	轨	0167	忆
2205	菌	2048	阅	3427	赢	1766	耕	3262	黎
0230	卢	1228	闹	2430	淡	2805	隔	2370	猛
2140	娱	3388	戴	0185	邓	1790	盐	2202	菲
2323	敏	2780	寒	2522	揭	1755	绕	2657	铺
1571	皇	2352	欲	2695	焦	3300	懂	0344	纠
0077	井	0018	刀	2163	描	2956	毁	0968	拖
2630	跌	2942	锦	0896	诊	1814	埃	0547	宅
2110	诸	1325	姑	2824	缘	0474	仿	3372	辩
3001	塑	2246	袭	1354	奏	3041	嫌	2976	腿
1158	欣	0680	杜	1822	莱	1744	贺	2022	郭
0197	巧	2845	聘	0612	扶	1126	牧	2077	浮

续表

序号	汉字	序号	汉字	序号	汉字	序号	汉字	序号	汉字
1106	岩	2588	厦	1593	胆	1456	耐	0972	拆
0620	拒	3482	籍	0882	穷	0991	拨	0020	乃
2064	递	1412	荒	0415	尖	1414	荡	2767	滋
2138	陷	1655	炼	2947	辞	1237	炎	0933	纲
0846	闲	0657	拟	2173	堆	0906	迟	1382	挺
1246	泪	2876	碍	3357	篮	1658	炮	1996	胸
0794	返	3202	撞	2620	晶	2014	凌	2969	腰
0305	闪	1377	赴	1998	脏	3093	磁	1573	鬼
2756	湿	2435	婆	3207	鞋	1303	肃	0898	译
2501	琴	3362	邀	3255	墨	1627	疫	0331	辽
2066	浙	0357	扣	2709	番	1690	恰	1990	颁
0450	竹	1019	枝	1597	脉	0874	忧	0919	妙
0623	址	0811	狂	2328	偶	2675	剩	1772	秦
0397	灰	3474	壤	2453	寄	0936	纵	0744	吹
1198	狗	3409	蹈	2388	盗	0365	扫	2149	桑
3374	糖	1907	哭	0670	芳	0557	讼	2880	碰
1881	桌	2707	舒	2737	阔	3472	疆	2059	烦
0128	仁	1114	账	2705	循	2416	渠	2425	渔
1757	绘	2403	粗	0899	君	2992	廉	1947	秩
2119	祥	2872	赖	1768	耗	0940	纺	0618	扰
3326	薄	2137	陶	1080	昆	0942	纽	0183	允
0025	亏	3319	燕	0033	丈	2840	搬	3100	颗
2765	渡	3367	磨	2975	腾	0159	凤	1361	玻
2833	摸	2564	棋	0801	邻	0599	寿	2511	搭
2487	绪	2393	旋	0207	艾	3370	凝	2604	紫
2966	愈	1797	捐	0925	忍	1538	拜	3387	缴
2595	裂	2299	崇	2404	粒	2065	涛	3019	溶

续表

序号	汉字
2526	插
2306	铜
1826	荷
0414	尘
1518	峡
0250	兄
1301	详
2455	宿
3189	慧
3365	雕
2555	蒋
2051	瓶
2000	胶
0476	伪
3132	膜
2233	曹
1394	挖
0279	瓜
2092	悄
1434	柳
0463	伐
2047	畜
3288	遵
3244	踪
1699	宪
1930	钻
0149	仓

序号	汉字
3058	赫
0943	奉
2528	搜
0416	劣
3018	滨
3056	嘉
2484	颇
1393	拼
1835	桂
3285	颜
1175	乳
3203	撤
1124	氛
3051	璃
1392	挤
1086	畅
1435	柱
1685	恒
2016	恋
1319	孤
1437	栏
1065	叔
0598	巡
2602	辈
1476	尝
1289	肩
0714	旱

序号	汉字
2691	傅
3015	滚
2089	涌
1875	轿
3486	灌
0460	伏
1587	剑
1112	凯
1100	鸣
2411	添
0303	冯
0408	迈
1856	贾
1145	侦
2779	割
2167	捷
1251	泡
0276	仔
0542	汤
2439	惜
2250	辅
1191	胁
2075	涂
2879	碎
1724	屏
2040	凉
1440	勃

序号	汉字
2856	蓄
0880	牢
1162	彼
1963	倡
3287	糊
3163	漂
3081	榜
1475	削
0175	尺
1161	爬
3242	踏
3440	覆
3006	漠
3312	履
1745	盈
0002	乙
2019	衰
0257	叹
1076	旺
1320	陕
2264	悬
3261	稻
0405	邪
2834	填
2678	稀
2139	陪
1034	丧

序号	汉字
3286	毅
2556	蒂
1742	怒
0713	肖
2618	喷
0993	抬
2129	剥
1203	饲
0153	欠
2676	稍
2367	猫
1218	郊
1750	柔
0812	犹
1310	刷
3310	慰
1238	炉
0660	劫
1735	娃
3128	鼻
0980	垃
1578	俊
0362	圾
0591	纤
3351	赠
2662	锅
1150	佩

续表

序号	汉字	序号	汉字	序号	汉字	序号	汉字	序号	汉字
0421	吐	2295	逻	1605	狱	0500	旬	0497	朵
1918	罢	0215	厉	3096	辖	1234	炒	1115	贩
1840	株	1222	盲	2068	浦	0862	沃	0501	旨
0452	乔	3185	熊	0189	幻	2830	魂	1030	杭
0495	肌	0722	呆	0426	吕	0653	扭	2135	陵
1316	孟	3420	徽	2715	腔	2128	谊	0272	仙
0965	押	1598	胎	0333	奴	3416	魏	1110	帕
0448	廷	0803	肝	1978	舰	1880	柴	1448	厘
0631	赤	1794	埋	1740	姚	1183	肿	1692	恨
1023	枚	2434	涵	1823	莲	2431	淀	1770	艳
1297	诞	2700	粤	1729	眉	2693	堡	3425	癌
0199	扑	3168	漏	1257	泳	0355	寺	0904	尿
1111	岭	0930	驱	0473	仰	2229	梯	0099	匹
1660	烂	1202	饱	0361	巩	2784	窝	1606	狠
1022	柜	2582	逼	2552	葡	1995	脂	1616	弯
0793	役	1180	肤	0678	杆	2729	敦	0869	沪
1458	牵	0380	臣	1125	垂	2804	疏	3022	滩
2844	摊	1547	秒	1544	牲	1630	姿	2196	聊
1844	桃	3221	飘	1240	浅	0636	扮	2241	硕
0990	披	1432	柏	3181	谱	1359	玲	0736	串
1057	轰	2444	惟	3356	穆	1782	栽	0650	壳
1557	俩	1505	骂	3476	耀	1287	郎	2052	拳
0641	抑	3211	蔬	2770	愤	0827	冻	1043	郁
0447	丢	2958	鼠	3296	潘	3045	缝	0807	肠
2073	浩	3389	擦	1715	诱	3140	敲	1799	袁
2853	墓	2489	骑	2190	掘	2886	雾	3165	滴
1738	姻	2972	腹	1590	盆	2967	遥	2649	帽

续表

序号	汉字
3196	撑
1465	皆
3325	薪
2666	锐
0855	汪
1828	晋
3337	霍
2888	辐
2311	甜
2658	链
2208	萄
2449	惨
1741	娜
0281	丛
3023	慎
3062	摘
2839	携
2524	彭
0104	戈
1176	贪
0818	卵
0850	兑
3484	魔
0603	玛
3037	辟
3267	箭
2581	惑

序号	汉字
3435	翼
0585	羽
3192	撒
0642	抛
2091	悟
0328	弗
0145	凶
3092	碳
3071	蔡
1524	幽
1643	姜
0376	朴
0606	戒
0613	抚
2031	疼
0046	夕
3110	嘛
2290	啥
0186	劝
1085	呵
0402	夹
2790	裕
0420	吁
2881	碗
2704	御
1210	庙
3004	煌

序号	汉字
1181	肺
0233	帅
1639	阁
2366	猎
0422	吓
1311	屈
1608	怨
2347	斜
1447	砖
3489	霸
1517	炭
3112	赚
1497	虹
2860	蒸
0755	帐
1048	奈
2161	堵
0939	纹
2843	塘
2543	欺
1391	挣
2166	掩
2509	堪
1379	挡
1626	疯
1586	叙
2402	粘

序号	汉字
1512	咬
0177	丑
0668	芬
2326	悠
1405	荐
3224	醉
2938	锡
2032	疲
1249	泊
1653	兹
1003	茂
3371	辨
2038	瓷
2364	猜
1702	窃
0799	妥
0289	匆
2706	艇
2650	赋
2280	蛇
0428	吊
2979	颖
2571	棵
1207	庞
1352	契
0805	肚
2426	淘

序号	汉字
3400	霞
2505	斑
1193	昏
0465	仲
2569	椅
0031	寸
3114	锻
3087	酷
2406	剪
2096	悦
1037	卧
1090	昂
1280	宙
3496	囊
3012	溪
2301	婴
2437	渗
2116	袖
2703	惩
1911	唤
1994	脆
1055	垄
2020	衷
3125	舆
2959	催
2348	盒
2007	逢

续表

序号	汉字
1614	饼
2771	慌
2318	笼
0645	坑
3147	瘦
1933	铃
3270	躺
0596	驰
2878	碑
0669	苍
3206	聪
2925	蜂
0338	孕
2613	暑
2730	斌
1494	胃
3030	谨
1305	隶
1576	侯
2789	雇
2874	酬
1833	框
2750	滞
1480	盼
2412	鸿
0529	闯
1888	眠

序号	汉字
1596	胖
2211	萍
2611	晴
0059	尸
2782	寓
1795	捉
1923	峻
1892	鸭
2005	狼
2230	桶
2791	裤
2641	喂
0848	闷
1620	亭
0607	吞
2962	躲
1970	臭
3171	寨
1313	弥
1074	贤
1070	卓
2712	腊
1068	齿
2587	厨
3402	瞧
0976	拘
2758	渴

序号	汉字
3010	滥
1242	泄
3042	嫁
2413	淋
2575	棚
1542	氢
1066	歧
3456	攀
2651	赌
2397	阐
0374	芝
1149	侨
2296	崔
0664	芽
1652	逆
2615	晰
1322	函
0395	夸
2407	兽
1137	岳
2592	硫
3320	蕾
3241	踢
0278	斥
1985	爹
0893	诈
1681	浑

序号	汉字
1781	捞
1073	肾
3066	慕
3447	鹰
1905	哩
0932	纱
2548	葬
2465	祸
1778	顽
3184	翠
1752	绑
3013	溜
2387	鹿
0489	兆
2491	绳
2462	谐
3130	魅
1925	贿
2835	搏
3156	弊
2752	湘
1619	哀
3381	憾
2995	韵
1825	莉
3434	臂
2801	屡

序号	汉字
2101	宴
1386	拾
1780	匪
3134	膀
2160	捧
2384	廊
2180	掏
0858	汰
3161	漆
0629	坝
1462	轴
3091	碱
1939	牺
1601	狮
2289	啤
2485	颈
2519	堤
0268	丘
2176	掀
2562	棒
2721	猴
2493	绵
2778	慨
0449	舌
2414	涯
1262	泼
3436	骤

续表

序号	汉字
0982	拦
1815	挨
2469	逮
1184	胀
2685	筒
0484	舟
0647	坊
2454	寂
2085	浸
2383	痕
1665	洒
2810	嫂
2502	琳
3398	磷
0008	卜
1753	绒
2744	奠
2113	扇
3282	瘤
0895	罕
0203	扔
1893	晃
2209	菊
1427	枯
2855	蓬
3002	慈
2690	傲

序号	汉字
1691	恼
2076	浴
0735	吵
0329	弘
2094	悔
2977	鲍
3063	摔
3175	蜜
2421	淮
0270	仗
0386	厌
3273	艘
1600	狭
2033	脊
0922	妨
2307	铭
2550	葛
1612	蚀
3148	辣
0512	妆
0158	勾
2951	愁
3150	竭
0953	抹
2244	爽
1863	砸
1397	挪

序号	汉字
3183	嫩
1413	茫
1182	肢
1429	栋
0040	巾
1047	厕
1451	砂
1016	茅
1454	砍
0071	叉
0133	仇
1058	顷
1445	歪
1008	苑
1979	舱
3050	碧
0715	盯
3361	儒
2973	腺
1803	逝
0638	孝
1314	弦
2239	戚
2908	歇
2746	遂
3177	谭
1109	帜

序号	汉字
3313	豫
1904	哨
2386	庸
3499	罐
2688	筋
1129	刮
0648	抖
2777	愉
3036	殿
3088	酿
0672	芦
2990	痴
1728	逊
0624	扯
3143	遮
2012	饿
2195	勘
1406	巷
2673	氯
3205	撰
0929	纬
3212	蕴
0639	坎
3155	歉
2018	浆
3039	媳
2713	脾

序号	汉字
2674	鹅
1860	辱
2104	窄
2472	屠
0676	芭
2739	翔
2374	凑
1805	挫
0626	抄
2504	琼
0456	乒
1708	扁
2836	塌
2442	惧
1807	挽
0577	奸
2921	遣
3403	瞬
3149	彰
2255	雀
3016	溢
1992	翁
0437	帆
1756	骄
2371	祭
1390	垫
2644	喻

续表

序号	汉字	序号	汉字	序号	汉字	序号	汉字	序号	汉字
3046	缠	2042	剖	3475	馨	1167	刹	3253	嘱
1674	洽	2946	矮	1292	衬	1491	昭	1118	贮
1977	殷	0685	杉	0695	吾	1534	钩	2049	羞
1861	唇	2342	衔	0843	冶	2457	窑	2957	舅
1270	怜	1887	晒	0453	迄	1504	咽	3327	颠
3043	叠	2106	宰	2933	罩	1751	垒	0313	穴
3231	霉	2418	淑	2742	粪	1924	贼	3364	膨
3328	翰	2203	萌	3060	誓	0502	旭	1082	哎
0852	灿	1318	陌	1239	沫	3032	裸	2823	骚
3410	螺	1937	氨	1498	虾	3195	趟	2500	巢
0673	芯	2960	傻	3439	藤	3223	醇	2151	绣
2238	厢	3349	噪	3465	颤	1195	兔	2572	棍
1004	苹	2261	睁	1540	矩	2305	铝	1599	勉
2617	鼎	2515	趁	3323	薇	2396	阎	2518	揽
0935	驳	3430	燥	0960	坪	0743	吻	2711	禽
0967	拐	3308	鹤	1021	枢	2240	硅	0115	冈
3438	鞭	0917	坠	2141	娟	1719	垦	1582	衍
2216	萧	1934	铅	1991	颂	2011	皱	2409	焕
1293	衫	1737	姨	2363	逸	0096	歹	1349	绎
2671	氮	0701	辰	3178	肇	3375	糕	1525	钙
2549	募	3399	霜	3075	熙	2896	睹	2607	敞
0156	匀	3494	髓	2313	梨	2057	烤	0758	钉
0910	忌	2547	惹	2819	缔	1259	沸	1243	沽
3318	擅	3154	粹	2642	喘	2356	脖	1913	哼
3382	懈	1777	蚕	0493	伞	1196	狐	0809	甸
0394	匠	0111	曰	1644	叛	1492	畏	0213	丙
1277	宠	1859	翅	1536	卸	2006	卿	2993	靖
0308	汁	3428	糟	2656	铸	3293	潭	1443	咸

续表

序号	汉字	序号	汉字	序号	汉字	序号	汉字	序号	汉字
3455	藻	3405	瞩	2292	崖	0439	岂	2298	崩
2831	肆	0103	屯	2792	裙	1507	哗	2215	乾
1256	泌	2272	啡	2643	喉	2423	渊	0851	灶
3214	槽	3458	蹲	2294	崭	2624	遏	2806	隙
1000	昔	3464	蟹	0284	甩	2905	愚	3098	雌
1965	赁	0372	芒	3245	蝶	1484	哑	2696	傍
3477	躁	1040	枣	1245	沾	3073	蔽	1188	肪
3173	寡	2929	嗓	0964	坤	0200	卉	3260	稽
2716	腕	1897	晕	1667	浇	2590	硝	2798	谦
1532	钦	2776	愧	2769	溉	0705	尬	3457	曝
2495	绸	1916	唉	1591	胚	2883	尴	1946	秧
2344	舶	1328	妮	2124	冤	1473	竖	2748	焰
2708	逾	1513	咳	0684	杏	0903	屁	1537	缸
0412	贞	1104	咖	1958	俺	1837	栖	1846	桩
1272	怡	1141	侠	2627	畴	2206	萎	3252	嘿
2727	蛮	2182	掠	0092	犬	2593	雁	1527	钞

3. 现代汉字 C 级字表

序号	汉字	序号	汉字	序号	汉字	序号	汉字	序号	汉字
3057	摧	2220	彬	1739	娇	1638	阀	3137	孵
3480	嚷	0403	夷	1530	钠	3243	踩	2828	瑰
2529	煮	2568	焚	1483	哄	2468	谜	3191	撕
3322	薛	1116	贬	0457	乓	3139	裹	1154	卑
0299	饥	2759	溃	2939	锣	0229	凸	1830	莹
3307	谴	0691	甫	0659	抒	2443	惕	2858	蓉
3298	澜	3406	瞪	3069	曼	2254	彪	1097	咋
0772	佐	2815	缆	1567	俭	1816	耻	3269	僵

续表

序号	汉字	序号	汉字	序号	汉字	序号	汉字	序号	汉字
2882	碌	3232	瞒	1283	帘	1817	耿	3236	嘻
2461	谎	2336	兜	1499	蚁	2308	铲	3076	蔚
2968	腻	1611	饶	3053	熬	3359	篷	2684	筛
3126	僚	2482	婶	2612	睐	1083	咕	2774	愣
2003	逛	0950	玫	3274	膝	3186	凳	2228	梳
3380	懒	1820	恭	1464	鸦	1317	陋	2663	锈
3254	幢	1796	捆	2483	婉	1506	勋	0539	汛
1227	闸	1120	钓	0504	匈	2533	搁	2672	毯
0780	佣	3142	膏	3127	僧	1901	蚊	0143	仑
3216	橡	3321	薯	1793	捏	2130	恳	0375	朽
1360	珊	2554	葱	3344	蹄	3090	碟	2471	尉
0808	龟	3299	澄	3235	瞎	1927	赃	1033	枕
2424	淫	3182	隧	2793	禅	1457	耍	1236	炕
2314	犁	0304	玄	0526	妄	3009	滤	2225	梢
2986	酱	0958	拢	0866	沧	2740	羡	2125	谅
2204	萝	2349	鸽	3106	蜡	1014	茎	3026	寞
2825	瑟	1482	哇	2087	烫	1123	迭	2783	窜
3415	穗	1839	桐	2319	笛	2940	锤	0679	杠
2259	匙	2796	谣	1531	钥	0941	驴	1899	畔
1812	壶	2724	馈	2536	搅	2197	娶	2963	魁
0740	吟	2736	竣	3044	缚	0241	叮	2646	喧
2079	涤	3102	墅	3226	磊	2335	躯	2297	帷
1931	钾	0051	丸	1997	胳	2283	鄂	2898	瞄
1417	荧	1804	捡	0759	牡	0553	讶	3258	镑
2415	淹	2753	渣	0644	坟	1718	诵	3283	瘫
3129	魄	2199	菱	3264	稼	2948	稚	0131	仆
2816	缉	1908	哦	1516	哟	1723	昼	0559	讽

续表

序号	汉字	序号	汉字	序号	汉字	序号	汉字	序号	汉字
1420	荫	1727	陡	2441	悼	1648	籽	2156	琐
1968	倦	2231	梭	3487	譬	2868	槐	0773	佑
1854	逗	1984	耸	3208	鞍	1561	俏	3000	煎
3079	槛	2133	屑	3222	醋	1470	虐	3441	瞻
3133	膊	2857	蒲	0260	凹	0201	扒	2775	惶
3028	窟	3101	瞅	1128	乖	0267	禾	0725	呕
3368	瘾	2015	凄	2117	袍	2245	聋	2236	酝
3315	撼	2897	睦	3481	巍	1371	垮	2242	奢
1401	荆	1855	栗	0709	轩	1894	哺	3011	滔
0354	扛	2794	禄	1347	驼	1819	聂	1657	烁
1989	豹	1818	耽	1966	俯	2869	榆	3271	僻
2061	烛	1173	觅	1662	洼	1260	沼	2635	蛛
2560	辜	1811	捣	2088	涩	1637	闽	0857	沛
1255	泻	3442	蹦	3119	熏	2429	淤	1776	匿
0247	叭	0738	呐	1421	荔	2647	嵌	0551	讳
2634	蛙	0927	矣	1410	茵	0634	扳	2577	棺
2814	缅	3378	澡	3421	爵	2605	凿	1295	祈
2811	媚	0610	韧	0686	巫	3176	寥	1146	侣
2029	斋	1369	拱	3397	礁	1442	柬	0853	灼
2621	喇	3340	冀	2809	絮	3377	濒	2991	痰
2573	椎	0138	爪	1736	姥	1533	钧	1375	挠
2570	椒	0063	弓	2100	宵	3158	熔	2072	涡
2917	跪	1028	枫	0749	吼	1013	茄	1134	秉
2300	崛	1101	咏	1284	宛	2368	凰	0984	拌
1253	泣	2503	琢	1760	骆	1060	斩	3479	嚼
1569	俘	3179	褐	1808	挚	3160	潇	2382	痒
1961	倘	1452	泵	2317	笨	3238	嘲	0406	尧

续表

序号	汉字
2067	涝
3463	簿
1677	浏
1896	剔
3017	溯
2763	渝
2058	烘
1098	咐
2310	矫
2576	棕
0764	秃
0056	丫
1428	柄
1481	眨
0224	轧
2377	烹
2754	渤
3080	榴
2820	缕
3201	墩
2499	缀
0961	拣
1477	昧
3107	蝇
1668	浊
0817	彤
1054	殴

序号	汉字
2291	啸
1312	弧
1575	禹
3366	鲸
3432	豁
2460	谍
2653	赐
0815	删
2408	焊
2989	廓
1136	侍
0863	沦
2912	畸
0727	旷
3086	酵
3311	劈
2982	煞
0541	汝
0663	苇
3468	瓣
2154	骏
3418	簇
1490	咧
2803	粥
3034	谬
1170	斧
1450	砌

序号	汉字
3449	襟
2191	掺
0864	汹
2262	眯
2545	葫
1836	桔
0381	吏
2978	猿
3443	嚣
0580	妃
0787	皂
2350	敛
2910	暇
0042	乞
0255	叨
1566	侮
3246	蝴
3497	镶
1763	绞
1878	毙
3407	曙
1610	饵
1779	盏
0261	囚
0859	沥
2718	猩
3200	擒

序号	汉字
0592	驯
2252	颅
0152	勿
1926	赂
2540	揉
2399	羚
1687	恍
1436	柿
3215	樱
1233	炬
3483	鳞
1704	诫
2143	娥
3422	朦
2186	掷
2463	袱
3048	剿
0745	呜
2525	揣
3227	磅
3373	糙
1266	怯
1689	恤
0723	吱
1501	蚂
1535	钮
2419	淌

序号	汉字
2652	赎
1520	贱
1017	枉
2689	筝
0068	刃
3448	瀑
1625	疮
2601	翘
1219	庚
2223	梗
0264	矢
3316	擂
1842	桦
2665	锌
0666	芹
2358	豚
2983	雏
3103	嗽
3219	敷
3495	赣
1130	秆
3390	藉
2680	筐
0434	屿
2115	袜
2661	锄
2561	葵

续表

序号	汉字	序号	汉字	序号	汉字	序号	汉字	序号	汉字
3209	蕉	2002	脓	3067	暮	1759	绚	0746	吭
1843	栓	0706	歼	3068	摹	2103	窍	3109	蝉
2512	堰	2955	筷	2527	揪	2369	猖	3451	戳
1957	倚	2490	绰	3426	辫	3029	寝	1514	咪
2927	嗅	3070	蔑	1433	栅	3309	憨	1169	肴
0839	庐	3055	墟	1604	狡	2169	焉	3064	撇
1398	拯	2339	徘	2090	悖	2452	寅	0496	肋
2312	秸	2584	棘	2293	崎	0987	拙	2030	疹
2902	嗜	2847	蒜	3466	靡	3159	煽	2608	棠
1592	胧	1493	趴	2535	搂	1713	祠	2258	眶
1554	竿	1339	绅	2903	鄙	2534	搓	2722	惫
2218	菇	1953	笋	2944	锯	1144	侄	0985	拧
3014	漓	3330	橱	0802	岔	2475	堕	1920	峨
3104	踊	1107	帖	2699	皖	3324	擎	2583	粟
1581	徊	1409	茧	0049	勺	3230	霄	1235	炊
2970	腥	0692	匣	2785	窖	0662	芜	2224	梧
3072	蔗	3225	磕	0920	妖	1374	挟	2865	楷
3488	蠢	1226	氓	0986	拂	2563	棱	3027	窥
2175	埠	0562	诀	3294	鲨	3424	鳄	2497	绽
3099	裳	2266	啪	2934	蜀	1785	捂	0821	刨
3289	憋	3007	滇	1943	秤	1972	躬	3275	膛
1007	苟	1404	茬	1380	拽	2597	颊	1096	咒
2451	寇	3077	兢	0524	亥	3332	橘	1659	炫
3157	熄	0921	姊	3395	檐	3493	黯	3339	辙
3305	翩	3108	蜘	1001	苛	0891	祀	1217	卒
1993	胰	0619	扼	2733	痪	2036	紊	2645	啼
2474	隋	1635	闺	0973	拎	2427	淳	2760	溅

续表

序号	汉字
2287	唾
1385	拴
3353	黔
2850	靶
0258	冉
1628	疤
2877	碘
3082	榨
1015	苔
0872	沁
0683	杖
3170	慷
1792	捍
1857	酌
2159	琅
2372	馅
2928	嗡
3210	蕊
2941	锥
3291	澎
1709	袄
3257	镐
2629	跋
0856	沐
2464	祷
1453	砚
3331	橙

序号	汉字
2275	啃
3460	蹬
0433	吆
1821	莽
2755	渺
1426	柑
1214	疙
1906	圃
1072	虏
3250	蝗
0266	乍
1265	怔
2063	烙
3391	鞠
2181	掐
3138	馒
3417	簧
0994	拇
2494	绷
2194	聆
2950	颓
3297	澈
0819	灸
1565	俐
0833	庇
1890	哮
1919	峭

序号	汉字
3083	榕
2904	嗦
2851	鹊
2812	婿
0661	芙
1613	饺
2004	狸
2210	菩
1813	捅
2787	窘
0628	汞
0918	妓
1831	莺
3145	瘩
0352	戎
2274	趾
3314	缭
0806	肘
2121	冥
0569	弛
2988	痹
2456	窒
3115	镀
1346	绊
1381	哉
2315	秽
2799	犀

序号	汉字
2866	榄
3021	粱
2357	脯
2849	靴
0955	坷
0956	坯
0162	亢
0016	刁
1767	耘
2619	喳
2640	鹃
3303	憎
3047	缤
1661	剃
1526	钝
1747	怠
2142	恕
2899	睫
3020	溺
1298	诡
0126	夭
1895	晌
2422	淆
2565	椰
2807	隘
1364	拭
1886	逞

序号	汉字
3111	嘀
0923	妒
3276	鲤
2625	晾
2248	匾
0776	佃
0788	伺
0251	叽
2401	眷
2017	浆
2919	跤
2971	腮
1725	屎
3358	篡
2083	涕
2340	徒
2949	稠
3228	碾
2150	绢
1891	唠
1459	鸥
3031	褂
3197	撮
1522	贻
2887	雹
1307	屉
1152	侈

续表

序号	汉字
1247	沮
3097	辗
1764	骇
3444	镰
3237	嘶
1929	钳
2158	琉
3284	凛
1425	栈
1402	茸
3454	蘑
3450	璧
2338	衅
1215	疚
1649	娄
2924	蛾
0748	邑
3040	嫉
1706	诬
3360	篱
2862	椿
2768	渲
1791	捎
3446	鳍
2579	椭
2638	蛤
1834	梆

序号	汉字
3396	檀
0711	卤
2531	搀
2817	缎
3462	簸
1865	砾
0954	卦
2093	悍
3193	撩
3218	橄
0370	芋
2586	酥
3433	臀
0779	伶
0435	屹
2050	羔
3280	褒
1388	垛
3461	巅
3187	骡
2271	啄
0254	叩
0875	忱
1974	倔
2964	衙
1368	拷
3335	瓢

序号	汉字
2935	幌
2346	舵
2585	酣
0790	囱
3198	撬
1511	哆
2720	猾
1142	侥
1089	咙
0741	吩
3459	蹭
1999	脐
2945	锰
1103	咄
1873	殉
1384	垢
3478	蠕
2937	锚
1343	驹
1372	挎
1331	迢
2448	惋
2440	惭
1541	毡
2082	涧
2762	湃
2985	馏

序号	汉字
2873	酪
3166	漾
3329	噩
3306	褥
0742	呛
3347	螃
3500	矗
1213	疟
2829	瑙
2478	隅
1731	陨
3343	踱
2303	铐
1179	忿
0173	讥
2320	笙
1898	蚌
2380	庵
3277	鲫
3414	赡
2846	斟
2772	惰
2914	跷
1461	殃
2901	睬
3146	瘟
2222	婪

序号	汉字
2698	皓
3180	褪
1784	埂
2243	盔
2172	赦
3470	鳖
2446	惦
1864	砰
2183	掂
1095	呻
0590	驮
1769	耙
3217	樟
3113	锹
2212	菠
2269	晦
0750	囤
3302	懊
0667	芥
2926	蜕
3437	藕
1615	峦
2433	涮
1306	帚
1903	蚓
2378	庶
0219	夯

续表

序号	汉字	序号	汉字	序号	汉字	序号	汉字	序号	汉字
0084	丐	1438	柠	0252	叼	2984	馍	2126	谆
2773	愣	3350	鹦	2539	搔	3190	撵	2598	雳
2281	唬	0259	皿	0998	茉	3346	蟆	3120	箕
2637	蜒	3162	漱	1684	恃	0752	吮	1199	狩
2636	蜓	0835	吝	2732	痢	1910	鸯	0387	戌
2725	馋	2178	捻	0724	吠	1012	茁	3239	嘹
2278	蚯	2279	蛀	0995	拗	2329	偎	1044	矾
3413	嚎	3281	瘪	0462	臼	0555	讹	1986	舀
0350	迂	2213	萤	3383	窿	1466	韭	2013	馁
1688	恬	2136	祟	3412	蟀	3485	糯	3369	瘸
2923	蜗	0617	抠	2467	谚	2987	禀	1478	盹
1009	苞	3467	癣	3394	檬	1416	荤	3345	蹂
3469	羹	1917	唆	3411	蟋	2714	腋	0698	酉
2095	悯	2916	跺	0172	冗	0804	肛	0845	闰
3052	赘	2578	榔	0597	纫	3386	缰	1912	唁
0220	戊	3247	蝠	2114	诽	0979	拄	3401	瞭
3266	篓	3117	舔	3251	蝙	1696	宦	2632	跛
3452	孽	3473	鬓	3431	懦	3124	箫	3492	躏
0635	抡	2668	掰	3105	蜻	2447	悴	0291	卯
1333	叁	3122	箩	3429	糠	2237	酗	2304	铛
1187	肮	2797	谤	2010	鸳	0013	匕	3423	臊
3248	蝎	3404	瞳	2667	甥	3301	憔	1749	蚤
2381	痊	1914	唧	0753	岖	3408	蹋	1603	狰
0813	狈	2513	揩	2165	捺	2286	啰	2008	舵
2171	捶	2826	鹉	2686	筏	1254	泞	3393	藐
2731	痘	1716	诲	3338	霎	3491	霹	2537	壹
3074	蔼	3220	豌	2507	揍	2078	涣	1902	蚪

续表

序号	汉字	序号	汉字	序号	汉字	序号	汉字	序号	汉字
1357	玷	0602	玖	0124	壬	1748	癸	2997	誊
3249	蝌	1988	豺	1353	贰	1900	蚣	1666	柒
0062	巳	3498	瓤	2719	猬	2922	蜈	1800	捌

第二节　普通话轻声常用词表

一、说明

本表的选条，先把普通话轻声条目数据库里的 3426 条整理成调查词表，再根据被调查者认为必读轻声的百分比从高到低选取。

1. 本表构成

本表分为三个分表，共计 869 条。包括：

表 1 是轻声词表。含表 1–1 名词轻声词表（122 条）、表 1–2 动词轻声词表（52 条）和表 1–3 形容词轻声词表（62 条），共计 236 条。

表 2 是轻声类后缀词表，计 486 条。

表 3 是重叠或联绵词词表，计 147 条。

2. 几点说明

①语素即词缀或类词缀单列成表 2。比如“– 头、– 人、– 家”等。

②不包括常见的只读轻声的词缀“子”“么”“着”“得”等。

③各词表排列顺序。大致按词类排列，再按义类排列。也就是说，先列名词，再列动词和形容词。名词里，身体器官类放在一起，饮食类放在一起。有些条目跨类。

④有些条目加释义或例句。

二、词表

1. 轻声词表

1–1. 名词轻声词表

编号	词目
QS0001	太阳
QS0002	月亮
QS0003	云彩
QS0004	时辰
QS0005	簸箕
QS0006	斗箕
QS0007	扁担
QS0008	庄稼
QS0009	粮食
QS0010	高粱
QS0011	棉花
QS0012	芝麻
QS0013	香椿
QS0014	甘蔗
QS0015	畜生
QS0016	苍蝇
QS0017	跳蚤
QS0018	地方
QS0019	位置
QS0020	窝棚
QS0021	东西
QS0022	家伙
QS0023	家什
QS0024	栅栏
QS0025	窗户
QS0026	抽屉
QS0027	行李
QS0028	枕头

编号	词目
QS0029	烟囱
QS0030	钥匙
QS0031	灯笼
QS0032	风筝
QS0033	棒槌
QS0034	包袱
QS0035	烟火
QS0036	皇上
QS0037	太监
QS0038	都督
QS0039	上司
QS0040	书记
QS0041	和尚
QS0042	阎王
QS0043	妖精
QS0044	祸害
QS0045	特务
QS0046	伙计
QS0047	师傅
QS0048	丫鬟
QS0049	朋友
QS0050	裁缝
QS0051	相公
QS0052	寡妇
QS0053	亲戚
QS0054	祖宗
QS0055	老婆
QS0056	弟兄

编号	词目
QS0057	妯娌
QS0058	连襟
QS0059	丈母
QS0060	姑娘
QS0061	女婿
QS0062	媳妇
QS0063	外甥
QS0064	脑袋
QS0065	头发
QS0066	眼睛
QS0067	眉毛
QS0068	鼻涕
QS0069	唾沫
QS0070	耳朵
QS0071	喉咙
QS0072	胳膊
QS0073	指甲
QS0074	巴掌
QS0075	脊梁
QS0076	屁股
QS0077	毛病
QS0078	寒战
QS0079	痢疾
QS0080	衣裳
QS0081	衣服
QS0082	首饰
QS0083	戒指
QS0084	胭脂

续表

编号	词目	编号	词目	编号	词目
QS0085	糨糊	QS0098	合同	QS0111	精神
QS0086	铃铛	QS099	告示	QS0112	相声
QS0087	点心	QS0100	招牌	QS0113	消息
QS0088	干粮	QS0101	生意	QS0114	笑话
QS0089	火烧	QS0102	买卖	QS0115	牢骚
QS0090	杂碎	QS0103	算盘	QS0116	逻辑
QS0091	豆腐	QS0104	出息	QS0117	名堂
QS0092	年纪	QS0105	道行	QS0118	能耐
QS0093	招呼	QS0106	造化	QS0119	态度
QS0094	嫁妆	QS0107	规矩	QS0120	心思
QS0095	棺材	QS0108	队伍	QS0121	主意
QS0096	官司	QS0109	秧歌	QS0122	意思
QS0097	衙门	QS0110	机会		

1–2. 动词轻声词表

编号	词目	编号	词目	编号	词目
QS0123	比方	QS0133	对付	QS0144	磨蹭
QS0124	称呼	QS0134	富余	QS0145	难为
QS0125	伺候	QS0135	告诉	QS0146	闹哄
QS0126	打扮	QS0136	鼓捣	QS0147	佩服
QS0127	待见	QS0137	忌妒	QS0148	欺负
QS0128	耽搁	QS0138	将就	QS0149	使唤
QS0129	捯饬（修饰；打扮）	QS0139	叫唤	QS0150	收拾
		QS0140	教训	QS0151	熟悉
QS0130	捣鼓	QS0141	埋伏	QS0152	数落
QS0131	提防	QS0142	眯瞪	QS0153	抬举
QS0132	动弹	QS0143	眯缝	QS0154	踢蹬

续表

编号	词目	编号	词目	编号	词目
QS0155	吓唬	QS0161	斜楞	QS0168	诈唬
QS0156	显摆（显示并夸耀）	QS0162	寻思	QS0169	张罗
		QS0163	养活	QS0170	招待
QS0157	包涵	QS0164	吆喝	QS0171	支使
QS0158	孝顺	QS0165	应付	QS0172	支吾
QS0159	歇息	QS0166	糟蹋	QS0173	嘱咐
QS0160	休息	QS0167	咋呼	QS0174	咳嗽

1–3. 形容词轻声词表

编号	词目
QS0175	憋屈
QS0176	别扭
QS0177	刺挠
QS0178	刺痒
QS0179	聪明
QS0180	大方
QS0181	大意
QS0182	恶心
QS0183	富态
QS0184	硌硬（1. 讨厌；腻味：心里～得慌。2 使讨厌；使腻味：这种事儿特别～人。）
QS0185	固执
QS0186	哈喇（食油或含油食物日久味道变坏：～味儿｜点心～了，不能吃了。）

编号	词目
QS0187	红火
QS0188	糊涂
QS0189	花哨
QS0190	滑稽
QS0191	荒唐
QS0192	活泛
QS0193	矫情
QS0194	快活
QS0195	宽敞
QS0196	邋遢
QS0197	累赘
QS0198	厉害
QS0199	利落
QS0200	利索
QS0201	亮堂
QS0202	麻利

编号	词目
QS0203	马虎
QS0204	埋汰（1. 脏；不干净：这床被子太～了。2. 用尖刻的话挖苦人：别拿话～人。）
QS0205	毛糙（粗糙；不细致：他干的活儿太～。）
QS0206	毛咕（有所疑惧而惊慌：走进荒滩，心里直～。）
QS0207	毛躁（1. 性情急躁：脾气～。2. 不沉着；不细心：他做事有些～｜毛毛躁躁是办不好事的。）
QS0208	冒失
QS0209	迷瞪

续表

编号	词目	编号	词目	编号	词目
QS0210	苗条	QS0220	实落	QS0227	稀罕
QS0211	明白	QS0221	舒服	QS0228	喜兴
QS0212	魔怔	QS0222	舒坦	QS0229	下作
QS0213	腻歪	QS0223	委屈	QS0230	邪行
QS0214	疲沓	QS0224	窝憋	QS0231	新鲜
QS0215	便宜	QS0225	窝囊	QS0232	冤枉
QS0216	轻巧	QS0226	乌涂（1. 水不凉也不热，多表示不满意：～水丨这饭是～的。2. 不爽利；不干脆。）	QS0233	活泛
QS0217	轻省			QS0234	匀称
QS0218	热闹			QS0235	正经
QS0219	实诚			QS0236	自在

2. 轻声类后缀词表

编号	类后缀	词目	编号	类后缀	词目
QS0237	－人	客人	QS0251	－家	行家
QS0238		佣人	QS0252	－爷	姥爷
QS0239		大人	QS0253		大爷
QS0240		夫人	QS0254		舅爷
QS0241		外人	QS0255		老爷
QS0242		丈人	QS0256		少爷
QS0243		犯人	QS0257		姑爷
QS0244	－家	婆家	QS0258		师爷
QS0245		娘家	QS0259		王爷
QS0246		亲家	QS0260		佛爷
QS0247		人家	QS0261	－父	姑父
QS0248		冤家	QS0262		姨父
QS0249		公家	QS0263		师父
QS0250		东家	QS0264	－夫	姐夫

续表

编号	类后缀	词目
QS0265	-夫	妹夫
QS0266		丈夫
QS0267		大夫
QS0268		工夫
QS0269	-女	闺女
QS0270		孙女
QS0271		侄女
QS0272	-生	先生
QS0273		后生
QS0274		学生
QS0275		营生
QS0276		安生
QS0277	-士	道士
QS0278		护士
QS0279	-匠	木匠
QS0280		皮匠
QS0281		漆匠
QS0282		石匠
QS0283		铁匠
QS0284		瓦匠
QS0285		鞋匠
QS0286	-才	奴才
QS0287		秀才
QS0288	-头	枕头
QS0289		骨头
QS0290		舌头
QS0291		拳头
QS0292	-头	指头
QS0293		跟头
QS0294		由头
QS0295		对头
QS0296		丫头
QS0297		姘头
QS0298		斧头
QS0299		锄头
QS0300		榔头
QS0301		砖头
QS0302		榫头
QS0303		木头
QS0304		石头
QS0305		灶头
QS0306		行头
QS0307		日头
QS0308		馒头
QS0309		芋头
QS0310		罐头
QS0311		零头
QS0312		找头
QS0313		赚头
QS0314		想头
QS0315		念头
QS0316		盼头
QS0317		前头
QS0318		后头

续表

编号	类后缀	词目	编号	类后缀	词目
QS0319	－头	上头	QS0346	－巴	下巴
QS0320		下头	QS0347		哑巴
QS0321		里头	QS0348		嘴巴
QS0322		外头	QS0349		结巴
QS0323		甜头	QS0350		锅巴
QS0324		苦头	QS0351		鸡巴
QS0325		苗头	QS0352		磕巴
QS0326		准头	QS0353		眨巴
QS0327		势头	QS0354		拧巴
QS0328		兆头	QS0355		皱巴
QS0329	－面	门面	QS0356		干巴
QS0330		前面	QS0357	－手	把手
QS0331		后面	QS0358		提手
QS0332		上面	QS0359		扳手
QS0333		下面	QS0360		帮手
QS0334		左面	QS0361		助手
QS0335		右面	QS0362		人手
QS0336	－相	属相	QS0363		打手
QS0337		面相	QS0364		抓手
QS0338		洋相	QS0365		扶手
QS0339		老相	QS0366	－角	犄角
QS0340		少相	QS0367		菱角
QS0341	－口	牙口	QS0368	－性	德性
QS0342		胃口	QS0369		记性
QS0343		子口	QS0370		忘性
QS0344		茬口	QS0371		气性
QS0345		牲口	QS0372		死性

续表

编号	类后缀	词目
QS0373	-气	神气
QS0374		虎气
QS0375		娇气
QS0376		骄气
QS0377		脾气
QS0378		口气
QS0379		力气
QS0380		福气
QS0381		名气
QS0382		帅气
QS0383		洋气
QS0384		运气
QS0385		义气
QS0386		志气
QS0387		霸气
QS0388		狂气
QS0389		牛气
QS0390		晦气
QS0391		丧气
QS0392		大气
QS0393		小气
QS0394		老气
QS0395		客气
QS0396		和气
QS0397		阔气
QS0398		硬气
QS0399		秀气

编号	类后缀	词目
QS0400	-气	文气
QS0401		流气
QS0402		女气
QS0403		贫气
QS0404	-水	泔水
QS0405		下水（用来食用的牲畜的内脏）
QS0406		油水
QS0407	-道	力道
QS0408		门道
QS0409		味道
QS0410		地道
QS0411		霸道
QS0412		厚道
QS0413		筋道
QS0414		神道
QS0415		妇道
QS0416		说道
QS0417		知道
QS0418	-势	架势
QS0419		阵势
QS0420	-式	把式
QS0421		样式
QS0422		边式
QS0423		俏式
QS0424	-派	做派
QS0425		气派

续表

编号	类后缀	词目
QS0426	－食	吃食
QS0427		伙食
QS0428		粮食
QS0429	－菜	韭菜
QS0430		菠菜
QS0431		白菜
QS0432	－瓜	南瓜
QS0433		西瓜
QS0434		冬瓜
QS0435		黄瓜
QS0436		丝瓜
QS0437		倭瓜
QS0438	－米	虾米
QS0439	－饼	煎饼
QS0440		烧饼
QS0441		月饼
QS0442	－坊	作坊
QS0443		油坊
QS0444		街坊
QS0445		牌坊
QS0446	－火	柴火
QS0447		灶火
QS0448		红火
QS0449		热火
QS0450	－仗	爆仗
QS0451		炮仗
QS0452		阵仗
QS0453	－帚	扫帚
QS0454		笤帚
QS0455	－虫	臭虫
QS0456		腻虫
QS0457	－分	辈分
QS0458		本分
QS0459		部分
QS0460		福分
QS0461		缘分
QS0462		生分
QS0463	－事	本事
QS0464		差事
QS0465		干事
QS0466		故事
QS0467	－物	废物
QS0468		怪物
QS0469	－数	度数
QS0470		气数
QS0471		寿数
QS0472		岁数
QS0473	－量	饭量
QS0474		分量
QS0475		力量
QS0476		打量
QS0477		掂量
QS0478		端量
QS0479		估量

续表

编号	类后缀	词目
QS0480	－量	考量
QS0481		商量
QS0482		思量
QS0483		比量
QS0484	－钱	工钱
QS0485		价钱
QS0486		本钱
QS0487		利钱
QS0488		赏钱
QS0489	－酬	报酬
QS0490		应酬
QS0491	－当	行当
QS0492		家当
QS0493		勾当
QS0494		便当
QS0495		停当
QS0496		顺当
QS0497		快当
QS0498		妥当
QS0499		稳当
QS0500	－候	火候
QS0501		时候
QS0502	－成	年成
QS0503		收成
QS0504	－情	交情
QS0505		事情
QS0506		矫情

编号	类后缀	词目
QS0507	－法	活法
QS0508		讲法
QS0509		看法
QS0510		说法
QS0511		想法
QS0512		写法
QS0513		作法
QS0514		做法
QS0515		办法
QS0516	－静	动静
QS0517		清静
QS0518		安静
QS0519	－系	关系
QS0520		联系
QS0521	－计	活计
QS0522		会计
QS0523		合计
QS0524		算计
QS0525	－识	见识
QS0526		知识
QS0527		意识
QS0528		认识
QS0529		熟识
QS0530	－袋	口袋
QS0531		脑袋
QS0532	－磨	折磨
QS0533		琢磨

续表

编号	类后缀	词目
QS0534	－磨	熬磨
QS0535	－和 he	顺和
QS0536		说和
QS0537		乐和
QS0538	－和 huo	掺和
QS0539		搅和
QS0540		拌和
QS0541		暖和
QS0542		热和
QS0543		软和
QS0544		温和
QS0545		匀和
QS0546	－合	凑合
QS0547		就合
QS0548		说合
QS0549	－复	报复
QS0550	－应	报应
QS0551		答应
QS0552		照应
QS0553	－怨	抱怨
QS0554		埋怨
QS0555	－弄	拨弄
QS0556		播弄
QS0557		逗弄
QS0558		擩弄
QS0559		搓弄
QS0560		鼓弄

编号	类后缀	词目
QS0561	－弄	糊弄
QS0562		和弄
QS0563		卖弄
QS0564		团弄
QS0565	－摸	猜摸
QS0566		揣摸
QS0567		估摸
QS0568		捞摸
QS0569		踅摸
QS0570		寻摸
QS0571		忖摸
QS0572		咂摸
QS0573		思摸
QS0574	－打	抽打
QS0575		磕打
QS0576		拍打
QS0577		扑打
QS0578		摔打
QS0579		敲打
QS0580	－去	上去
QS0581		下去
QS0582		回去
QS0583	－游	逛游
QS0584		串游
QS0585	－掇	撺掇
QS0586		掂掇
QS0587		拾掇

续表

编号	类后缀	词目
QS0588	－理	搭理
QS0589		调理
QS0590	－听	打听
QS0591		扫听
QS0592	－承	待承
QS0593		奉承
QS0594		应承
QS0595	－悠	荡悠
QS0596		忽悠
QS0597		晃悠
QS0598		飘悠
QS0599		转悠
QS0600		颤悠
QS0601	－叨	唠叨
QS0602		磨叨
QS0603		念叨
QS0604		数叨
QS0605		忙叨
QS0606		絮叨
QS0607	－溜	提溜
QS0608		出溜
QS0609		光溜
QS0610		滑溜
QS0611		瘦溜
QS0612		顺溜
QS0613		匀溜
QS0614		直溜

编号	类后缀	词目
QS0615	－对	掂对
QS0616		挤对
QS0617	－补	点补
QS0618		垫补
QS0619		添补
QS0620		找补
QS0621	－记	惦记
QS0622		挂记
QS0623		忘记
QS0624		结记
QS0625	－换	动换
QS0626		淘换
QS0627	－腾	翻腾
QS0628		闹腾
QS0629		扑腾
QS0630		踢腾
QS0631		折腾
QS0632		乱腾
QS0633		倒腾
QS0634		暴腾
QS0635	－搭	勾搭
QS0636		抹搭
QS0637		扭搭
QS0638		甩搭
QS0639		抽搭
QS0640	－荡	逛荡
QS0641		晃荡

续表

编号	类后缀	词目	编号	类后缀	词目
QS0642	－拉	划拉	QS0669	－实	虎实
QS0643		扒拉	QS0670		富实
QS0644		趿拉	QS0671		欢实
QS0645		耷拉	QS0672		皮实
QS0646	－究	讲究	QS0673		诚实
QS0647		考究	QS0674		老实
QS0648	－烦	麻烦	QS0675		踏实
QS0649		腻烦	QS0676		圆实
QS0650		絮烦	QS0677		匀实
QS0651	－停	调停	QS0678	－快	敞快
QS0652		消停	QS0679		松快
QS0653	－净	白净	QS0680		爽快
QS0654		素净	QS0681		脆快
QS0655		匀净	QS0682		痛快
QS0656	－实	板实	QS0683		凉快
QS0657		瓷实	QS0684		勤快
QS0658		粗实	QS0685	－糊	稠糊
QS0659		敦实	QS0686		黏糊
QS0660		肥实	QS0687		烂糊
QS0661		厚实	QS0688		面糊
QS0662		结实	QS0689		腻糊
QS0663		牢实	QS0690		含糊
QS0664		硬实	QS0691		模糊
QS0665		密实	QS0692		迷糊
QS0666		严实	QS0693	－乎	二乎
QS0667		顸实	QS0694		近乎
QS0668		憨实	QS0695		乱乎

续表

编号	类后缀	词目
QS0696	－乎	全乎
QS0697		热乎
QS0698		温乎
QS0699		邪乎
QS0700		玄乎
QS0701		悬乎
QS0702		匀乎
QS0703		忙乎
QS0704		晕乎
QS0705		累乎
QS0706		类乎
QS0707		在乎
QS0708	－松	干松
QS0709		宽松
QS0710	－碜	寒碜
QS0711		砢碜
QS0712		牙碜
QS0713	－便	近便
QS0714		灵便
QS0715		方便
QS0716	－灵	机灵
QS0717		水灵
QS0718		鲜灵
QS0719	－亮	漂亮
QS0720		清亮
QS0721		透亮
QS0722		鲜亮

3. 重叠或联绵词词表

编号	词目
QS0723	鹌鹑
QS0724	荸荠
QS0725	葫芦
QS0726	槟榔
QS0727	玻璃
QS0728	轱辘
QS0729	喇叭
QS0730	摩托
QS0731	疙瘩
QS0732	褡裢
QS0733	嘟噜
QS0734	哈欠
QS0735	石榴
QS0736	饸饹
QS0737	胳膊
QS0738	袼褙
QS0739	蛤蜊
QS0740	孤拐
QS0741	呱嗒
QS0742	呱唧
QS0743	哈欠
QS0744	蛤蟆
QS0745	蝌蚪
QS0746	呼噜
QS0747	狐狸
QS0748	胡噜
QS0749	薄荷

续表

编号	词目
QS0750	滑稽
QS0751	馄饨
QS0752	菩萨
QS0753	蒺藜
QS0754	坷垃
QS0755	窟窿
QS0756	喇嘛
QS0757	篱笆
QS0758	琉璃
QS0759	碌碡
QS0760	喽啰
QS0761	辘轳
QS0762	蹊跷
QS0763	萝卜
QS0764	骆驼
QS0765	蚂螂
QS0766	蚂蚱
QS0767	木樨
QS0768	苜蓿
QS0769	芫荽
QS0770	枇杷
QS0771	琵琶
QS0772	笸箩
QS0773	葡萄
QS0774	泥鳅
QS0775	石榴
QS0776	嚏喷

编号	词目
QS0777	秃噜
QS0778	蜈蚣
QS0779	鸳鸯
QS0780	笊篱
QS0781	妯娌
QS0782	吸溜
QS0783	疙瘩
QS0784	圪劳
QS0785	圪针
QS0786	疙疤
QS0787	虼蚤
QS0788	星星
QS0789	窝窝
QS0790	饽饽
QS0791	爷爷
QS0792	奶奶
QS0793	姥姥
QS0794	爸爸
QS0795	爹爹
QS0796	妈妈
QS0797	婆婆
QS0798	公公
QS0799	伯伯
QS0800	叔叔
QS0801	婶婶
QS0802	舅舅
QS0803	姨姨

编号	词目
QS0804	姑姑
QS0805	哥哥
QS0806	嫂嫂
QS0807	弟弟
QS0808	姐姐
QS0809	妹妹
QS0810	娘娘
QS0811	嬷嬷
QS0812	娃娃
QS0813	宝宝
QS0814	妞妞
QS0815	猩猩
QS0816	糊糊
QS0817	框框
QS0818	圈圈
QS0819	杠杠
QS0820	兜兜
QS0821	套套
QS0822	苗苗
QS0823	毛毛
QS0824	泡泡
QS0825	蛛蛛
QS0826	调调
QS0827	喳喳
QS0828	嘚嘚
QS0829	嘞嘞
QS0830	囔囔

续表

编号	词目	编号	词目	编号	词目
QS0831	哝哝	QS0844	啰唆	QS0857	吆喝
QS0832	嚷嚷	QS0845	骨碌	QS0858	侧棱
QS0833	嘚啵	QS0846	嘎巴	QS0859	侧歪
QS0834	嘚瑟	QS0847	呱嗒	QS0860	咕叽
QS0835	嘀嗒	QS0848	哈喇	QS0861	磨叽
QS0836	嘟囔	QS0849	哼唧	QS0862	嘀咕
QS0837	哆嗦	QS0850	胡噜	QS0863	叽咕
QS0838	佝偻	QS0851	抠搜	QS0864	挤咕
QS0839	咕嘟	QS0852	抠唆	QS0865	捅咕
QS0840	吧唧	QS0853	眍䁖	QS0866	翘棱
QS0841	咕噜	QS0854	趔趄	QS0867	扑棱
QS0842	咕哝	QS0855	摩挲	QS0868	扑闪
QS0843	唧哝	QS0856	秃噜	QS0869	呼扇

第三节　普通话儿化常用词表

一、说明

本词表是从普通话儿化条目数据库 2383 条里，根据调查百分比从高到低选出来的。含核心条目 266 条、扩展条目 732 条，共计 998 条。包括：

①只能说儿化的词。比如：刃儿、馅儿、味儿、妞儿、玩儿等，在条目的右上角标注 *。

②儿化和不儿化都可以说，但意思不同。儿化后或表小指爱，或指形状或功能像原有名物一样。儿化词根（可以单说的）不加标注，儿化词根语素（不能单说的）在条目前加短横杠 –。

③不包括由“日、里”等变来的儿化词。比如：“前儿、昨儿、今儿、明儿、后儿”里的“儿”是“日”变来的；“这儿、那儿、哪儿”的“儿”是“里”变来的。

④条目大致按词类排列，再按义类排列。也就是说，先列名词儿化，再列动词儿化、形容词儿化和量词儿化。名词儿化里，身体器官类放在一起，饮食类放在一起。有些条目跨类。

⑤个别条目加释义或例句。

二、词表

序号	核心条目	序号	扩展条目
EHH001	－人儿	EHK001	泪人儿（哭得跟个～似的。）
		EHK002	面人儿
		EHK003	泥人儿
		EHK004	糖人儿
		EHK005	木头人儿
		EHK006	小人儿（这么个～，扮什么像什么，真聪明。）
EHH002	－爷儿	EHK007	爷儿们
		EHK008	爷儿俩
EHH003	－娘儿	EHK009	娘儿俩
		EHK010	娘儿们
EHH004	－哥儿	EHK011	哥儿们
		EHK012	哥儿俩
		EHK013	公子哥儿
		EHK014	八哥儿
EHH005	－姐儿	EHK015	姐儿们
		EHK016	姐儿俩
		EHK017	窑姐儿
EHH006	媳妇儿（妻）	EHK018	新媳妇儿
		EHK019	儿媳妇儿
EHH007	－孩儿	EHK020	小孩儿
		EHK021	毛孩儿

续表

序号	核心条目	序号	扩展条目
EHH008	－女儿	EHK022	孙女儿
		EHK023	侄女儿
		EHK024	外甥女儿
EHH009	妞儿	EHK025	小妞儿
EHH010	子儿	EHK026	鸡子儿（鸡蛋）
		EHK027	鸭子儿（鸭蛋）
		EHK028	枪子儿
		EHK029	石子儿
		EHK030	石头子儿
		EHK031	铜子儿
		EHK032	镚了儿（极少量的钱：～不值丨一个～也不给。）
		EHK033	瓜子儿、瓜子儿脸
EHH011	－们儿	EHK034	老娘们儿
		EHK035	老爷们儿
		EHK036	爷们儿
		EHK037	哥们儿
		EHK038	姐们儿
EHH012	－伙儿	EHK039	打伙儿（结伴；合伙）
		EHK040	大伙儿
		EHK041	大家伙儿（同“大伙儿”：～要是没意见，就这么定了。）
		EHK042	小伙儿
EHH013	头儿	EHK043	接头儿（两个物体的连接处：毛衣有个～。）
		EHK044	年头儿
		EHK045	一头儿
		EHK046	老头儿
		EHK047	两头儿

续表

序号	核心条目	序号	扩展条目
EHH013	头儿	EHK048	头头儿
		EHK049	个头儿
		EHK050	熬头儿
		EHK051	奔头儿
		EHK052	说头儿（1. 可谈之处：这件事没什么～。2. 辩解的理由：什么时候你都有～。）
		EHK053	精神头儿
EHH014	-脑儿	EHK054	一股脑儿
		EHK055	筋头巴脑儿
		EHK056	豆腐脑儿
EHH015	-脖儿	EHK057	围脖儿
		EHK058	脚脖儿
		EHK059	手脖儿
		EHK060	歪脖儿树
EHH016	辫儿	EHK061	小辫儿
		EHK062	蒜辫儿
EHH017	眼儿	EHK063	白眼儿
		EHK064	疤瘌眼儿
		EHK065	起眼儿
		EHK066	心眼儿
		EHK067	耳朵眼儿
		EHK068	嗓子眼儿
		EHK069	肚脐眼儿
		EHK070	窟窿眼儿
		EHK071	字眼儿（虚～|咬～。）
		EHK072	节骨眼儿
		EHK073	针眼儿（被针扎后留下的小孔）

续表

序号	核心条目	序号	扩展条目
EHH018	−鼻儿	EHK074	门鼻儿
		EHK075	针鼻儿（针冠）
EHH019	−脸儿	EHK076	门脸儿
		EHK077	半熟脸儿（指只见过几次面，不很熟悉的人：我和他是～，彼此都不太了解。）
		EHK078	前脸儿
		EHK079	后脸儿
		EHK080	小白脸儿
EHH020	面儿	EHK081	大面儿（表面；面子：两个人的关系～上还过得去。）
		EHK082	街面儿
		EHK083	扇面儿
		EHK084	照面儿
		EHK085	被面儿（绸缎～。）
EHH021	口儿	EHK086	接口儿
		EHK087	当口儿
		EHK088	两口儿（小～|老～。）
		EHK089	出口儿（建筑物或场地出去的门或口儿：地铁～。）
		EHK090	入口儿（建筑物或场地进入的门或口儿：地铁～。）
EHH022	嘴儿	EHK091	烟嘴儿
		EHK092	壶嘴儿
		EHK093	亲嘴儿
		EHK094	围嘴儿
EHH023	下巴颏儿		
EHH024	−手儿	EHK095	小手儿
		EHK096	带手儿（顺便：下楼～把垃圾扔了。）
		EHK097	抓小手儿（心里乱纷纷，像有个小手儿在挠）

续表

序号	核心条目	序号	扩展条目
EHH025	腕儿	EHK098	大腕儿
		EHK099	手腕儿
		EHK100	脚腕儿
EHH026	－肘儿	EHK101	胳膊肘儿
		EHK102	后肘儿
EHH027	心儿	EHK103	葱心儿
		EHK104	指甲心儿
		EHK105	烧心儿（包心的蔬菜心因病害而发黄）
EHH028	腿儿	EHK106	桌子腿儿
		EHK107	椅子腿儿
		EHK108	炉子腿儿
EHH029	皮儿	EHK109	肉皮儿
		EHK110	面皮儿（一种食品）
		EHK111	拉皮儿（一种食品）
		EHK112	凉皮儿（一种食品）
		EHK113	水皮儿（水面）
		EHK114	包袱皮儿
		EHK115	饺子皮儿
		EHK116	包子皮儿
EHH030	筋儿	EHK117	猴皮筋儿
		EHK118	猴筋儿
		EHK119	皮筋儿
		EHK120	蹄筋儿
EHH031	膜儿	EHK121	筋膜儿（筋上面的一层膜儿）
		EHK122	薄膜儿
EHH032	－神儿	EHK123	慌神儿
		EHK124	愣神儿

续表

序号	核心条目	序号	扩展条目
EHH032	－神儿	EHK125	走神儿
		EHK126	跳大神儿
EHH033	仙儿	EHK127	大仙儿
		EHK128	半仙儿
EHH034	－鬼儿	EHK129	吊死鬼儿（指吐丝悬挂在树枝下的尺蠖）
		EHK130	小鬼儿
EHH035	声儿	EHK131	悄没声儿
		EHK132	言声儿
		EHK133	吱声儿（问他什么他都不～。）
EHH036	调儿	EHK134	跑调儿
		EHK135	走调儿
EHH037	信儿	EHK136	送信儿
		EHK137	听信儿
		EHK138	准信儿
		EHK139	没信儿
EHH038	影儿	EHK140	没影儿
		EHK141	黑影儿
		EHK142	背影儿
		EHK143	灯影儿
EHH039	样儿	EHK144	得样儿（服装、打扮好看）
		EHK145	没样儿
		EHK146	好样儿的
EHH040	个儿	EHK147	扛大个儿（在车站、码头等用人力搬运重东西：靠~谋生。）
		EHK148	挨个儿
		EHK149	换个儿
		EHK150	是个儿

续表

序号	核心条目	序号	扩展条目
EHH040	个儿	EHK151	蹿个儿
		EHK152	单个儿
		EHK153	翻个儿
EHH041	条儿	EHK154	身条儿
		EHK155	面条儿
		EHK156	沿条儿（沿边儿用的布条）
		EHK157	纸条儿
		EHK158	布条儿
EHH042	边儿	EHK159	傍边儿
		EHK160	没边儿
		EHK161	靠边儿
		EHK162	沿边儿
		EHK163	溜边儿（靠边儿；遇事躲在一旁，不参与）
EHH043	角儿 juér	EHK164	傍角儿
EHH044	角儿 jiǎor	EHK165	眼角儿
		EHK166	眼犄角儿（眼角儿）
		EHK167	拐角儿（胡同～有家超市。）
		EHK168	把角儿（路口拐角儿的地方；角落：办公桌在屋子～。）
		EHK169	豆角儿
EHH045	–间儿	EHK170	当间儿
		EHK171	当中间儿
		EHK172	中间儿
EHH046	圈儿	EHK173	出圈儿
		EHK174	罗圈儿
EHH047	气儿	EHK175	捯气儿（上气不接下气：爬楼爬得直～。）
		EHK176	开气儿（开衩：裙子～太大。）

续表

序号	核心条目	序号	扩展条目
EHH047	气儿	EHK177	好气儿（人在气头上说话也没～。）
		EHK178	一连气儿（一连：～吃了仨馒头。）
		EHK179	大气儿（吓得他～也不敢出。）
		EHK180	出气儿（留个口儿～。）
EHH048	-水儿	EHK181	一水儿（全部：书柜里～的线装书。）
		EHK182	出水儿（嫩黄瓜一掐就～。）
		EHK183	药水儿
EHH049	道儿	EHK184	道道儿
		EHK185	走道儿
		EHK186	半道儿
		EHK187	岔道儿
		EHK188	小道儿
EHH050	-食儿	EHK189	野食儿
		EHK190	吃食儿
		EHK191	零食儿
		EHK192	积食儿
		EHK193	消食儿
		EHK194	鸡食儿
		EHK195	鸟食儿
		EHK196	猫食儿
		EHK197	鱼食儿
EHH051	面儿	EHK198	混合面儿
		EHK199	胡椒面儿
		EHK200	辣椒面儿
		EHK201	油茶面儿
		EHK202	杂和面儿
		EHK203	玉米面儿

续表

序号	核心条目	序号	扩展条目
EHH051	面儿	EHK204	棒子面儿
		EHK205	白面儿
EHH052	瓣儿 *	EHK206	豆瓣儿
		EHK207	蒜瓣儿
		EHK208	瓜瓣儿
EHH053	杈儿	EHK209	树杈儿
EHH054	－蛋儿	EHK210	屁股蛋儿
		EHK211	脸蛋儿
EHH055	球儿	EHK212	玻璃球儿
		EHK213	煤球儿
		EHK214	混球儿
		EHK215	滚雪球儿
EHH056	豆儿	EHK216	花生豆儿
		EHK217	料豆儿（喂牲口的黑豆、黄豆等）
EHH057	仁儿 *	EHK218	花生仁儿
		EHK219	脑仁儿
		EHK220	虾仁儿
		EHK221	核桃仁儿
EHH058	肚儿 dǔr	EHK222	小肚儿
		EHK223	爆肚儿
		EHK224	羊肚儿
		EHK225	毛肚儿
EHH059	肚儿 dùr	EHK226	小腿肚儿
		EHK227	指头肚儿
EHH060	肝儿	EHK228	肝儿颤
		EHK229	沙肝儿
		EHK230	炒肝儿

续表

序号	核心条目	序号	扩展条目
EHH061	干儿	EHK231	豆腐干儿
		EHK232	熏干儿
		EHK233	香干儿
		EHK234	白干儿
		EHK235	果干儿
		EHK236	包干儿
EHH062	馅儿 *	EHK237	馅儿饼
		EHK238	韭菜馅儿
		EHK239	肉馅儿
		EHK240	豆馅儿
		EHK241	素馅儿
		EHK242	露馅儿
EHH063	料儿	EHK243	果料儿
		EHK244	调料儿
EHH064	包儿	EHK245	豆包儿
		EHK246	病包儿
		EHK247	受气包儿
EHH065	味儿 *	EHK248	是味儿
		EHK249	够味儿
		EHK250	对味儿
		EHK251	入味儿
		EHK252	提味儿
		EHK253	变味儿
		EHK254	串味儿
		EHK255	跑味儿
		EHK256	走味儿
		EHK257	怪味儿

续表

序号	核心条目	序号	扩展条目
EHH065	味儿 *	EHK258	京味儿
		EHK259	洋味儿
		EHK260	土腥味儿
EHH066	嗝儿 *	EHK261	饱嗝儿
		EHK262	打嗝儿
EHH067	–瓜儿	EHK263	脑袋瓜儿
		EHK264	脑瓜儿
		EHK265	香瓜儿
EHH068	花儿	EHK266	豆花儿
		EHK267	五花儿
		EHK268	暗花儿
		EHK269	拉花儿
		EHK270	花儿样子
		EHK271	花儿针（织毛衣、毛裤的一种针法）
EHH069	果儿	EHK272	白果儿
		EHK273	红果儿
EHH070	桃儿 *		
EHH071	杏儿 *		
EHH072	枣儿 *		
EHH073	核儿 *	EHK274	煤核儿
		EHK275	冰核儿
		EHK276	果核儿
		EHK277	桃核儿
		EHK278	枣核儿
		EHK279	苹果核儿
		EHK280	梨核儿
EHH074	瓤儿 *	EHK281	信瓤儿

续表

序号	核心条目	序号	扩展条目
EHH075	芯儿 *	EHK282	枕头芯儿
		EHK283	灯芯儿
		EHK284	花芯儿
		EHK285	菜芯儿
		EHK286	笔芯儿
EHH076	根儿	EHK287	掏根儿（追究根源）
		EHK288	究根儿
		EHK289	压根儿
		EHK290	刨根儿
EHH077	杆儿 gār	EHK291	顺杆儿爬
		EHK292	旗杆儿
EHH078	杆儿 gǎr	EHK293	笔杆儿
		EHK294	光杆儿
		EHK295	秤杆儿
EHH079	枝儿	EHK296	高枝儿
EHH080	梗儿	EHK297	高粱梗儿
		EHK298	菜梗儿
EHH081	秧儿 *	EHK299	串秧儿
EHH082	苗儿		
EHH083	茬儿	EHK300	麦茬儿
		EHK301	搭茬儿
		EHK302	接茬儿
		EHK303	理茬儿
		EHK304	对茬儿
		EHK305	话茬儿
		EHK306	白茬儿
		EHK307	急茬儿

续表

序号	核心条目	序号	扩展条目
EHH083	茬儿	EHK308	不对茬儿
EHH084	碴儿	EHK309	冰碴儿
		EHK310	抓碴儿
		EHK311	玻璃碴儿
		EHK312	找碴儿
EHH085	扦儿	EHK313	花扦儿（连枝折下的鲜花或人工制成的绢花、纸花）
		EHK314	竹扦儿
EHH086	刺儿 *	EHK315	带刺儿
		EHK316	挑刺儿
		EHK317	刺儿话
		EHK318	刺儿头
		EHK319	刺儿菜
EHH087	麦芒儿 *		
EHH088	穗儿 *	EHK320	麦穗儿
		EHK321	稻穗儿
		EHK322	谷穗儿
		EHK323	齐眉穗儿（齐眉的刘海儿）
EHH089	籽儿 *	EHK324	花籽儿
		EHK325	菜籽儿
EHH090	芽儿 *	EHK326	肉芽儿（伤口愈合后多长出的肉）
		EHK327	豆芽儿
		EHK328	长芽儿
		EHK329	发芽儿
EHH091	虫儿	EHK330	蠓虫儿
		EHK331	小虫儿

续表

序号	核心条目	序号	扩展条目
EHH092	猴儿 *	EHK332	猴儿急
		EHK333	猴儿精
		EHK334	耍猴儿
		EHK335	瘦猴儿
		EHK336	棉猴儿
		EHK337	皮猴儿
EHH093	－牛儿	EHK338	鼻牛儿（鼻屎）
		EHK339	水牛儿
		EHK340	顶牛儿
EHH094	猫儿 *	EHK341	猫儿腻
		EHK342	藏猫儿
		EHK343	猫儿食
		EHK344	猫儿眼儿
EHH095	鸟儿 *	EHK345	百灵鸟儿
EHH096	雀儿 *	EHK346	家雀儿
EHH097	雏儿 *	EHK347	鸡雏儿
		EHK348	鸭雏儿
EHH098	蛐蛐儿 *		
EHH099	蝈蝈儿 *		
EHH100	院儿	EHK349	大杂院儿
		EHK350	大院儿
		EHK351	院儿派（北京住在大院长大的孩子的做派：他是典型的～。）
EHH101	－堂儿	EHK352	穿堂儿（前后有门能穿行的厅堂）
		EHK353	跑堂儿
EHH102	洞儿	EHK354	门洞儿

续表

序号	核心条目	序号	扩展条目
EHH103	墩儿	EHK355	胖墩儿
		EHK356	门墩儿
EHH104	门儿	EHK357	抠门儿
		EHK358	没门儿
		EHK359	有门儿
		EHK360	门儿清（了解得非常清楚；懂行：他对这件事儿～，你问他好了。）
		EHK361	邪门儿（不正常；反常：真～，刚买的水果就坏了。）
		EHK362	调门儿
		EHK363	摸门儿
		EHK364	顶门儿
		EHK365	月亮门儿
		EHK366	脑门儿
		EHK367	嗓门儿
		EHK368	过门儿（刚～的新媳妇儿。）
EHH105	天窗儿		
EHH106	消息儿（物件上暗藏的简单的机械装置，一触动就能牵动其他部分）		
EHH107	板儿	EHK369	趿拉板儿
		EHK370	呱嗒板儿
		EHK371	快板儿
		EHK372	光板儿
		EHK373	皮板儿
		EHK374	腰板儿
		EHK375	板儿寸
EHH108	桌儿	EHK376	炕桌儿
EHH109	座儿	EHK377	倒座儿

续表

序号	核心条目	序号	扩展条目
EHH109	座儿	EHK378	叫座儿
		EHK379	卖座儿
		EHK380	上座儿
EHH110	刀儿	EHK381	铅笔刀儿
		EHK382	卷笔刀儿
		EHK383	水果刀儿
EHH111	刃儿 *	EHK384	刀刃儿
		EHK385	剪子刃儿
		EHK386	刨刃儿
		EHK387	开刃儿
EHH112	瓢儿	EHK388	开瓢儿
		EHK389	秃瓢儿
EHH113	勺儿	EHK390	耳挖勺儿
		EHK391	掌勺儿
		EHK392	脑勺儿
		EHK393	后脑勺儿
EHH114	把儿 bàr	EHK394	刀把儿
		EHK395	话把儿
		EHK396	印把儿
EHH115	–钉儿 dīngr	EHK397	摁钉儿
		EHK398	图钉儿
		EHK399	门钉儿（旧式大门上突起的圆的像钉子一样的东西）
EHH116	罐儿	EHK400	火罐儿、拔火罐儿
EHH117	盘儿	EHK401	脸盘儿
		EHK402	盘儿菜
EHH118	棍儿	EHK403	冰棍儿
		EHK404	光棍儿

续表

序号	核心条目	序号	扩展条目
EHH119	轮儿	EHK405	风火轮儿（哪吒脚踩的轮）
		EHK406	三轮儿
EHH120	哨儿	EHK407	口哨儿
EHH121	幡儿	EHK408	引魂幡儿
		EHK409	打幡儿
EHH122	–钱儿	EHK410	吊钱儿
		EHK411	榆钱儿
		EHK412	铜钱儿
EHH123	纸煤儿（引火用的很细的纸卷儿）		
EHH124	–帽儿	EHK413	老帽儿
		EHK414	傻帽儿
		EHK415	土老帽儿
		EHK416	盖帽儿
EHH125	–领儿	EHK417	脖领儿
		EHK418	立领儿
		EHK419	翻领儿
		EHK420	圆领儿
		EHK421	鸡心领儿
EHH126	–袖儿	EHK422	短袖儿
		EHK423	长袖儿
		EHK424	七分袖儿
EHH127	–襟儿	EHK425	大襟儿
		EHK426	对襟儿
		EHK427	小襟儿
EHH128	–褂儿	EHK428	汗褂儿
		EHK429	大褂儿
		EHK430	马褂儿

续表

序号	核心条目	序号	扩展条目
EHH128	－褂儿	EHK431	小褂儿
		EHK432	罩褂儿
EHH129	－裤儿	EHK433	兜兜裤儿
		EHK434	连脚裤儿
		EHK435	短裤儿
EHH130	裤衩儿 *		
EHH131	弦儿 *	EHK436	单弦儿
		EHK437	三弦儿
EHH132	缝儿	EHK438	棱缝儿
EHH133	窝儿	EHK439	硌窝儿（鸡蛋、鸭蛋因挤压碰撞而蛋壳稍有破损：～鸡蛋卖得便宜。）
		EHK440	动窝儿
		EHK441	挪窝儿
		EHK442	被窝儿
EHH134	盹儿 *	EHK443	眯盹儿
		EHK444	醒盹儿
		EHK445	打盹儿
		EHK446	冲盹儿（打盹儿）
EHH135	天儿	EHK447	闹天儿（天气不好：一连好几天都～，不见太阳。）
		EHK448	好天儿
		EHK449	聊天儿
		EHK450	聊大天儿
		EHK451	扯闲天儿（闲谈）
		EHK452	半天儿
EHH136	半晌儿	EHK453	晚半晌儿
		EHK454	早半晌儿
EHH137	地儿	EHK455	太阳地儿
		EHK456	月亮地儿

续表

序号	核心条目	序号	扩展条目
EHH137	地儿	EHK457	荫凉地儿
EHH138	班儿	EHK458	挨班儿
		EHK459	上班儿
		EHK460	下班儿
		EHK461	早班儿
		EHK462	中班儿
		EHK463	晚班儿
		EHK464	换班儿
		EHK465	接班儿
EHH139	本儿	EHK466	户口本儿
		EHK467	作文本儿
		EHK468	笔记本儿
		EHK469	写字本儿
EHH140	名儿	EHK470	起名儿
		EHK471	应名儿
		EHK472	小名儿
		EHK473	大名儿
EHH141	字儿（硬币上字多的一面）		
EHH142	漫儿（硬币上字少的一面）		
EHH143	词儿	EHK474	没词儿
		EHK475	文词儿
		EHK476	戏词儿
EHH144	谱儿	EHK477	摆谱儿
		EHK478	没谱儿
		EHK479	贴谱儿
		EHK480	有谱儿
		EHK481	大谱儿

续表

序号	核心条目	序号	扩展条目
EHH144	谱儿	EHK482	靠谱儿
		EHK483	离谱儿
		EHK484	在谱儿
		EHK485	准谱儿
EHH145	曲儿	EHK486	岔曲儿
		EHK487	小曲儿
EHH146	法儿	EHK488	变法儿（想另外的办法；用各种办法：子女们～使老人高兴。）
		EHK489	没法儿
EHH147	招儿	EHK490	损招儿
		EHK491	昏招儿
		EHK492	冷招儿
		EHK493	阴招儿
		EHK494	高招儿
		EHK495	绝招儿
		EHK496	妙招儿
		EHK497	花招儿
		EHK498	过招儿
		EHK499	支招儿
EHH148	事儿	EHK500	记事儿（小孩儿对事物已经有记忆的能力：这个孩子～早。）
		EHK501	没事儿（～就看看书，下下棋|抢救及时，他～了|只要解释清楚就～了。）
		EHK502	事儿妈（爱管闲事的人：她跟周围的人没有合得来的，真是个～。）
EHH149	范儿（风格；做派：于大爷那～，任谁也学不来。）	EHK503	起范儿
EHH150	阄儿 *	EHK504	拈阄儿
		EHK505	抓阄儿

续表

序号	核心条目	序号	扩展条目
EHH151	底儿	EHK506	包袱底儿
		EHK507	草底儿（草稿儿：打～。）
EHH152	沟儿	EHK508	山沟儿
		EHK509	地沟儿
EHH153	坎儿	EHK510	土坎儿
		EHK511	号坎儿（旧时车夫、搬运工等穿的有号码的坎肩儿）
		EHK512	坎儿井
EHH154	劲儿	EHK513	寸劲儿
		EHK514	巧劲儿
		EHK515	够劲儿
		EHK516	铆劲儿
		EHK517	猛劲儿
		EHK518	死劲儿
		EHK519	药劲儿
		EHK520	要劲儿（1. 费力气：下大雪赶路，真～。2. 关键：孩子高三，正是～的时候。）
		EHK521	摽劲儿
		EHK522	冲劲儿
		EHK523	醋劲儿
		EHK524	傻劲儿
		EHK525	心劲儿
		EHK526	没劲儿（没力气）
EHH155	格儿	EHK527	方格儿
		EHK528	九宫格儿
		EHK529	影格儿（初学毛笔字时放在纸下模仿着写的字样子）

续表

序号	核心条目	序号	扩展条目
EHH156	方儿	EHK530	药方儿
		EHK531	偏方儿
		EHK532	土方儿
EHH157	尖儿	EHK533	拔尖儿
		EHK534	爪尖儿
		EHK535	针尖儿
EHH158	白儿	EHK536	葱白儿
		EHK537	蛋白儿
EHH159	黄儿	EHK538	蛋黄儿
		EHK539	韭黄儿
		EHK540	蒜黄儿
EHH160	黑儿	EHK541	傍黑儿
		EHK542	擦黑儿
		EHK543	摸黑儿
EHH161	–老儿	EHK544	寿星老儿（寿星）
		EHK545	天老儿（俗称患白化病的人）
		EHK546	月下老儿（月下老人。给婚姻牵线搭桥的人）
EHH162	–小儿	EHK547	打小儿
		EHK548	发小儿
		EHK549	起小儿
EHH163	早儿	EHK550	遛早儿
EHH164	好儿	EHK551	带好儿（给老人家带个好儿。）
		EHK552	倒好儿（喊～。）
		EHK553	没好儿
EHH165	–凉儿	EHK554	冲个凉儿
		EHK555	树凉儿
		EHK556	树荫凉儿

续表

序号	核心条目	序号	扩展条目
EHH166	亮儿	EHK557	傍亮儿
		EHK558	灯亮儿
		EHK559	透亮儿
EHH167	乐儿	EHK560	逗乐儿
		EHK561	找乐儿
EHH168	蔫儿	EHK562	发蔫儿
		EHK563	老蔫儿
		EHK564	打蔫儿
		EHK565	蔫儿坏
EHH169	浅儿	EHK566	砂浅儿（比较浅的砂锅）
		EHK567	砂锅浅儿（比较浅的砂锅）
EHH170	弯儿	EHK568	绕弯儿
		EHK569	遛弯儿
		EHK570	拐弯儿
EHH171	准儿	EHK571	没准儿
		EHK572	有准儿
EHH172	黏儿（手沾着山药～就痒。）		
EHH173	整儿（有零儿有～。）	EHK573	凑整儿
EHH174	零儿（零钱）	EHK574	找零儿
EHH175	－真儿（看得～～的。）	EHK575	较真儿
EHH176	－闲儿	EHK576	不识闲儿
		EHK577	什不闲儿（曲艺的一种）
EHH177	点儿	EHK578	丁点儿
		EHK579	一丁点儿
		EHK580	半点儿
		EHK581	小不点儿

续表

序号	核心条目	序号	扩展条目
EHH177	点儿	EHK582	不点儿
		EHK583	差点儿
		EHK584	差一点儿
		EHK585	一点儿
		EHK586	一星半点儿
		EHK587	有点儿
		EHK588	掉点儿（下雨：～了，赶紧回家吧。）
EHH178	堆儿	EHK589	估堆儿（估计成堆商品的数量或价格）
EHH179	份儿	EHK590	车份儿
		EHK591	戏份儿
		EHK592	份儿钱
		EHK593	份儿饭
EHH180	股儿	EHK594	扭股儿糖（一种食品）
		EHK595	入股儿
EHH181	对儿	EHK596	抱柱对儿（挂在圆柱子上的对联，用木板制成，稍曲，与柱体相合）
		EHK597	一对儿
EHH182	会儿 huìr	EHK598	多会儿
		EHK599	哪会儿
		EHK600	这会儿
		EHK601	那会儿
		EHK602	一会儿
		EHK603	一时半会儿
EHH183	阵儿	EHK604	那阵儿
		EHK605	这阵儿
		EHK606	一阵儿

续表

序号	核心条目	序号	扩展条目
EHH184	件儿	EHK607	什件儿（1. 用作食品的鸡鸭内脏的统称；2. 箱柜、马车、刀剑等上面所附的各种起加固作用的金属装饰品）
		EHK608	计件儿
		EHK609	零件儿
EHH185	数儿	EHK610	出数儿
		EHK611	辈数儿
EHH186	-节儿	EHK612	骨头节儿
		EHK613	过节儿（嫌隙：他们之间有～，从不来往。）
EHH187	截儿	EHK614	半截儿
		EHK615	一截儿
EHH188	块儿	EHK616	块儿八角
		EHK617	块儿八毛
		EHK618	一块儿
		EHK619	半块儿
EHH189	溜儿 liūr	EHK620	溜溜儿（整整：～等了一天，也没见到他的人影。）
		EHK621	中不溜儿（不好不坏；中等；中间：学习成绩在班里～。）
		EHK622	中溜儿（中不溜儿）
EHH190	溜儿 liùr	EHK623	一溜儿
EHH191	片儿 piānr	EHK624	彩色片儿
		EHK625	电视片儿
		EHK626	动画片儿
		EHK627	动作片儿
		EHK628	功夫片儿
		EHK629	故事片儿
		EHK630	贺岁片儿
		EHK631	黑白片儿

续表

序号	核心条目	序号	扩展条目
EHH191	片儿 piānr	EHK632	纪录片儿
		EHK633	警匪片儿
		EHK634	科教片儿
		EHK635	黄片儿
		EHK636	毛片儿
		EHK637	默片儿
		EHK638	画片儿
		EHK639	唱片儿
		EHK640	相片儿
		EHK641	X 光片儿
EHH192	片儿 piànr	EHK642	片儿会（按地区临时分组召开的会）
		EHK643	片儿警
		EHK644	瓦片儿
		EHK645	片儿汤
EHH193	趟儿	EHK646	跟趟儿
		EHK647	赶趟儿
EHH194	-倍儿 bèir（～香 | ～快）		
EHH195	伴儿	EHK648	老伴儿
		EHK649	就伴儿
		EHK650	结伴儿
		EHK651	搭伴儿
EHH196	绊儿	EHK652	使绊儿
		EHK653	下绊儿
EHH197	-奔儿	EHK654	奔儿头（凸起的额头：大～。）
		EHK655	打奔儿（说话或背诵接不下去，中间间歇：这人撒起谎来都不～。）
EHH198	屁股蹲儿		

续表

序号	核心条目	序号	扩展条目
EHH199	盖儿	EHK656	指甲盖儿
		EHK657	锅盖儿
		EHK658	瓶盖儿
EHH200	塞儿	EHK659	瓶塞儿
		EHK660	加塞儿
EHH201	卷儿	EHK661	铺盖卷儿
		EHK662	行李卷儿
		EHK663	烟卷儿
		EHK664	花卷儿
EHH202	扣儿	EHK665	摁扣儿
		EHK666	活扣儿
		EHK667	死扣儿
		EHK668	按扣儿
		EHK669	子母扣儿
EHH203	摊儿	EHK670	出摊儿
		EHK671	收摊儿
		EHK672	摆摊儿
		EHK673	看摊儿
EHH204	托儿（指从旁配合，诱人受骗上当的人）	EHK674	房托儿
		EHK675	饭托儿
		EHK676	婚托儿
EHH205	空儿	EHK677	抓空儿（抽空儿：单位不忙的时候，得～休个假。）
		EHK678	抽空儿
		EHK679	没空儿
		EHK680	有空儿
EHH206	插关儿（小门闩）		

续表

序号	核心条目	序号	扩展条目
EHH207	打滚儿 *		
EHH208	过儿	EHK681	倒过儿
		EHK682	调过儿
		EHK683	一过儿（一遍）
		EHK684	对过儿
EHH209	活儿	EHK685	毛活儿
		EHK686	针线活儿
		EHK687	粗活儿
		EHK688	细活儿
		EHK689	肥活儿
		EHK690	轻活儿
		EHK691	笨活儿
		EHK692	苦活儿
		EHK693	力气活儿
		EHK694	大路活儿
		EHK695	绝活儿
		EHK696	零活儿
		EHK697	忙活儿（这是个～，得抓紧时间干。）
		EHK698	庄稼活儿
		EHK699	农活儿
		EHK700	趴活儿
		EHK701	干活儿
		EHK702	拉活儿
		EHK703	揽活儿
		EHK704	出活儿
		EHK705	辞活儿（辞去工作）
EHH210	－盼儿	EHK706	有盼儿
		EHK707	没盼儿

续表

序号	核心条目	序号	扩展条目
EHH211	捻儿	EHK708	药捻儿
		EHK709	炮捻儿
		EHK710	灯捻儿
EHH212	-离儿	EHK711	不大离儿（差不多；还算不错）
		EHK712	差不离儿
EHH213	-笑儿	EHK713	招笑儿
		EHK714	逗笑儿
EHH214	出儿（这是唱得哪～啊|想起一～是一～。）	EHK715	戏出儿（模仿戏曲的某个场面而绘画或雕塑的人物形象，大多印成年画或制成工艺品）
EHH215	镚儿	EHK716	钢镚儿
EHH216	套儿	EHK717	手套儿
		EHK718	袜套儿
		EHK719	褪套儿（1. 使身体脱离捆着它的绳索：狗褪了套儿跑了。2. 比喻摆脱责任）
EHH217	-挑儿	EHK720	细高挑儿
		EHK721	高挑儿
EHH218	玩儿 *	EHK722	白玩儿
		EHK723	玩儿命
		EHK724	玩儿票（业余从事戏曲表演；不是专职做某事）
		EHK725	玩儿完（垮台；失败；死亡）
		EHK726	好玩儿
		EHK727	玩儿不转（没办法；应付不了）
		EHK728	玩儿得转（有办法；应付得了）
EHH219	旮旯儿	EHK729	背旮旯儿
		EHK730	山旮旯儿
		EHK731	叽里旮旯儿
		EHK732	犄角旮旯儿
EHH220	颠儿 *（跑：一放学，他就～了。）		

续表

序号	核心条目	序号	扩展条目
EHH221	锅贴儿		
EHH222	草标儿（旧时集市中插在比较大的物品上表示出卖的草棍儿，有时也插在人身上作为卖身的标志）		
EHH223	板擦儿		
EHH224	小抄儿（打～。）		
EHH225	抽抽儿（收缩；萎缩：毛衣洗～了|枣一晒就～了。）		
EHH226	扳不倒儿（一种玩具，不倒翁）		
EHH227	骨朵儿（花蕾）		
EHH228	气不忿儿		
EHH229	半疯儿		
EHH230	嚼裹儿		
EHH231	拉呱儿		
EHH232	刘海儿		
EHH233	吃喝儿		
EHH234	挡横儿		
EHH235	开怀儿		
EHH236	撒欢儿		
EHH237	打晃儿		
EHH238	混混儿		
EHH239	眼力见儿		
EHH240	找乐儿		
EHH241	破烂儿		
EHH242	捡漏儿		
EHH243	捡洋落儿		

续表

序号	核心条目	序号	扩展条目
EHH244	藏闷儿		
EHH245	纳闷儿		
EHH246	打鸣儿		
EHH247	磕碰儿		
EHH248	水漂儿		
EHH249	一顺儿		
EHH250	打挺儿		
EHH251	小偷儿		
EHH252	小咬儿		
EHH253	绕远儿		
EHH254	抄近儿		
EHH255	活脱儿		
EHH256	玩意儿 *		
EHH257	捻捻转儿		
EHH258	打杂儿		
EHH259	包圆儿 *		
EHH260	人缘儿		
EHH261	嘎巴儿		
EHH262	丫巴儿（枝杈：树～。）		
EHH263	巴儿狗		
EHH264	乡巴佬儿		
EHH265	婶儿		
EHH266	老妹儿（最小的妹妹）		

第四节　字母词常用词表

一、说明

①本词表的语料来源：以 1946—2016 年共 71 年《人民日报》语料作为研究范围。

②研制方法：采用计量的方法，以科学分类的词典群为基础，充分运用语言信息处理技术，利用 Access 搭建汉语字母词使用动态数据库，研制出此表。

③本词表共 400 个字母词，包括：一级常用字母词 50 个，二级常用字母词 150 个，三级常用字母词 200 个。

二、词表

1. 一级常用字母词词表

序号	词语	总频次	使用年数	年均频次	稳定度	生命力度	熟知度权重	使用度
1	GDP	24001	27	889	1067	1067	1	1067
2	QQ	2478	16	155	170	204	2	409
3	G20	4440	12	370	407	407	1	407
4	WTO	7445	22	338	372	372	1	372
5	APEC	6763	25	271	325	325	1	325
6	PM2.5	2509	11	228	251	301	1	301
7	APP	1782	8	223	223	267	1	267
8	3D 打印	1108	5	222	222	266	1	266
9	CCTV	2107	18	117	129	129	2	258
10	SARS	1629	14	116	128	128	2	256
11	A 股	2665	25	107	128	128	2	256
12	E（语素）	1260	5	252	252	252	1	252
13	3G	2382	18	132	146	116	2	233
14	NBA	4762	26	183	220	220	1	220
15	甲 A 联赛	2151	22	98	108	108	2	215
16	B 超	943	26	36	44	44	4	176

续表

序号	词语	总频次	使用年数	年均频次	稳定度	生命力度	熟知度权重	使用度
17	3D	1860	20	93	102	102	2	205
18	甲型 H1N1 流感	1973	8	247	247	197	1	197
19	CT	1167	29	40	48	48	4	192
20	CBA	3789	22	172	189	189	1	189
21	WiFi	691	9	77	77	92	2	184
22	DNA	2302	30	77	92	92	2	184
23	4G	1669	11	152	167	184	1	184
24	IT	3397	21	162	178	178	1	178
25	X 光	1063	30	35	43	43	4	172
26	卡拉 OK	2263	29	78	94	84	2	169
27	CPI	2755	17	162	178	178	0.9	160
28	IP	3027	22	138	151	151	1	151
29	GPS	1618	26	62	75	75	2	149
30	T 恤衫	921	30	31	37	37	4	147
31	CEO	1128	17	66	73	73	2	146
32	甲 B	847	20	42	47	47	3	140
33	VCD	1536	22	70	77	69	2	138
34	甲 A	1411	23	61	67	67	2	135
35	4S 店	827	14	59	65	65	2	130
36	VR	669	5	134	134	161	0.8	128
37	5G	735	7	105	105	126	1	126
38	大 V	251	6	42	42	42	3	126
39	POS 机	479	21	23	25	30	4	120
40	阿 Q	594	30	20	24	24	5	119
41	LED	1709	24	71	78	94	1.2	113
42	O2O	559	5	112	112	112	1	112

续表

序号	词语	总频次	使用年数	年均频次	稳定度	生命力度	熟知度权重	使用度
43	DVD	1305	21	62	68	55	2	109
44	ATM	1105	25	44	53	53	2	106
45	TPP	885	6	148	148	148	0.7	103
46	维 C	144	7	21	21	21	5	103
47	X 射线	620	30	21	25	25	4	99
48	IMF	2524	22	115	126	139	0.7	97
49	PMI	1083	12	90	99	119	0.8	95
50	维生素 C	355	30	12	14	14	6	85

2. 二级常用字母词词表

序号	词语	总频次	使用年数	年均频次	稳定度	生命力度	熟知度加权	使用度
51	OK	398	30	13	16	16	5	80
52	PPP 项目	230	1	230	161	113	0.7	79
53	IBM	1854	30	62	74	74	1	74
54	维生素 A	308	30	10	12	12	6	74
55	NMD	620	7	89	89	89	0.8	71
56	PPP	909	14	65	71	86	0.8	69
57	ISO	1912	27	71	85	85	0.8	68
58	U 盘	143	14	10	11	11	6	67
59	P2P	693	11	63	69	83	0.8	67
60	PPI	730	12	61	67	80	0.8	64
61	CIPS	63	1	63	63	63	1	63
62	SDR	435	7	62	62	62	1	62
63	ICU	236	17	14	15	15	4	61
64	KTV	234	22	11	12	12	5	59
65	IC 卡	1268	24	53	58	58	1	58

续表

序号	词语	总频次	使用年数	年均频次	稳定度	生命力度	熟知度加权	使用度
66	TD-LTE	509	9	57	57	57	1	57
67	TTIP	310	4	78	78	78	0.7	54
68	CEPA	1095	14	78	86	77	0.7	54
69	RCEP	478	5	96	96	76	0.7	54
70	ECFA	611	8	76	76	76	0.7	53
71	F1	1010	21	48	53	53	1	53
72	H5	95	2	48	50	52	1	52
73	IPO	677	15	45	50	50	1	50
74	A 级	1241	30	41	50	50	1	50
75	维生素 D	160	25	6	8	8	6	46
76	G 字头	38	5	8	8	8	6	46
77	H7N9 禽流感	134	3	45	45	45	1	45
78	维生素 E	172	28	6	7	7	6	44
79	TCL	949	26	37	44	44	1	44
80	PX	513	13	39	43	43	1	43
81	CDMA	947	22	43	47	43	1	43
82	PM10	317	9	35	35	42	1	42
83	TD	411	11	37	41	41	1	41
84	MTV	429	23	19	21	21	2	41
85	M2	863	24	36	40	40	1	40
86	VIP	356	21	17	19	19	2	37
87	N	221	6	37	37	37	1	37
88	EFSF	109	3	36	36	36	1	36
89	B 股	786	26	30	36	36	1	36
90	CD	785	26	30	36	36	1	36
91	ISCC	35	1	35	35	35	1	35

续表

序号	词语	总频次	使用年数	年均频次	稳定度	生命力度	熟知度加权	使用度
92	4A 级	267	17	16	17	17	2	35
93	AAPP	138	4	35	35	35	1	35
94	AR	34	1	34	34	34	1	34
95	CUBA	611	20	31	34	34	1	34
96	SUV	518	17	30	34	34	1	34
97	PC	790	29	27	33	33	1	33
98	COD	727	23	32	35	31	1	31
99	QE	152	5	30	30	30	1	30
100	BP 机	610	23	27	29	29	1	29
101	TD-SCDMA	562	17	33	36	29	1	29
102	K（量词）	669	28	24	29	29	1	29
103	MBA	634	27	23	28	28	1	28
104	5A 级景区	253	10	25	28	28	1	28
105	WTA	454	18	25	28	28	1	28
106	CBD	475	19	25	28	28	1	28
107	BBC	661	29	23	27	27	1	27
108	A4 纸	89	18	5	5	5	5	27
109	CIMS	464	19	24	27	27	1	27
110	IPv6	366	15	24	27	27	1	27
111	SOS 儿童村	206	28	7	9	9	3	26
112	POPS	209	8	26	26	26	1	26
113	WAP	402	17	24	26	26	1	26
114	NGO 论坛	78	3	26	26	26	1	26
115	5A 级	330	14	24	26	26	1	26
116	H 股	539	23	23	26	26	1	26
117	RQFII	154	6	26	26	26	1	26

续表

序号	词语	总频次	使用年数	年均频次	稳定度	生命力度	熟知度加权	使用度
118	QFII	301	13	23	25	25	1	25
119	PH 值	285	27	11	13	13	2	25
120	TMD	125	5	25	25	25	1	25
121	M（量词）	518	25	21	25	25	1	25
122	CQC	212	9	24	24	24	1	24
123	NEC	559	29	19	23	23	1	23
124	BTV	197	19	10	11	11	2	23
125	ABC	528	28	19	23	23	1	23
126	NHS	113	5	23	23	23	1	23
127	CPU	470	25	19	23	23	1	23
128	LTE	200	9	22	22	22	1	22
129	PT	111	5	22	22	22	1	22
130	GB	240	26	9	11	11	2	22
131	M1	483	24	20	22	22	1	22
132	GSM	442	22	20	22	22	1	22
133	CNN	493	27	18	22	22	1	22
134	GMS	397	18	22	24	22	1	22
135	FAST	127	7	18	18	22	1	22
136	O 型血	95	24	4	4	4	5	22
137	THG	65	3	22	22	22	1	22
138	ETF	215	11	20	22	22	1	22
139	BBS	370	19	19	21	21	1	21
140	IPTV	190	9	21	21	21	1	21
141	QDII	228	12	19	21	21	1	21
142	ETC	190	10	19	21	21	1	21
143	ST	339	18	19	21	21	1	21

续表

序号	词语	总频次	使用年数	年均频次	稳定度	生命力度	熟知度加权	使用度
144	Pre5G	62	3	21	21	21	1	21
145	CFP	144	7	21	21	21	1	21
146	Windows	211	25	8	10	10	2	20
147	QE3	81	4	20	20	20	1	20
148	CC	420	25	17	20	20	1	20
149	LG	403	22	18	20	20	1	20
150	FMG	60	3	20	20	20	1	20
151	CMIM	79	4	20	20	20	1	20
152	SIM 卡	152	17	9	10	10	2	20
153	冰穹 A	266	12	22	24	20	1	20
154	VS	266	15	18	20	20	1	20
155	ICANN	156	8	20	20	20	1	20
156	g（量词）	406	23	18	19	19	1	19
157	SP	241	14	17	19	19	1	19
158	CAD	437	28	16	19	19	1	19
159	PK	221	13	17	19	19	1	19
160	E-Mail	119	14	9	9	9	2	19
161	三 K 党	96	17	6	6	6	3	19
162	ESM	93	5	19	19	19	1	19
163	LNG	301	18	17	18	18	1	18
164	USA	55	3	18	18	18	1	18
165	AA 制	59	18	3	4	4	5	18
166	FDA	386	26	15	18	18	1	18
167	MSN	223	14	16	18	18	1	18
168	BIT	70	4	18	18	18	1	18
169	LIBOR	69	4	17	17	17	1	17

续表

序号	词语	总频次	使用年数	年均频次	稳定度	生命力度	熟知度加权	使用度
170	AQI	86	5	17	17	17	1	17
171	B2B	217	14	16	17	17	1	17
172	*ST	118	7	17	17	17	1	17
173	ABB	151	9	17	17	17	1	17
174	DV	241	16	15	17	17	1	17
175	2G	239	16	15	16	16	1	16
176	4D	223	15	15	16	16	1	16
177	FC	112	7	16	16	16	1	16
178	维生素 B	41	17	2	3	3	6	16
179	CNNIC	257	18	14	16	16	1	16
180	USB	107	15	7	8	8	2	16
181	XP	109	7	16	16	16	1	16
182	OECD	268	21	13	14	15	1	15
183	C2B	46	3	15	15	15	1	15
184	WCBA	208	15	14	15	15	1	15
185	H5N1 亚型高致病性禽流感	91	6	15	15	15	1	15
186	3C 认证	179	13	14	15	15	1	15
187	AAA 级	164	26	6	8	8	2	15
188	A 货	34	9	4	4	4	4	15
189	E 时代	89	13	7	8	8	2	15
190	3C	136	20	7	7	7	2	15
191	Q 币	68	10	7	7	7	2	15
192	B2C	192	17	11	12	15	1	15
193	ABAC	89	6	15	15	15	1	15
194	X 线	154	25	6	7	7	2	15

续表

序号	词语	总频次	使用年数	年均频次	稳定度	生命力度	熟知度加权	使用度
195	B 级	343	28	12	15	15	1	15
196	Y 染色体	80	18	4	5	5	3	15
197	MPV	253	19	13	15	15	1	15
198	IDD	131	9	15	15	15	1	15
199	ERP	251	19	13	15	15	1	15
200	FDI	211	16	13	15	15	1	15

3. 三级常用字母词词表

序号	词语	总频次	使用年数	年均频次	稳定度	生命度	熟知度加权	使用度
201	BOT	302	23	13	14	14	1	14
202	EVD	72	5	14	14	14	1	14
203	M	43	3	14	14	14	1	14
204	GMP	298	25	12	14	14	1	14
205	4A 级景区	208	16	13	14	14	1	14
206	TV	129	20	6	7	7	2	14
207	HIV	305	26	12	14	14	1	14
208	DIY	102	16	6	7	7	2	14
209	X 染色体	51	16	3	4	4	4	14
210	MVP	191	15	13	14	14	1	14
211	PCT	191	15	13	14	14	1	14
212	AIG	126	9	14	14	14	1	14
213	LAMOST	112	8	14	14	14	1	14
214	OBD	42	6	7	7	7	2	14
215	LPG	203	16	13	14	14	1	14
216	BT	164	13	13	14	14	1	14
217	UPS	138	22	6	7	7	2	14

续表

序号	词语	总频次	使用年数	年均频次	稳定度	生命度	熟知度加权	使用度
218	GE	237	19	12	14	14	1	14
219	PISA	48	7	7	7	7	2	14
220	CADR	41	3	14	14	14	1	14
221	RFID	136	11	12	14	14	1	14
222	OK 镜	34	5	7	7	7	2	14
223	WHO	280	25	11	13	13	1	13
224	FTA	183	15	12	13	13	1	13
225	AA 级	114	19	6	7	7	2	13
226	kv	165	30	6	7	7	2	13
227	C 网	59	9	7	7	7	2	13
228	MP3	238	18	13	15	13	1	13
229	SCI	284	24	12	13	13	1	13
230	甲型 H1N1	65	5	13	13	13	1	13
231	PPT	118	12	10	11	13	1	13
232	PPM	308	29	11	13	13	1	13
233	4K	76	6	13	13	13	1	13
234	GLUT1	38	3	13	13	13	1	13
235	D 字头	19	6	3	3	3	4	13
236	PVC	305	29	11	13	13	1	13
237	C2C	63	11	6	6	6	2	13
238	D 级危房	80	14	6	6	6	2	13
239	ml	119	21	6	6	6	2	12
240	IPCC	192	17	11	12	12	1	12
241	DT	37	3	12	12	12	1	12
242	mm	154	30	5	6	6	2	12
243	II	123	11	11	12	12	1	12

续表

序号	词语	总频次	使用年数	年均频次	稳定度	生命度	熟知度加权	使用度
244	CDM	134	12	11	12	12	1	12
245	EMS	223	24	9	10	12	1	12
246	ITER	166	15	11	12	12	1	12
247	iPS 细胞	85	7	12	12	12	1	12
248	L	242	22	11	12	12	1	12
249	MPA	153	14	11	12	12	1	12
250	PPA	72	6	12	12	12	1	12
251	REACH	60	5	12	12	12	1	12
252	CBO	48	4	12	12	12	1	12
253	BAT	24	2	12	12	12	1	12
254	BEPS	24	2	12	12	12	1	12
255	AC 米兰	240	22	11	12	12	1	12
256	V 型	124	25	5	6	6	2	12
257	NHK	297	30	10	12	12	1	12
258	GPRS	183	17	11	12	12	1	12
259	B 型	143	29	5	6	6	2	12
260	U 形	118	22	5	6	6	2	12
261	NGO	223	21	11	12	12	1	12
262	CECDB	70	6	12	12	12	1	12
263	N	70	6	12	12	12	1	12
264	NDM-1	35	3	12	12	12	1	12
265	AA	200	19	11	12	12	1	12
266	NBL	92	8	12	12	12	1	12
267	ATP	240	23	10	11	11	1	11
268	AAA	258	27	10	11	11	1	11
269	MLB	91	8	11	11	11	1	11

续表

序号	词语	总频次	使用年数	年均频次	稳定度	生命度	熟知度加权	使用度
270	PC 机	93	18	5	6	6	2	11
271	cm	122	26	5	6	6	2	11
272	GAP	173	17	10	11	11	1	11
273	MP4	50	9	6	6	6	2	11
274	U 型	231	25	9	11	11	1	11
275	GNP	249	27	9	11	11	1	11
276	IMAX	77	7	11	11	11	1	11
277	维 E	11	4	3	3	3	4	11
278	CA	159	16	10	11	11	1	11
279	J 联赛	149	15	10	11	11	1	11
280	CMEC	65	6	11	11	11	1	11
281	PSA	128	13	10	11	11	1	11
282	ED	43	4	11	11	11	1	11
283	H5N1 型禽流感病毒	75	7	11	11	11	1	11
284	R&D	214	22	10	11	11	1	11
285	STEM	32	3	11	11	11	1	11
286	K 歌	24	9	3	3	3	4	11
287	SD 卡	16	6	3	3	3	4	11
288	CTAIS	53	5	11	11	11	1	11
289	VISA	238	27	9	11	11	1	11
290	k	42	4	11	11	11	1	11
291	BRT	124	13	10	10	10	1	10
292	A 级车	62	13	5	5	5	2	10
293	POS	227	26	9	10	10	1	10
294	N 组	133	14	10	10	10	1	10

续表

序号	词语	总频次	使用年数	年均频次	稳定度	生命度	熟知度加权	使用度
295	LINUX	95	10	10	10	10	1	10
296	SWIFT	94	9	10	10	10	1	10
297	WAP 手机	52	5	10	10	10	1	10
298	AT&T	207	22	9	10	10	1	10
299	AMOLED	62	6	10	10	10	1	10
300	GEP	62	6	10	10	10	1	10
301	FDIC	31	3	10	10	10	1	10
302	IE	84	18	5	5	5	2	10
303	S 形	124	29	4	5	5	2	10
304	CIT	41	4	10	10	10	1	10
305	KW	115	27	4	5	5	2	10
306	B 型血	37	16	2	3	3	4	10
307	IC	219	24	9	10	10	1	10
308	OTC	73	16	5	5	5	2	10
309	OLED	90	9	10	10	10	1	10
310	PKU	40	4	10	10	10	1	10
311	IH	10	1	10	10	10	1	10
312	PPTV	15	3	5	5	5	2	10
313	IPV4	118	13	9	10	10	1	10
314	ID	63	14	5	5	5	2	10
315	VP	89	10	9	10	10	1	10
316	B 级车	44	9	5	5	5	2	10
317	TB	142	16	9	10	10	1	10
318	WNBA	133	15	9	10	10	1	10
319	T3 航站楼	97	11	9	10	10	1	10
320	WPS	132	15	9	10	10	1	10

续表

序号	词语	总频次	使用年数	年均频次	稳定度	生命度	熟知度加权	使用度
321	COS	29	3	10	10	10	1	10
322	RAV4	29	3	10	10	10	1	10
323	GATT	149	17	9	10	10	1	10
324	MG	77	8	10	10	10	1	10
325	SOS	216	27	8	10	10	1	10
326	SK	87	10	9	10	10	1	10
327	WCDMA	147	17	9	10	10	1	10
328	MOOC	38	4	10	10	10	1	10
329	ADSL	138	16	9	9	9	1	9
330	A 型血	31	18	2	2	2	5	9
331	ICT	120	14	9	9	9	1	9
332	AST	47	5	9	9	9	1	9
333	TQM	47	5	9	9	9	1	9
334	M0	188	22	9	9	9	1	9
335	TFT-LCD	111	13	9	9	9	1	9
336	ABS	195	25	8	9	9	1	9
337	EAP	56	6	9	9	9	1	9
338	NGB	28	3	9	9	9	1	9
339	3C 标志	14	3	5	5	5	2	9
340	A+	152	18	8	9	9	1	9
341	CSR	74	8	9	9	9	1	9
342	PPG	37	4	9	9	9	1	9
343	Mbps	151	18	8	9	9	1	9
344	LOGO	92	11	8	9	9	1	9
345	CMMB	55	6	9	9	9	1	9
346	T 台	36	13	3	3	3	3	9
347	CN 域名	99	12	8	9	9	1	9

续表

序号	词语	总频次	使用年数	年均频次	稳定度	生命度	熟知度加权	使用度
348	NFC	54	6	9	9	9	1	9
349	KAB	27	3	9	9	9	1	9
350	K 粉	53	13	4	4	4	2	9
351	ISP	122	15	8	9	9	1	9
352	mg/L	138	17	8	9	9	1	9
353	GSM 手机	89	11	8	9	9	1	9
354	LNG 船	89	11	8	9	9	1	9
355	G8	112	14	8	9	9	1	9
356	双酚 A	96	12	8	9	9	1	9
357	U 盾	88	11	8	9	9	1	9
358	SCDMA	80	10	8	9	9	1	9
359	γ 射线	48	18	3	3	3	3	9
360	K 联赛	79	9	9	9	9	1	9
361	ABM	35	4	9	9	9	1	9
362	TMT	95	12	8	9	9	1	9
363	GSM 网	87	11	8	9	9	1	9
364	PCBs	26	3	9	9	9	1	9
365	RT	26	3	9	9	9	1	9
366	DHA	102	13	8	9	9	1	9
367	8K	43	5	9	9	9	1	9
368	HACCP	125	16	8	9	9	1	9
369	CR	78	10	8	9	9	1	9
370	EMBA	148	19	8	9	9	1	9
371	EAST	51	6	9	9	9	1	9
372	D 日	34	4	9	9	9	1	9
373	MDI	100	13	8	8	8	1	8
374	QS	100	13	8	8	8	1	8

续表

序号	词语	总频次	使用年数	年均频次	稳定度	生命度	熟知度加权	使用度
375	GMP 认证	161	21	8	8	8	1	8
376	MOU	67	8	8	8	8	1	8
377	VOCs	67	8	8	8	8	1	8
378	GEF	76	10	8	8	8	1	8
379	AMD	91	12	8	8	8	1	8
380	三 S	50	6	8	8	8	1	8
381	B 货	25	3	8	8	8	1	8
382	K 线图	15	9	2	2	2	5	8
383	BMX	98	13	8	8	8	1	8
384	G7	98	13	8	8	8	1	8
385	UCLG	33	4	8	8	8	1	8
386	GB	165	22	8	8	8	1	8
387	CBTC	41	5	8	8	8	1	8
388	PE	119	16	7	8	8	1	8
389	MW	177	24	7	8	8	1	8
390	T 型台	59	16	4	4	4	2	8
391	CCD	175	24	7	8	8	1	8
392	IEC	167	25	7	8	8	1	8
393	FM	131	18	7	8	8	1	8
394	IMP	64	8	8	8	8	1	8
395	LT	32	4	8	8	8	1	8
396	e 网通	24	3	8	8	8	1	8
397	G 网	12	3	4	4	4	2	8
398	PE 保鲜膜	12	3	4	4	4	2	8
399	SNS	55	7	8	8	8	1	8
400	IMO	47	6	8	8	8	1	8

参考文献

著作：

阿玛蒂亚・森，贝纳多・科利克斯伯格. 以人为本：全球化世界的发展伦理学. 马春文，李俊江，等，译. 长春：长春出版社，2012.

爱德华・L. 桑代克. 人类的学习. 李月甫，译. 杭州：浙江教育出版社，1999.

安德森. 想象的共同体：民族主义的起源与散布. 吴叡人，译. 上海：上海人民出版社，2005.

安妮・安娜斯塔西，苏珊娜・厄比纳. 心理测验. 缪小春，竺培梁，译. 杭州：浙江教育出版社，2001.

伯纳德・斯波斯基. 语言管理（Language Management）. 张治国，译. 北京：商务印书馆，2016.

查尔斯・爱德华・斯皮尔曼. 人的能力：它们的性质与度量. 袁军，译. 杭州：浙江教育出版社，1999.

陈章太，于根元. 语言美和精神文明建设. 上海：上海教育出版社，1985.

戴昭铭. 规范语言学探索. 上海：上海三联书店，1998.

方然. “社会资本”的中国本土化定量测量研究. 北京：社会科学文献出版社，2014.

高艾军，傅民. 北京话词典（增订本），北京：北京大学出版社，2001.

郭绍虞. 汉语语法修辞新探. 北京：商务印书馆，1979.

郭熙. 华文教学概论. 北京：商务印书馆，2007.

国家对外汉语教学领导小组办公室汉语水平考试部. 汉语水平词汇及汉字等级大纲. 北京：北京语言学院出版社，1992.

国家对外汉语教学领导小组办公室汉语水平考试部. 汉语水平等级标准与语法等级大纲. 北京：高等教育出版社，1996.

国家汉办. 国际汉语能力标准. 北京：外语教学与研究出版社，2007 .

国家汉办. 新汉语水平考试大纲 HSK（1—6 级）. 北京：商务印书馆，2009.

国家汉办. 新中小学汉语考试大纲 HSK（1—4 级）. 北京：商务印书馆，2009.

国家汉语国际推广领导小组办公室. 国际汉语能力标准. 北京：外语教学与研究出版社，2008.
国家语委普通话培训测试中心. 普通话水平测试实施纲要（含普通话水平测试大纲、普通话水平测试等级标准［试行］)，北京：商务印书馆，2005.
贾采珠. 北京话儿化词典. 北京：语文出版社，1990.
教育部，国家语言文字工作委员会. 国家中长期语言文字事业改革和发展规划纲要（2012—2020 年）. 2012
教育部考试中心. 全国英语等级考试大纲. 北京：高等教育出版社，2003.
赖因哈德 · 施托克曼，沃尔夫冈 · 梅耶. 评估学. 唐以志，译. 北京：人民出版社，2012.
李世熊修纂［清］. 宁化县志. 福州：福建人民出版社，2012.
李宇明. 领域语言研究丛书序——提倡开展领域语言学研究. 北京：中国社会科学出版社，2008.
李宇明. 全球华语词典. 北京：商务印书馆，2010.
李宇明. 中国语言规划论. 北京：商务印书馆，2010.
李宇明. 中国语言规划续论. 北京：商务印书馆，2010.
吕叔湘，朱德熙. 语法修辞讲话. 北京：中国青年出版社，1979.
马国贤，任晓辉. 公共政策分析与评估（第一版）. 上海：复旦大学出版社，2012.
麦克纳马拉. 语言测试. 上海：上海外语教育出版社，2001.
莫伊塞斯 · 纳伊姆. 权力的终结. 王吉美，牛晓萌，译. 北京：中信出版社，2013.
聂丹. 汉语口语测试任务难度影响因素研究. 北京：北京语言大学出版社，2012.
聂丹. 普通话水平测试研究概说. 北京：语文出版社，2012.
宁化县志编纂委员会. 宁化县志. 福州：福建人民出版社，1992.
欧洲理事会文化合作教育委员会. 欧洲语言共同参考框架：学习、教学、评估. 北京：外语教学与研究出版社，2008.
皮亚杰. 结构主义. 倪连生，王琳，译. 北京：商务印书馆，1984.
平阳县志编纂委员会. 民国平阳县志. 上海：汉语大词典出版社，1993.
濮之珍，等. 汉语知识讲话. 上海：新知识出版社，1956.
乔姆斯基. 语言与心理. 牟小华，侯月英，译. 北京：华夏出版社，1989.
萨丕尔. 语言论 . 陆卓元，译. 北京：商务印书馆，1997.
塞缪尔 · 亨廷顿，劳伦斯 · 哈里森. 文化的重要作用——价值观如何影响人类进步. 程克维，译. 北京：新华出版社，2015.
盛炎. 语言教学原理. 重庆：重庆出版社，1990.
施春宏. 语言在交际中规范. 北京：中国经济出版社，2005.
石定栩，等. 港式中文与标准中文的比较. 香港：香港教育图书公司，2006.
史定国. 简化字研究. 北京：商务印书馆，2004.
田小琳. 香港社区词词典. 北京：商务印书馆，2009.
王汉卫. 华语测试中的阅读研究. 北京：北京大学出版社，2012.
王晖. 普通话水平测试阐要. 北京：商务印书馆，2013.
王佶旻. 汉语口语测试理论与实践. 北京：北京师范大学出版社，2012.
王佶旻. 语言测试概论. 北京：北京语言大学出版社，2011.
王宁.《通用规范汉字表》解读. 北京：商务印书馆，2013.
维克多 J · 范伯格. 经济学中的规则和选择. 史世伟，钟诚，译. 西安：陕西人民出版社，2011.
温端政. 苍南方言志. 北京：语文出版社，1991.
吴锡璜. 同安县志. 台湾：成文出版社有限公司 1967 年铅印本影印 .
现代汉语规范问题学术会议秘书处 . 现代汉语规范问题学术会议文件汇编 . 北京：科学出版社，1956.
谢小庆，等. 中国少数民族汉语水平等级考试大纲（一至四级）. 北京：北京语言大学出版社，2002—2004.
谢小庆. 考试研究文集（第 1 辑）. 北京：经济科学出版社，2002.
谢小庆. 考试研究文集（第 2 辑）. 北京：经济科学出版社，2004.
徐世荣. 北京土语词典. 北京：北京出版社，1990.
燕继荣. 社会资本与国家治理. 北京：北京大学出版社，2015.
姚喜双，等. 普通话水平测试常用术语. 北京：语文出版社，2014.
姚喜双，等. 普通话水平测试概论. 北京：高等教育出版社，2011.
于根元. 二十世纪的中国语言应用研究. 太原：书海出版社，1996.
于根元. 应用语言学前沿问题. 北京：中国经济出版社，2006.
语文建设通讯编辑部. 汉字简一多繁对应表. 香港：香港语文建设通讯，2008.
张凯. 标准参照测验理论研究. 北京：北京语言文化大学出版社，2002.
张凯. 语言测验理论与实践. 北京：北京语言文化大学出版社，2002.
张敏. 认知语言学与汉语名词短语. 北京：中国社会科学出版社，1998.

张书岩. 异体字研究. 北京：商务印书馆，2004.

张洵如. 北京话轻声词汇. 上海：中华书局，1957.

中国文字改革委员会. 普通话轻声词汇编. 北京：商务印书馆，1963.

中国语文杂志社. 语文短评选辑. 北京：中华书局，1959.

中国语言生活状况报告课题组. 中国语言生活状况报告. 北京：商务印书馆，2005—2013.

中华人民共和国教育部、国家语言文字工作委员会. 汉字应用水平等级及测试大纲（GF 2002—2006）. 广州：广东教育出版社，2006.

中华人民共和国教育部. 普通高中语文课程标准（实验）. 北京：人民教育出版社，2003.

中华人民共和国劳动和社会保障部职业技能鉴定中心. 国家职业汉语能力测试大纲. 北京：法律出版社，2004 .

周凯 . 厦门志. 台湾文献委员会 1999 年再版.

周长楫. 厦门方言词典. 南京：江苏教育出版社，1998.

Alderson. 语言测试的设计与评估. 杨惠中，导读. 北京：外语教学与研究出版社，2000.

Bachman. 第二语言习得与语言测试研究的接口. 北京：外语教学与研究出版社，2002.

C. 尼古拉斯・泰勒，C. 霍布森・布莱恩，G. 古德里奇. 社会评估：理论、过程与技术. 葛道顺，译. 重庆：重庆大学出版社，2009.

Charles Alderson，J. 语言测试的设计与评估. 北京：外语教学与研究出版社，2000.

Cohen. A. D. 学习和运用第二语言的策略. 文秋芳，导读. 北京：外语教学与研究出版社，2000.

Cyril J.Weir. 语言测试与效度验证——基于证据的研究方法. 北京：外语教学与研究出版社，2010.

Grant Henning. 语言测试指南. 杨惠中，导读. 北京：外语教学与研究出版社，2001.

Aaron, P. G.,& Joshi，R. M.Reading problems consultation and remediation, New York: The Guilford Press, 1992.

Adams, M.J. & Collins. A schema-theoretic view of reading. In R.O. Freedle (ed), New discourse processing，New Jersey: Ablex , 1985.

Adams, M.J. Failure to comprehend and levels of processing in reading，New Jersey: Lawrence Erlbaum Associates Publishers, 1980.

American Council on Teaching of Foreign Languages. ACTFL Proficiency Guidelines, ACTFL, Inc, 1986 .

Bachman, L. F. Fundamental Considerations in Language Testing, London: Oxford University Press, 1990.

Bachman, L.F. & Palmer, A.S. Language Testing in Practice, London: Oxford University Press, 1996.

Council of Europe. Common European Framework of Reference for Languages: Learning Teaching, Assessment. Cambridge: Cambridge University Press, 2001.

Lado R. Language Testing: The Construction and Use of Foreign Language Tests, London: McGraw-Hill Book Company, 1961.

North, B. The Development of a Common Framework Scale of Language Proficiency, New York: Peter Lang, 2000.

Ronald K. Hambleton, H. Swaminatha, H. Jane Rogers. Fundamentals of Item Response Theory, Sage Publications, Inc, 1991.

TOEIC. TOEIC Can-Do Guide: Linking TOEIC Scores to Activities Performed Using English, The Chauncey Group International, 1996 .

论文:

白如. 两岸字用对应关系研究. 北京师范大学硕士学位论文，2015.

班吉庆. 八年一剑，大醇小疵——评《通用规范汉字表（征求意见稿）》. 扬州大学学报（人文社会科学版），2010（1）.

卜师霞，李智. 电子文本的繁简转换问题分析. 南阳师范学院院报，2006（10）.

曹德和，宣恒大.《通用规范汉字表》研制中的三对关系. 安徽师范大学学报（人文社会科学版），2011（2）.

曹德和. 规范度评价根据问题再思考. 南昌大学学报（人文社会科学版），2006（5）.

曹剑芬. 连读变调与轻重对立. 中国语文，1995（4）.

陈春雷. 从失范走向规范——关于网络语言影响及规范策略的思考. 学术界，2011（4）.

陈满华. 对外汉语教学中的汉语规范问题. 语文建设，1993（11）.

陈谋勇. 编辑出版工作中的语言文字规范化问题. 杭州大学学报（哲学社会科学版），1992（2）.

陈小燕. 论轻声词界定的必要性、一致性原则——对《现代汉语词典》轻声词的计量研究. 语言文字应用，2004（1）.
陈亚川. 异形词的规范可与多音字的精简相结合. 语言教学与研究，1986（1）.
陈章太. 论语言规划的基本原则. 语言科学，2005（2）.
迟文敬. 儿化功能探疑. 大连海事学院学报，2010（1）.
储泽祥，刘街生. “细节显现”与“副＋名”. 语文建设，1997（6）.
邓丹，等. 汉语去声和轻声音节的韵律特征研究. 语言科学，2004（2）.
邓懿. 迎接汉语规范化运动. 语文学习，1955（11）.
范开泰. 论汉语交际能力的培养. 世界汉语教学，1992（1）.
方梅. 北京话儿化词语阴平变调的语法意义. 语言学论丛，2015（1）.
方梅. 北京话儿化的形态句法功能. 世界汉语教学，2007（2）.
方绪军，杨惠中，朱正才. 语言能力“能做”描述的原理与方案：以 CEFR 为例. 世界汉语教学，2011（2）.
费锦昌，魏励. 有关制订《汉字规范字表》的几个问题. 语言文字应用，1994（3）.
冯成麟. 语法规范与语言材料. 语文学习，1956（6）.
冯念，冯广艺. 网络词语的谐音及规范问题. 湖南师范学院学报，2005（1）.
付伊. 中国 60 年来新闻套语嬗变研究——基于《人民日报》时政新闻版的考察. 语言文字应用，2013（1）.
傅永和. 关于异形词的规范问题. 文字改革，1985（1）.
高明恩. 仿拟型外来词与词汇规范问题. 东北师范大学硕士学位论文，2005.
高晓虹，施春宏. 词语构造的多能性和时空性. 语言教学与研究，2013（3）.
巩固. 浅谈汉语的轻声与轻音. 语文学刊，2006（14）.
顾设. 语言规范琐议. 语文建设，1987（2）.
关俊红. 二十世纪辞书儿化词研究. 厦门大学博士学位论文，2008.
郭龙生. 规范就是服务. 学语文，1995（1）.
郭龙生. 略论中国当代语言规划的方法论原则. 学术研究，2006（12）.
郭振伟. 谈汉语轻声词的类后缀. 江西财经大学学报，2005（1）.
国家语委“新词新语规范基本原则”课题组. 新词新语的规范问题述评. 语言文字应用，2002（2）.
国家语委“新词新语规范基本原则”课题组. 新词新语规范基本原则. 语言文字应用，2003（1）.
韩宝成. 国外语言能力量表述评. 外语教学与研究，2006（6）.

韩承红. 试论普通话轻声词标准的统一问题. 中华文化论坛，2003（3）.
韩云花. 套语之现代属性. 忻州师范学院学报，2013（6）.
何宛屏. 词典中儿化标注原则探讨. 中国语文，2005（5）.
胡娟. 从同形异义、异形同义看香港社区词与普通话词语的差异及其成因. 中州大学学报，2011（1）.
胡明扬. 我谈语文规范化. 语文建设，1993（7）.
胡明扬. 语言规范化的重大社会意义. 新闻战线，1981（8）.
胡双宝. 语法修辞应注意规范——评改两篇短文. 文史知识，1981（5）.
黄伯荣. 从“词”到“语”是 80 年代语法学发展的趋向. 汉语学习，1991（3）.
黄德宽. 论汉字规范的现实基础及路径选择. 语言文字应用，2007（4）.
黄德玉. 对语法规范问题的几点思考. 安庆师范学院学报（社会科学版），1989（4）.
黄佩文. 应该读成儿化韵的词. 汉语学习，1981（5）.
黄霆玮. 汉语口语测试评分员评价体系研究. 中国社会科学院语言研究所博士学位论文，2011.
黄艳梅，华玉明. 华语在泰国. 语文建设，2001（1）.
黄佑源. 语言规范标准漫议. 语言文字应用，1996（2）.
吉高峰. 轻声词的规范问题亟待解决. 晋中高等师范专科学校学报，2002（3）.
纪正红. 对外汉语中的儿化教学. 现代语文（语言研究版），2007（7）.
江蓝生. 汉语词语书写形式的革新——谈谈字母词的身份与规范. 中国社会语言学，2012（2）.
蒋宗霞. 二十世纪汉语轻声研究述评. 绍兴文理学院学报（哲学社会科学版），2000（2）.
金奉民. 语法规范的对象与标准. 阜阳师范学院学报（社会科学版），2005（1）.
金惠淑，孙曼均，袁晖. 新词新语的规范问题述评. 语言文字应用，2002（2）.
金顺吉，鹿钦佞. 浅谈现代汉语新词的来源与规范. 内江师范学院学报（社会科学版），2005（1）.
金琰如，王佶旻. 初级阶段留学生汉语听力能力结构探究. 语言教学与研究，2012（3）.
金志茹，薛顶柱，李宝红. 国内外网络语言规范对比研究. 西南民族大学学报（人文社会科学版），2009（1）.
劲松. “儿化”的语素形位学研究. 扬州大学学报（人文社会科学版），2004（1）.
劲松. 儿化词变异和变化的社会语言学研究. 修辞学习，2005（2）.

孔凡哲，等. PISA 对我国中小学考试评价与质量监控的启示. 外国教育研究，2005（5）.
乐中保. PISA 中阅读测试的测评框架与设计思路——兼谈对我国阅读测试的启示. 河北师范大学学报（教育科学版），2008（6）.
黎新第. 多音字统读与异形词规范. 语文建设，1995（12）.
李蓓，葛丽媛. 简析新词语的规范问题——以《中国语言生活状况报告》辑录的2012—2014 年度新词语为例. 语文学刊，2016（9）.
李德鹏. 论我国公民语言能力的评价标准. 理论月刊，2015（12）.
李凤吟. 南方地区普通话轻声和儿化刍议. 泉州师范学院学报，2005（5）.
李国英. 从"出乎意料之外"谈语法规范. 语文学刊，2006（13）.
李国英. 异体字的定义与类型. 北京师范大学学报（社会科学版），2007（3）.
李海洋. 浅议字母词规范的原则及途径. 喀什师范学院学报，2011（5）.
李行健. 规范异形词，刻不容缓. 语文月刊，2000（4）.
李行健. 异形词研究和异形词规范词典编纂——《现代汉语异形词规范词典》前言. 辞书研究，2003（2）.
李建国. 吕叔湘先生和汉语规范化. 课程・教材・教法，1994（9）.
李立成. "儿化"性质新探. 杭州大学学报（哲学社会科学版），1994（3）.
李芒. 谈普通话的轻声. 语文教学与研究，1997（9）.
李欧，唐韵. 泰国报刊书面汉语的变异. 四川师范学院学报（哲学社会科学版），1999（5）.
李巧兰. 近 20 年来关于"儿化"现象的研究述评. 唐山学院学报，2008（1）.
李泉. 国际汉语教学的语言文字标准问题. 语言教学与研究，2015（5）.
李莎. 轻声的宏观历史发展. 福建师范大学学报（哲学社会科学版），2006（2）.
李思敬. 现代北京话的轻音和儿化音溯源——传统音韵学和现代汉语语音研究结合举隅. 语文研究，2000（3）.
李延瑞. 论普通话儿化韵及儿化音位. 语文研究，1996（2）.
李宇明. 国家的语言能力问题. 海外华文教育动态，2013（3）.
李宇明. 了解世界怎样做语言规划——序《语言规划经典译丛》// 语言政策：社会语言学中的重要论题. 北京：商务印书馆，2016.
李宇明. 提升国家语言能力的若干思考. 南开语言学刊，2011（1）.
李宇明. 信息时代的语言文字标准化工作. 语言文字应用，2009（2）.

李宇明. 信息时代需要更高水准的语言文字规范. 中国文字研究，2002.
李宇明. 语言技术对语言生活及社会发展的影响. 中国社会科学，2017（2）.
李宇明. 语言也是“硬实力”. 华中师范大学学报（人文社会科学版），2011（5）.
李昱，施春宏. 海峡两岸词语互动关系研究. 当代修辞学，2011（3）.
李云彤. 网络语言的规范性探究. 内蒙古社会科学（汉文版），2013（2）.
连晓霞. 字母词的收录与规范——以《现代汉语词典》和《辞海》为例. 语言教学与研究，2012（2）.
梁驰华. 论轻声词的价值. 广西社会科学，2010（7）.
梁睿，陈建栋. 网络语言要规范. 光明日报，2002-08-21.
梁永红. 建国以来我国语言规范观的演进. 华北理工大学学报（社会科学版），2016（6）.
廖定文. 关于建立汉语句型系统的思考. 贵州民族学院学报（社会科学版），1988（3）.
廖礼平. 当代我国新闻传媒中字母缩略语的使用与规范. 徐州师范大学学报（社会科学版），2006（5）.
林宝卿. 普通话的儿化. 语言文字应用，1992（4）.
林伦伦. 潮汕方言和泰语的双向借词及其演变发展. 民族语文，2006（2）.
林茂灿，颜景助. 北京话轻声的声学性质. 方言，1980（3）.
林焘，沈炯. 北京话儿化韵的语音分歧. 中国语文，1995（3）.
林焘. 北京话儿化韵个人读音差异问题. 语文研究，1982（2）.
林杏光. 词语搭配的性质与研究. 汉语学习，1990（1）.
林杏光. 论词语搭配及其研究. 语言教学与研究，1994（4）.
刘昌华. 网络空间的语言生活研究. 北京语言大学博士学位论文，2017.
刘传清. 汉语国际推广与汉字规范化. 三峡大学学报（人文社会科学版），2009（6）.
刘福根. 传统语言文字规范理论与实践初探. 语文研究，2000（2）.
刘慧英. 论儿化的显性与隐性. 呼伦贝尔学院学报，2006（3）.
刘俐李. 20 世纪汉语轻声研究综述. 语文研究，2002（3）.
刘明章，等. 少数民族汉语水平考试探讨. 延边大学学报（社会科学版），1992（4）.
刘群. 现代汉语中词语儿化后的语义类型. 襄樊学院学报，2002（3）.
刘叔新. 从词汇规范化看方言词的吸收. 语文建设，1991（6）.
刘淑学，于亮. 汉语语言能力标准制定刍议. 江苏师范大学学报（哲学社会科学版），2013（5）.
刘晓红. 谈轻声词整理的原则. 湘潭大学社会科学学报，1999（6）.

刘一玲. 寻求新的色彩，寻求新的风格——新词语产生的重要途径. 语言文字应用，1993（1）.
刘照雄. 说儿化. 语言文字应用，2003（3）.
刘振平. 现代汉语儿化韵读音的社会调查研究. 语文知识，2009（1）.
罗常培，吕叔湘. 现代汉语规范问题 // 现代汉语规范问题学术会议文件汇编. 北京：科学出版社，1956.
罗日新. 语法规范化与语言表达形式的多样化——从语法修辞中几组相关现象说起. 辽宁师范大学学报（社会科学版），1984（5）.
吕冀平，戴昭铭. 当前汉语规范工作中的几个问题. 中国语文，1985（2）.
吕建军. 回顾与思考建国以来的汉语语法规范研究. 成都师范学院学报（社会科学版），2014（4）.
吕叔湘. 十年来的汉语研究. 科学通报，1959（23）.
马庆株. 谈谈语文现代化和汉语国际传播. 湖南第一师范学院学报，2009（5）.
马秋武. 北京话儿化的优选论分析. 现代外语，2003（2）.
马永利，王德艳. 汉语异形词规范原则的理据性与通用性. 沈阳农业大学学报（社会科学版），2010（5）.
孟庆章. 异形词规范的范围. 语文建设，1993（6）.
莫景西. “儿化”“儿尾”的分类和分区初探. 中山大学学报（社会科学版），1992（4）.
彭宗平. 北京地名中部分通名的儿化情况. 语言教学与研究，2002（1）.
彭宗平. 北京话儿化词研究. 北京语言大学博士学位论文，2004.
平山久雄. 北京话一种儿化变调的成因. 中国语文，2000（5）.
齐沪扬，邵洪亮. 新词语可接受度的多角度审视——兼谈新词语的规范问题. 上海师范大学学报（哲学社会科学版），2008（2）.
钱乃荣. 论语言的多样性和“规范化”. 语言教学与研究，2005（2）.
钱乃荣. 质疑“现代汉语规范化”. 上海文学，2004（4）.
钱学烈. 论普通话的轻声词和儿化词. 深圳大学学报（社会科学版），1985（3）.
钱学烈. 谈谈《汉语词汇等级大纲》（试行）中的轻声词和儿化词. 深圳大学学报（人文社会科学版），1991（1）.
屈哨兵. 广州“撑粤语”事件引发的思考. 云南师范大学学报（哲学社会科学版），2011（1）.
饶高琦. 基于计算方法的语言规范效力检测初探——以异形词整理工作为例. 语言战

略研究，2016（6）.
任丽青. 论普通话轻声. 上海大学学报（社会科学版），1990（1）.
邵敬敏，刘杰. 从“手机”看不同华语社区同义词群的竞争与选择. 语文研究，2008（4）.
邵敬敏. 关于“轻声词”的若干疑难问题. 语文建设，1999（1）.
沈阳，邵敬敏. 试谈香港地区普通话教学中的“儿化”和“轻声”问题. 方言，1997（3）.
施春宏. 关于语言规范化原则的确立 // 世纪之交的应用语言学. 北京：北京广播学院出版社，2000.
施春宏. 现代汉语规范化的规则本位和语用本位. 语文建设，1999（1）.
施春宏. 现代汉语规范评议失误研究. 语言研究，1998（1）.
施春宏. 语言规范化的基本原则及策略. 汉语学报，2009（2）.
施春宏. 语言批评的嬗变及存在的问题. 语言教学与研究，2001（5）.
石锋. 北京话儿化韵的声学表现. 南开语言学刊，2003（1）.
石汝杰. 说轻声. 语言研究，1988（1）.
史定国. 普通话中必读的轻声词. 语文建设，1992（6）.
史定国. 现代汉语儿化词规范问题. 语文建设，1996（6）.
侍建国. 轻声：北京话声调的空调类——兼论生成规则的语言学依据. 当代语言学，2006（4）.
宋欣桥. 普通话轻声词规范的语音依据. 语文建设，1990（5）.
宋艳旭. 论普通话“儿化韵”的发音原理及规则. 湖南科技学院学报，2005（12）.
宋颖. 对外汉语语音教学的儿化与轻声问题研究综述. 科技信息，2011（1）.
苏宝荣. 关于异形词整理和规范的理论思考. 辞书研究，2002（4）.
苏金智. 论当前汉语外来词规范的原则. 辞书研究，2002（3）.
苏新春. 再论异形词规范的俗成性原则——谈异形词规范中的三个问题. 语言文字应用，2002（2）.
孙德金. 北京话部分儿化韵读音调查. 语言教学与研究，1991（4）.
孙光贵，等. 异形词的定义及词形规范的范围和原则. 语文建设，1994（11）.
孙海娜. 略论《普通话水平测试实施纲要》中的可轻读词语. 语言文字应用，2007（2）.
孙和平. 普通话轻声字词规范刍议. 咸宁学院学报，2004（4）.
孙和平. 现代汉语轻声形成原因初探. 湖北社会科学，2007（7）.

孙建伟. 对现行汉字规范的几点思考——以《通用规范汉字表》拟微调的 44 个字形为例. 南阳师范学院学报，2013（1）.
孙景涛. 从儿化看音节的重量. 中国语文，2007（4）.
孙淑芹. 泰国汉语词汇特点浅析. 长春师范学院学报，2005（6）.
田小琳. 社区词 // 第五届国际汉语教学讨论会论文选. 北京：北京大学出版社，1997.
田小琳. 谈谈现代汉语词汇规范问题. 中国人民大学学报（人文社会科学版），1995（4）.
田小琳. 香港社区词研究. 语言科学，2004（3）.
万学仁，熊杰. 谈谈《现代汉语常用词表》中的轻声词语. 内江师范学院学报，2011（5）.
王虎，张明辉. 外来词的规范与使用. 衡阳师范学院学报，2012（4）.
王佶旻. 汉语能力标准的描述语任务难度研究. 世界汉语教学，2013（3）.
王佶旻. 制定汉语作为第二语言的能力标准的初步构想. 语言文字应用，2012（1）.
王立. 北京话儿化成分的语义特点及语素身份. 语言文字应用，2001（4）.
王立军. 汉字的自然发展规律与人为规范——兼谈《规范汉字表》研制的科学理念. 语言文字应用，2008（2）.
王凌. 也谈儿化词形式的规范性标准. 重庆教育学院学报，2002（2）.
王敏，刘朋建. 外语中文译写规范工作的原则与方法——兼及新时期国家语言文字规范服务工作的特点. 语言文字应用，2014（3）.
王敏. 公共政策视角下的语言规范化机制研究. 博士后研究报告，2016.
王敏. 中国语言规划的开拓者——纪念周有光先生. 语言战略研究，2017（2）.
王宁. 汉字的优化与简化. 中国社会科学，1991（1）.
王宁. 谈信息时代的汉字规范. 中国教育报，2013-08-30.
王铁琨. 新词新语的规范问题. 天津师范大学学报（社会科学版），1989（2）.
王铁琨. 新词语的规范与社会、心理. 语文建设，1988（1）.
王希杰. 汉语的规范化问题和语言的自我调节功能. 语言文字应用，1995（3）.
王希杰. 论词语搭配的规则和偏离. 山东师范大学学报（社会科学版），1995（1）.
王媛媛. 汉语“儿化”研究. 暨南大学博士学位论文，2007.
魏钢强. 北京话的轻声和轻音及普通话汉语拼音的注音. 中国语文，2005（6）.
文秋芳. 国家语言能力的内涵及其评价指标. 云南师范大学学报，2016（2）.
吴圣杨. 闽南方言与泰语中的汉语借词. 解放军外国语学院学报，2006（2）.
吴希斌. 近十年网络语言规范问题研究综论. 沈阳师范大学学报（社会科学版），2010（5）.

吴早生. 网络语言的发展与规范. 中国社会科学院研究生院学报，2008（4）.
谢奇勇. 普通话儿化音节的结构分析. 语文研究，2002（2）.
谢小庆. 语言能力测验开发的路线图. 考试研究，2010（1）.
邢福义，汪国胜. 全球华语语法研究的基本构想. 云南师范大学学报（哲学社会科学版），2012（6）.
邢福义. 谈谈语法规范化的问题. 文字改革，1985（6）.
邢公畹. 语词搭配问题是不是语法问题. 安徽师范大学学报（社会科学版），1978（4）.
熊晨晨.《通用规范汉字表》字形规范问题研究. 北京师范大学硕士学位论文，2016.
徐昌火. 异形词规范的操作原则. 语文建设，1997（1）.
徐家宁. 儿化中的语义变异. 天津师范大学学报（社会科学版），1999（1）.
徐杨. 套话浅析. 现代语文（语言研究版），2010（8）.
徐越. 对外汉语教学中的儿化问题. 语言教学与研究，2005（5）.
许艳丽. 普通话水平测试中“儿化韵”的规范问题. 沧州师范专科学校学报，2001（1）.
严翼相. 现代汉语的儿化韵和音节结构. 语言研究，2006（2）.
杨秉一，杨应元. 语文规范化、标准化探析. 语言与翻译，1989（1）.
杨海明. 汉语语法的发展与规范——现代白话文演变考察. 重庆教育学院学报，1998（1）.
杨海明. 现代汉语规范化的回顾与思考. 重庆教育学院学报，1997（1）.
杨华. 浅议生造词语的判定和规范问题. 求是学刊，2002（1）.
杨庆国，刁小卫. 普通话轻声词的规范与教学问题. 语言与翻译，2003（3）.
杨绍林. 从《普通话水平测试用儿化词语表》看《纲要》的科学性. 西华师范大学学报（哲学社会科学版），2006（3）.
杨绍林. 论普通话水平测试中轻声词语读音的判定. 语言文字应用，2007（s1）.
杨绍林. 普通话轻声词语的规范问题. 成都师范高等专科学校学报，2003（1）.
杨霞. 五四时期新词语规范化发展的制约机制. 哈尔滨师范大学社会科学学报，2017（2）.
杨益斌. 普通话轻声词规范若干问题新论. 现代语文（语言研究版），2009（1）.
姚汉铭. 试论新词语与规范化. 语言教学与研究，1995（1）.
殷作炎. 普通话儿尾词的规范化问题. 语文建设，1987（5）.
尤翠云，赵贤德. 普通话儿化词语规范问题探讨. 天中学刊，2010（6）.
尤翠云，赵贤德. 普通话轻声词语规范问题探讨. 咸宁学院学报，2010（3）.
于根元，施春宏. 主体化和多样化相结合. 语文建设，1998（6）.

于根元. “消极规范”和“积极规范”. 中国教育报，1999-2-23.
于根元. 王蒙小说设计的套话. 语文研究，1986（2）.
于根元. 新词新语和语言规范. 语文建设，1995（9）.
于根元. 语言是开放的梯形结构. 汉语学报，2005（2）.
于根元. 制定语言计划的若干原则 // 澳门语言论集. 澳门：澳门社会学学会，1992.
于延. 系统地解决培养语言交际能力问题. 汉语学习，1991（4）.
余克强. 规范词典对异形词规范的比较研究. 语言文字应用，2009（1）.
余克强. 系统性原则在异形词规范中的应用. 语言文字应用，2005（4）.
袁贵仁. 把握信息时代特点 加强语言文字规范标准建设——在“信息时代语言文字规范标准建设工作会”上的讲话. 语文建设，2002（12）.
袁伟. 中国澳门特区中文平面媒体中字母词的规范研究. 语言文字应用，2015（3）.
翟晓丽. 后殖民语境：外来词的规范及其翻译. 湖南科技学院学报，2009（2）.
詹跃仙. 现代汉语轻声性质研究述评. 社会科学论坛（学术研究卷），2008（8）.
占盛丽，等. 全球化背景下 PISA 在美国基础教育质量评估体系中的贡献. 外国中小学教育，2010（5）.
张德鑫. 第三次浪潮——外来词引进和规范刍议. 语言文字应用，1993（3）.
张荻. 媒体使用外文缩略语规范状况研究. 语言文字应用，2015（4）.
张舸. 略谈现代汉语轻声词的规范. 华南师范大学学报（社会科学版），1998（2）.
张立丹. 对汉语字母词的再界定. 语文学刊，2010（12）.
张苗. 轻声的词汇与语法功能. 阜阳师范学院学报（社会科学版），2006（3）.
张启. 泰国的“洋泾浜”汉语. 语文建设，1996（1）.
张先亮，赵思思. 试论国民语言能力与人力资源强国. 语言文字应用，2013（2）.
张晓勤. 普通话轻声词规律探析. 广西民族学院学报（哲学社会科学版），2003（6）.
张雪涛. 普通话“儿化”音变韵腹的趋变规律. 淮北煤炭师范学院学报（哲学社会科学版），2003（6）.
赵晋烨. 汉语作为第二语言的汉字能力及其测试的研究. 华东师范大学博士学位论文，2010.
赵日新. 汉语规范化问题的几点思考. 中国社会语言学，2003（1）.
赵世举. 从语言的功能看公民个人语言能力的地位和作用. 云南师范大学学报（哲学社会科学版），2013（3）.
赵世举. 全球竞争中的国家语言能力. 中国社会科学，2015（3）.

赵新，马贝加. 试论普通话的轻声词. 语文研究，2005（2）.
郑远汉. 言语规范三层次. 武汉大学学报（人文社会科学版），2000（5）.
钟嘉陵. 现代汉语缩略语的性质、构成及规范化问题. 深圳大学学报（社会科学版），1985（Z1）.
周晨萌. 北京话轻声、儿化、清入字的变异研究. 北京语言大学博士学位论文，2006.
周定国. 谈汉语音译外来词规范化. 语文建设，1994（10）.
周定一. 词汇规范常谈. 文字改革，1985（4）.
周荣，高岩. 模因论视角下的网络语言规范化探究. 长春师范学院学报，2012（10）.
周晓林. 外文字母词应规范使用. 语言文字应用，2003（3）.
周筱娟. 汉语客套语的语表语里和语值. 江汉大学学报（人文科学版），2007（3）.
周一农. 论汉语规范化的层次性. 语文建设，1990（3）.
周长楫. 轻声、儿化、音节处理及其他——辞书审音注音刍议之一. 辞书研究，1986（2）.
周震，丁文英. 浅谈套语在语言交际中的语用功能. 外语教育，2006.
朱宏一.《现代汉语词典》第5版轻声处理评析. 中国语文，2008（6）.
朱宏一. 关于轻声的若干疑难问题. 语文建设，2008（9）.
朱宏一. 轻声的特征和轻声词的规范原则. 语言文字应用，2009（2）.
朱景松. 汉语规范化的成功实践——重读《语法修辞讲话》. 语言文字应用，1995（4）.
朱俊玄. 字母词的界定与规范. 语言文字应用，2017（1）.
朱俊阳.《修辞学习》，20年来书评语言中的套语分析. 修辞学习，2004（4）.
朱昱.《普通话水平测试实施纲要》中儿化词语的词形规范及数量控制. 黑龙江教育学院学报，2009（4）.
邹韶华. 论语言规范的理性原则和习性原则. 语言文字应用，2004（1）.
邹韶华. 试论语法规范的依据问题. 语言文字应用，1996（4）.
邹韶华. 现代汉语语法规范问题 // 马庆株. 语法研究入门. 北京：商务印书馆，1999.
邹韶华. 语法规范琐议. 语文建设，1991（11）.
邹韶华. 语法问题的规范化对策 // 当前我国语言文字的规范化问题. 上海：上海教育出版社，2000.
邹韶华. 语用频率效应刍议. 语言教学与研究，1993（2）.

后记：学术研究要“顶天立地”

本书是国家社会科学基金重大项目“新时期语言文字规范化问题研究”（项目编号：12&ZD173）的结项成果。项目于2012年10月立项，2017年12月完成结项报告，历时五载。项目由李宇明主持研制，下分五个子课题：

子课题一，新时期语言文字规范化的宏观研究，负责人王敏，成员王奇、孙海娜、戴红亮、谢俊英、陈茜、何瑞、陶昱霖。

子课题二，新时期汉字规范问题研究，负责人王立军，成员陈双新、王晓明、王东海、卜师霞、凌丽君、白如、熊晨晨。

子课题三，新时期语音规范问题研究，负责人沈明，成员刘丹青、王楠、徐睿渊、熊子瑜。

子课题四，新时期词汇、语法、语用规范问题研究，负责人夏中华，成员侯敏、郭龙生、施春宏、王世凯、曹起、张洋、曲丽玮。

子课题五，新时期语言文字规范的社会应用与服务研究，负责人王建勤，成员黄晓蕾、杨尔弘、王佶旻、饶高琦。

项目实际参与者达50余位，分别来自北京语言大学、教育部语言文字应用研究所、北京师范大学、中国社会科学院语言研究所、渤海大学等大学和科研院所，大家热情于事业，民主于学术，协力完成了项目，也结下了深厚的学术友谊。

一个重大项目，涉及领域广，牵涉人员多，持续时间长，需要个人、子项目的独自深入的研究，也需要整个项目的总体协调。课题不断通过学术会议来推进研究。

2012年12月12日，课题批准不久，就在北京语言大学举行了开题报告会，陈章太、陆俭明、江蓝生、王洪君、周建设、曹志耘等专家及时任教育部语信司副司长田立新应邀与会。项目首席专家从课题的研究框架、研究分工、研究团队、研究计划及研究成果等方面做了汇报。专家们对项目予以充分肯定，也希望课题组多关注新时期以来语言生活出现的新情况，随时跟进国家语言文字事业发展改革纲要的制定与实施，及时为政府有关部门提出有重要参考价值的咨询研究报告和政策建议。专家们指导及时，意见宝贵。

2013 年 1 月 21 日，开题报告会的一个月之后，课题组又在北京语言大学召开了第二次会议。项目首席专家介绍了开题会议的情况、总体研究思路及详细分工。

本次会议明确了项目的三个层面的服务目标：为国家需求服务，即为国家语委及其他相关部门做咨询服务；为社会需求服务，即为海内外华人的语言生活服务；为学术需求服务，即为学术发展、学科发展服务。

会议分析了语言文字规范化工作面临的三大新形势：第一，文化大发展大繁荣，这为语言文字规范化工作带来了深刻影响，要求语言文字规范标准更多地考虑语言的文化属性；第二，信息化，这为规范化工作提出了许多新任务，语言文字工作与国家的硬实力也密切结合起来；第三，国际化，这使语言文字规范工作不能局限于大陆，必须考虑港澳台、海外华人地区以及全世界。

在推进会上，各子课题负责人分别介绍了子课题的基本研究思路方法、重点难点，课题组成员对每一个子课题的设计都进行了深入讨论。经过本次研讨，课题研究方向、思路、目标和重点更加明确，为下阶段研究工作的顺利开展奠定了基础。

本次推进会还明确了项目的总体运作机制：1. 明确首席专家、总联络人、秘书长、管理秘书、子课题负责人各自的责权关系；2. 确定经费管理和使用“明确目标，突出重点；科学安排，合理配置；责权明确，规范管理；单独核算，专款专用；一次核定，一次拨款”的基本原则；3. 明确项目的技术规范，各子课题的术语使用、研究方法要统一规范，课题组成员要实现资源共享，建立电子工作坊（QQ 群、微信群），进行日常事务管理和资源发布；4. 明确项目的学术规范，端正学风，不剽窃他人成果，不“拷贝”自己成果，避“瓜田李下”之嫌。

2013 年 10 月 12 日，在北京语言大学召开第三次会议，议题是各子课题汇报研究进展及存在问题，与会专家共商解决问题的策略思路，并希望能够把各家的科研数据连通起来。

2013 年 10 月 21 日晚上，召开第四次会议，主要议题是落实 10 月 12 日会议精神，把项目数据总库建设起来。本次会议用视频的方式召开，各子课题组负责人介绍了自己已有的数据及数据类型，并与数据库设计人员沟通，提出对拟建数据库的需求，商定数据上传和汇总的原则和方法。本次视频会议加强了数据库设计人员与各子课题成员之间的沟通，加快了文献数据库建设的速度。

2014 年 4 月 16 日，在北京语言大学召开第五次会议。本次会议主要由两位课题成员分别汇报其研究成果，也是个“样板”作用。报告题目是《新时期语言规范化研究的理论架构初探》（王敏）和《台湾语言文字规范标准状况、发展趋势及对大陆的影响》（戴红亮）。大家肯定了两位报告人的研究，并进一步探讨了今后研究的一些问题。

2014 年 5 月 14 日，在北京语言大学召开第六次会议，会议内容是总结“语言文字规范标准建设调研”成果。这次调研是 2013 年进行的，项目团队就语言文字规范标准建设问题访谈了全国 99 位语言文字领域的专家学者，在中国语言文字规范化的历史、现状及未来发展等方面，获教良多。这次会议邀请傅永和、董琨、孙茂松、张万彬等专家参加，他们提出了很好的意见和建议。

2014 年 6 月 8 日至 9 日，在辽宁渤海大学召开第七次会议，主要任务是项目的中期自查。各子课题分别汇报了所做的工作，取得的进展以及研究中所遇到的问题。项目首席专家深入分析了课题研究所面临的新形势，并提出下一步研究的具体方向和思路。

2016 年 6 月 28 日，在北京语言大学召开第八次会议，是项目结项的预备会。管理秘书根据结项要求详细汇报了课题结项的成果形式及结项注意事项，各子课题负责人分别介绍了研究的主要成果及结项计划。首席专家布置了结项工作，并提出要把研究成果向社会推广的设想，以实现学术研究真正服务国家、服务社会、服务学术的目的。本次会议还专门成立了结项小组。

2017 年 7 月 30 日，在北京语言大学召开第九次会议，议题是结项汇报。各子课题负责人详细介绍了本子课题的结项准备工作，首席专家提出了具体的结项要求，并把结项的具体工作分解落实给结项小组成员。

本项目研制有一个强烈的理念，就是“顶天立地”。所谓“顶天”，就是研究要站在学术前沿，将以往我国语言规范化研究的经验与教训，上升到语言规划学的层面来总结，并汲取多学科的营养，包括公共政策、语言经济学等，推动语言规范化的理论和方法更新。所谓“立地”，就是要解决现实的语言规范化问题，助推语言生活的进步，做好“三个服务”。

秉持这一理念，每个子课题除解决面上的学术问题之外，还要对一两个问题作深入研究。邢福义教授当年曾经拿“打扫房间”作比喻，说学术研究就像打扫卫生，要先把一个房间打扫干净，你打扫的这个房间许多天都不需要再打扫。最忌讳这个房间扫两下，那个房间扫两下，哪个房间都没有打扫干净。各子课题都试图“彻底”解决一两个问题，比如：汉字规范问题子课题，认真研究了现代汉字分级和繁体字印刷字形的问题，还制定了学术蓝本《现代汉字分级字表》；语音规范问题子课题，对轻声、儿化问题进行了经典性研究，还制定了学术蓝本《普通话轻声常用词表》《普通话儿化常用词表》；词汇、语法、语用规范问题子课题，对于新词新语、字母词、高考和大学的语法规范、套话和文风问题进行了深入研究，制定了学术蓝本《字母词常用词表》；子课题五是专门研究规范的社会应用的，尝试进行了汉语国际教育的网上自主适应测试、百年语言文字规范标准资源库上网、语言规范化的慕课尝试等。

课题组提出的“学术蓝本”概念，是较为适合我国规范标准制定实际的。语言文字规范标准既要有坚实的“学术底盘”，体现其学理性；也要有充分的社会协调，体现其社会性和可操作性。底盘不稳，容易颠覆；社会协调不够，执行起来也不顺当。在许多时候，一个语言规范标准的发布，协调的功夫可能比学术研究花费的功夫更大；常常因社会协调导致一个社会需要的规范标准不能及时出台，甚至出不了台。为了解决这一问题，就某一语言文字规范先向社会提供“学术蓝本”是可行之策。“学术蓝本”是一个学术参考本，是社会、学人可以根据需要自主采用的“蓝本”，它起码有三个作用：第一，时机成熟，可以转化为规范标准；第二，可以作为社会处理相关问题的参考，比如词典编纂、语文教学等；第三，可以成为学界研究、解决相关问题的学术参考。“学术蓝本”可以减缓规范标准出台缓慢而社会需求急迫的矛盾，也可谓一个创新。

回首项目在研的岁月，如此庞大项目能顺利完成，真有庆幸之感。首先是项目主持人和子课题主持人所构成的核心团队，有家国情怀，有学术见地，能调控全局，能照顾左右。第二，定期召开项目推进会，交流情况，集聚智慧，共享成果，也有相互催促、相互鞭策的作用。研究人员都是兼职的，分散在不同的单位，青年人甚至还有衣食之忧，而项目经费难以为其分忧解难，项目成果也难以助其升级晋职，参加本项目基本上是“义务性”的。通过项目推进会，也有相互鼓励、提神取暖的作用。第三，规范项目研究的运作机制。本项目在第二次项目推进会时就明确了总体运作机制，人员分工清楚，经费管理和使用规范，强调学风端正，明确技术规范，建立资源共享平台。这些运作机制，是项目能够完成的重要保障。

我要感谢我的研究团队的奉献。在此还要特别感谢在结项、统稿文牍事务中作出贡献的我的学生们：刘楚群、徐欣路做了大量项目管理和成稿工作，郑友阶、饶高琦、刘昌华、陈丽湘、李燕、赵运、王璐、梁京涛、张晓传、朱媞媞等在成稿、校勘方面也做了很多工作。

还要感谢语文出版社的支持。王翠叶副总编多次过问。张双亭编审认真的编辑加工，增加了本书的成色。

放眼世界，没有哪个国家这么重视语言文字规范化工作，没有哪种语言有汉语汉字这么多的规范标准。这些规范标准配合着国家、地方的语言法律法规发挥了重大作用，是中国语言规划的一大特色。这一特色是应当充分重视和认真总结的。我们的这个项目总算是画上了一个句号，也许是一个感叹号，但语言文字规范化的学术基础还比较薄弱，社会语言文字规范化工作还任重道远，特别是在世界一体化和语言智能时代，语言文字规范化工作应当如何进行，还是一个需要继续探讨的时代命题。我们愿意继续探讨下去……

李宇明
2018 年 10 月 3 日